———————————— 님의 소중한 미래를 위해

이 책을 드립니다.

세상을 바꾸는
제4차
산업혁명의
미래

세상을 바꾸는

제4차 산업혁명의 미래

핵심기술로 풀어낸 미래 사회 모습

이상헌 지음

메이트북스

메이트북스 우리는 책이 독자를 위한 것임을 잊지 않는다.
우리는 독자의 꿈을 사랑하고,
그 꿈이 실현될 수 있는 도구를 세상에 내놓는다.

세상을 바꾸는 제4차 산업혁명의 미래

초판 1쇄 발행 2018년 3월 5일 **|** **지은이** 이상헌
펴낸곳 ㈜원앤원콘텐츠그룹 **|** **펴낸이** 강현규 · 정영훈
책임편집 이가진 **|** **편집** 심보경 · 김윤성
디자인 최정아 · 홍경숙 **|** **마케팅** 안대현
등록번호 제301-2006-001호 **|** **등록일자** 2013년 5월 24일
주소 06132 서울시 강남구 논현로 507 성지하이츠빌 3차 1307호 **|** **전화** (02)2234-7117
팩스 (02)2234-1086 **|** **이메일** khg0109@hanmail.net
값 16,000원 **|** **ISBN** 979-11-6002-102-8 03320

이 도서의 국립중앙도서관 출판시도서목록(CIP)은 e-CIP홈페이지(http://www.nl.go.kr/ecip)에서
이용하실 수 있습니다.(CIP제어번호 : CIP2018004624)

낡은 지도만 따라가노라면
신대륙을 볼 수 없다.

• 아메리카 대륙을 발견한 콜럼버스 •

지피지기면 백전백승,
제4차 산업혁명을 제대로 이해하자

연일 전 세계 매스컴에서 제4차 산업혁명에 대해 거론할 뿐만 아니라 각국의 정부들도 제4차 산업혁명과 관련된 정책들을 연일 발표하거나 내놓고 있다. 과연 제4차 산업혁명은 실체가 있는 것인지 아니면 단지 호들갑 떠는 것에 불과한 것인지 상념에 사로잡힐 수도 있을 것이다.

보다 본질적으로 제4차 산업혁명이 등장하게 된 배경을 살펴보면 어느 정도 의구심에서 탈피할 수 있을 것이다. 전 세계 인구가 줄어들고 있기 때문에 자연스럽게 잠재성장률도 하락하고 있어서 앞으로 고성장을 하고 싶어도 할 수가 없게 되었다. 이는 곧 수요자는 줄어들 수밖에 없기 때문에 양(Q)이 중점이 되는 하드웨어시대는 지나가고 있음을 의미하는 것이다. 이러한 환경에서는 공급자, 수요자, 정부 등도 효율화로 인한 부가가치 창출을 위해서 맞춤정보가 필요하기 때문에 전 세계의 소프트웨어화가 절실히 요구된다.

한편 제4차 산업혁명의 본질은 모든 사물에 센서·통신칩을 집어넣어서 정보를 받아들이고 내보내는 역할을 할 수 있게 하는 모든 사물의 지능화로, 현재보다는 정보를 더 많이 얻을 수 있을 뿐만 아니라 인공지능으로 인해 내게 딱 들어맞는 맞춤형 정보 획득을 가능하게 해서 사전적이든 사후적이든 인류 삶의 질을 향상시키는 데 있다.

또한 제4차 산업혁명시대는 초연결화시대라고도 하는데 자동차에 통신을 연결하면 스마트카가 되고, 공장에 통신을 연결하면 스마트팩토리가 되고, 집에 통신을 연결하면 스마트홈이 되고, 도시에 통신을 연결하면 스마트시티가 되는 것이다. 이것의 본질은 전 세계의 소프트웨어화를 의미한다. 따라서 제4차 산업혁명이 현재부터 일어나고 있는 것은 향후 20~30년 이후를 대비하자는 의도인 것이다.

산업혁명과 밀접한 관련이 있는 기술 발전의 역사를 살펴보면 과거에도 새로운 기술이 나오면 이런저런 반발이 있었지만, 새로운 기술의 등장으로 상상력(想像力)이 현실이 되곤 한다. 예를 들어 1989년 개봉했던 영화 〈백 투 더 퓨처2〉의 경우 주인공 마티 맥플라이와 에메트 브라운 박사가 타임머신을 타고 간 미래가 바로 2015년 10월 21일이었는데, 이러한 상상으로 실제 현재 사용되고 있는 것도 있으며 개발중에 있는 것도 있다. 이와 같이 기술은 인류의 삶을 보다 행복하고 편안하게 해 줄 것이라는 약속 아래 발전해왔는데, 다시 말해서 인류(고객)의 가치를 증진시켜야지만 기술이 발전하는 것이다.

지금과 같은 제4차 산업혁명 시기에는 무수히 많은 신기술과 패러다임이 등장하면서 하루가 다르게 세상이 변화를 겪고 있다. 이러한 변화의 시기에는 혼란이 가중되면서 리스크 등이 발생할 수도 있으며 인생의 기회가 생기면서 터닝 포인트가 될 수도 있을 것이다.

무엇보다도 제4차 산업혁명에 대한 개념들을 정확히 파악해 앞으로 세상이 어느 쪽으로 바뀔지에 대해 각자의 관점에서 생각하는 것이 보다 필요한 시기다. 이러한 파악으로 변화의 시기에 대처하거나 적응할 뿐만 아니라 보다 더 많은 기회를 잡을 수도 있을 것이다. 즉 지피지기(知彼知己)면 백전백승(百戰百勝), 제4차 산업혁명으로 보다 나은 미래를 준비해야 한다.

어찌 보면 제4차 산업혁명은 앞으로 만들어가는 세상에 대하여 설명하는 것이기 때문에 모호할 수 있을 뿐만 아니라 개념 자체가

잘 와 닿지 않을 수 있다. 이에 대하여 이 책에서는 머릿속에서 그림을 그릴 수 있도록 상세히 기술했기 때문에 보다 더 이해력을 높일 수 있을 것이다. 무엇보다 제4차 산업혁명 관련 분야들인 지능정보기술[사물인터넷(IoT), 빅데이터(big data), 인공지능(AI), 클라우드(cloud)], 스마트카, 스마트팩토리, 통신 인프라, 블록체인, 가상화폐, 스마트 헬스케어, 주식투자 등의 개념 등을 확장하면서 과연 미래가 어떻게 바뀌게 될지에 대해 조금이나마 엿볼 수 있게 구성하였다.

아무쪼록 이 책이 제4차 산업혁명을 이해하고 더 나아가 미래에 대한 상상력을 발휘하면서 인생에 대한 기회를 잡는 데 있어 조금이나마 도움이 되었으면 한다.

끝으로 늘 곁에서 버팀목이 되어주는 아내 세은이와 아빠를 제일 좋아하는 사랑스러운 딸 예원이, 늘 잘 되기를 기원하시는 양가 부모님과 더불어 소통이 잘 되는 친구 관영이한테 고마움을 전하며, 이 책을 읽는 독자에게도 행운을 빈다.

이상헌

2장 제4차 산업혁명 관련 용어부터 배우자

3장 제4차 산업혁명을 성장시키고 촉진시키는 것들

4장 제4차 산업혁명에서의 스마트카와 스마트팩토리

5장 제4차 산업혁명에서의 통신 인프라, 블록체인, 가상화폐

6장 제4차 산업혁명에서의 스마트 헬스케어

7장 제4차 산업혁명시대에 주식투자로 돈 버는 방법

제4차 산업혁명에 대한 개념들을 정확히 파악해
앞으로 세상이 어느 쪽으로 바뀔지에 대해 각자의
관점에서 생각하는 것이 보다 필요한 시기다.

1장

제4차 산업혁명이란
과연 무엇인가?

제4차 산업혁명의 본질은 모든 사물에 센서·통신칩을 집어넣어서 정보를 받아들이고 내보내는 역할을 할 수 있게 하는 '모든 사물의 지능화'에 있다. 현재보다는 정보를 더 많이 얻을 수 있을 뿐만 아니라 인공지능으로 인해 단지 정보만 쌓는 것이 아닌 내게 딱 들어맞는 맞춤형 정보 획득을 가능하게 한다. 궁극적으로 사전적이든 사후적이든 인류 삶의 질을 향상시키는 데 그 본질이 있다.

전 세계 인구가 줄어들면서 수요자는 감소할 수 밖에 없기 때문에 Q(양)가 중점이 되는 하드웨어시대는 점차 지나가고 있다. 이러한 환경에서는 공급자, 수요자, 정부 등도 효율화로 인한 부가가치 창출을 위해 맞춤정보가 필요하기 때문에 전 세계의 소프트웨어화가 절실히 요구된다. 따라서 향후 제4차 산업혁명이 그 역할을 할 것으로 예상된다.

제4차 산업혁명이
우리에게 정말 중요한 이유

제4차 산업혁명이 향후 우리 사회에 얼마나 영향을 미칠지 예측해
우리가 어떻게 대처해야 할까를 생각하는 것이 중요하다.

제1차 및 제2차 산업혁명은 초·중·고 교과서에서 배워서 어느 정도
친숙한 데 반해 제3차 및 제4차 산업혁명은 다소 생소할 것이다. 왜
냐하면 제1차 및 제2차 산업혁명에 대해서는 학자들이 어느 정도 공
감대를 가지고 이렇게 부르자고 한 반면, 제3차 및 제4차 산업혁명
은 달랐기 때문이다. 제3차 산업혁명의 경우 제러미 리프킨(Jeremy
Rifkin) 펜실베니아대 와튼스쿨 교수가 저서에서 밝혔고, 제4차 산
업혁명의 경우 2011년에 독일 정부가 '인더스트리 4.0' 정책을 추진
하기 위해 제4차 산업혁명 관련된 개념을 사용했는데 이를 2016년
에 세계경제포럼(WEF; World Economic Forum)의 클라우스 슈밥

(Klaus Schwab) 회장이 제4차 산업혁명이라 명명하면서 본격적인 화두를 던졌다.

이처럼 제3차 및 제4차 산업혁명이라고 불릴 만큼 확립된 개념도, 이론도 없기 때문에 학자들마다 이견이 나올 수 있다. 이런 것들은 현 세대에서 평가하기에는 다소 무리가 있으므로 후세에 학자들이 제3차 산업혁명이든 제4차 산업혁명이든 이 시기가 무엇이었다고 평가하면 될 것이다.

이러한 용어들이 중요한 것이 아니라 보다 중요한 것은 현재 변화가 일어나고 있다는 점이다. 이러한 변화가 향후 우리 사회 전반적으로 얼마만큼 영향을 미칠지를 예측해서 현재 우리가 어떻게 대처해야 하는지를 생각해보는 것이 보다 더 중요하다.

제4차 산업혁명은 필연이다

인생은 새옹지마(塞翁之馬)이고 계절이 바뀌듯이 세상일은 변한다. 하지만 세상일이 어찌 될지 모른다고 해서 아무것도 하지 않으려는 태도는 오히려 나중에 문제를 발생시킨다. 따라서 인생은 항상 좋을 수만 있는 것도 아니고 항상 나쁠 수만 있는 것도 아니므로 담대하게 바라보며 대처하려는 마음가짐이 중요하다.

제4차 산업혁명의 경우도 어찌 보면 단지 제3차 산업혁명의 연장선이기 때문에 새로울 것이 없다고 여길 수도 있다. 진정 그렇다고 해도 현재 시점에서는 긍정적인 사고의 환경에서 모든 상상력(想像

力)을 발휘해 미래를 꿈꿔야 할 때라고 생각한다. 그래야 진정한 변화가 일어날 것이다.

산업혁명과 밀접한 관련이 있는 기술 발전의 역사를 살펴보면, 과거에도 새로운 기술이 나왔을 때 이런저런 반발이 있었지만 새로운 기술의 등장으로 곧 상상력이 현실이 되곤 했다. 기술은 인류의 삶을 보다 행복하고 편안하게 해줄 것이라는 약속 아래 발전해왔는데, 다시 말해서 인류(고객)의 가치를 증진시켜야만 기술이 발전하는 것이라 볼 수 있다.

제1차·제2차·제3차
산업혁명은 어땠을까?

산업혁명의 시기마다 인류는 더 풍요롭게 잘 살게 될 것이라는
희망을 가졌고, 실질적으로도 전반적인 삶의 질과 수준을 높여왔다.

혁신(Innovation)과 혁명(Revolution)의 차이는 무엇일까? 사전적
으로 살펴보면 혁신은 '새로운 아이디어·방법·디바이스 등의 등장'
을 의미하며, 혁명은 '갑작스럽고 급진적이지만 필요한 모든 것이 갖
추어진 완전하고 근본적인 변화'로 정의된다.

여기에 대입해 산업혁명을 정의하면 '기술적 혁신과 이로 인해 일
어난 사회적·경제적 큰 변화'라고 할 수 있다. 즉 인류 역사 변화의
중심에는 새로운 기술의 등장과 더불어 기술적 혁신이 자리잡고 있
으며, 새로운 기술의 등장이 단순히 기술적 변화에 그치지 않고 전
세계의 사회 및 경제 구조에 큰 영향을 일으킨다.

각 산업혁명의 단계별 변화

	제1차 산업혁명	제2차 산업혁명	제3차 산업혁명	제4차 산업혁명
시기	18세기 후반	19~20세기 초	20세기 후반	2000년대 이후
연결성	국가 내부의 연결성 강화	기업-국가 간의 연결성 강화	사람·환경·기계의 연결성 강화	자동화, 연결성의 극대화
최초 사례	방직기 (1784)	신시내티 도축장 (1870)	PLC: Modicon 084(1969)	
혁신 동인	증기기관 (Steam Power)	전기에너지 (Electric Power)	컴퓨터·인터넷 (Electronics & IT)	IoT·빅데이터·AI 기반 초연결 (Hyper-Connection, CPS)
	동력원의 변화(유형자산 기반)		정보처리 방식의 변화(무형자산 기반)	

특징		제1차	제2차	제3차	제4차
특징	원인	기계화	전기화	정보화	지능화
특징	결과	산업화 (Industrialisation)	대량생산 (Mass Production)	자동화 (Automation)	자율화 (Autonomisation)
특징				기계·SW가 데이터를 생산	데이터가 기계·SW를 제어
특징	현상	영국 섬유공업의 거대 산업화	컨베이너 벨트 활용 기반으로 대량생산을 달성한 미국으로 패권 이동	인터넷 기반의 디지털 혁명, 미국의 글로벌 IT기업 부상	사람-사물-공간의 초연결·초지능화를 통한 산업구조 개편

자료: 산업부(2017년 2월), '제4차 산업혁명'

이렇듯 근본적으로 혁신이 일어나야 혁명이 일어난다. 그런데 혁신은 반드시 새로운 기술이 등장해야 이루어지는 것이 아니라 기존의 기술이나 비즈니스 모델들을 새롭게 적용 또는 융합해 그것들의 가치가 재평가되면 나타날 수 있는 것이다.

수차례에 걸친 산업혁명의 시기마다 인류는 이제 좀 더 풍요롭게 잘 살게 될 것이라는 희망을 가졌다. 또한 실질적으로도 기술적 혁신에 의한 산업혁명으로 전반적인 삶의 질과 수준을 높여왔다.

제1차 산업혁명이란
무엇인가?

제1차 산업혁명은 18세기 중엽 영국에서 시작된 기술혁신과 이에 수반되어 일어난 사회·경제 구조의 변혁을 의미한다. 영국은 공업이 발달한 나라로 18세기에 실 만드는 기계인 방적기가 발명되어 실 생산량이 늘었으며 옷감 짜는 기계인 직조기도 만들어져 옷감을 대량 생산할 수 있게 되었다. 방적기나 직조기는 너무 크고 비쌌기 때문에 부유한 사업가들이 공장을 지어 여러 대의 기계를 한꺼번에 설치하기 시작하면서 사람들이 공장의 기계 앞에 줄지어 서서 실을 뽑고, 옷감을 만들게 되었다. 처음부터 끝까지 혼자서 다 하는 것이 아니라 한 사람이 한 가지 작업만 온종일 하게 되었다.

또한 제임스 와트가 석탄을 때서 생기는 수증기를 이용하는 증기 기관을 만들어 기계뿐만 아니라 차나 배도 증기의 힘으로 갈 수 있게 되었다. 스티븐슨이 만든 증기 기관차로 인해 공장에서 대량으로 생산된 제품들은 빠르고 값싸게 운반될 뿐만 아니라 원료도 나를 수 있게 되었다. 증기 기관차가 달리기 위해서는 철도가 필요하므로 1830년에 리버풀에서 맨체스터까지 승객과 제품을 함께 운송하는 철도가 최초로 뚫리면서 유럽 여러 나라에도 철도가 건설되었다.

본격적인 철도 시대가 열리면서 영국에서 생산된 제품은 전 세계로 팔려 나갔을 뿐만 아니라 새로운 기계와 기술도 다른 나라로 퍼져 나갔다. 19세기 중반에 영국은 전 세계 석탄의 2/3 이상, 면제품의 1/2 이상을 생산할 정도로 세계 경제를 지배하는 세계의 공장이 되었다. 이렇듯 영국에서 시작된 산업의 변화는 전 세계의 생활을 새로운 모습으로 바꿔놓았다.

영국에서 시작된 제1차 산업혁명은 19세기에 대부분 정부가 주도하면서 전 유럽으로 퍼져 나갔다. 그 중 독일은 통일을 준비하는 과정에서 국가가 나서서 계획적으로 대규모 공장을 만들고 철도·도로 등을 건설하면서 산업을 발전시켰다. 또한 미국은 남북 전쟁이 끝나면서 산업에 큰 변화가 나타났는데, 노예가 해방되면서 공장에서 일할 사람이 늘어났을 뿐만 아니라 인구 증가로 제품 생산의 필요성이 커졌다. 여기에 1869년에 미국 대륙을 횡단하는 철도가 완성되면서 산업은 빠르게 성장해나갔다.

18세기 면직물 산업에서 시작된 변화는 19세기 후반에 이르러 거의 모든 산업 분야로 빠르게 확산되었다. 이러한 제1차 산업혁명으로 인해 가내수공업에서 공장제 기계공업으로, 농업 중심 사회에서 산업 사회로 바뀌게 되었다. 또한 돈을 투자해 공장을 만들고, 노동자를 고용해 이윤을 얻는 자본가가 등장하고, 중소 상공업자가 중심인 중산층의 힘이 커지면서 이들의 요구로 선거권이 확대되었다.

그러나 방적기와 방직기 등 기계가 보급되면서 이전에 옷 만드는 기술을 가진 사람들이 일자리를 잃고 공장에서 쫓겨나게 됨에 따라 사람들은 공장을 습격해 기계를 부수는 '러다이트 운동'이 전개되었다. 공장에서 일하는 사람들은 좋지 않은 환경에서 단순하고도 고된 일을 하고 아주 적은 임금을 받으면서 하루에 12~14시간 이상 일하게 됨에 따라 1840년대에는 임금과 작업 환경을 개선하기 위한 노동조합이 만들어졌다. 도시에서 적은 임금을 받으며 비참하게 살아가는 노동자들이 넘쳐나는 데 반해, 자본가들은 호화 주택을 짓고 편안한 생활을 누리는 등 이전보다 빈부 격차가 커졌다.

제2차 산업혁명이란 무엇인가?

19세기 말부터 20세기 초반까지 전개된 제2차 산업혁명에서는 미국과 독일 등 국가를 중심으로 새로운 강철 제조 기술과 근대적 화학기술을 개발해서 철강 및 화학과 자동차·전기 산업 등 새로운 산업분야에서 기술혁신이 진행되었다. 또한 대량생산하는 구조적 측면의 발전도 있었고, 제조기계와 운송수단의 혁신을 비롯해서 영화·라디오·축음기가 개발되어 대중의 요구에 부응했다.

제1차 산업혁명이 증기의 시대였다면, 제2차 산업혁명은 전기의 시대였다. 전기의 시대는 발명왕 에디슨이 1879년에 백열등을 개발하는 것에서 시작되었는데, 에디슨은 전등을 시스템적인 차원에서 개발했을 뿐만 아니라 전등의 상업화를 위한 경영 활동도 시스템적으로 전개했다.

에디슨은 직류 시스템에 입각하고 있었다. 그래서 이에 대한 대안으로 테슬라가 1888년에 교류용 유도전동기를 발명하고 웨스팅하우스사가 그의 특허를 매입함으로써 직류 시스템과 교류 시스템 사이에는 격렬한 경쟁이 전개되었다. 결국 1893년에 시카고 만국박람회에서 웨스팅하우스가 에디슨을 제치고 전기 시설 독점권을 따내면서 갈등은 일단락되었다.

1892년에 에디슨의 회사는 톰슨-휴스턴사와 통합되어 GE로 변모되었고, GE는 새로운 환경에 대응하기 위해 웨스팅하우스와의 전략적 제휴관계를 모색했다. GE 연구소에서는 쿨리지가 1913년에 상업용 텅스텐 필라멘트를, 랭뮤어가 1916년에 기체 충진 백열등을 개발하는 등 수많은 성과가 나왔다.

1866년에 지멘스가 상용 발전기를 개발하고 1882년에 에디슨에 의해 전력의 상업화가 가능해지는 것을 계기로 전기는 전등과 가전제품에 활용되는 것은 물론이고 공장의 동력원으로 널리 사용되기 시작했다. 전기는 교통수단에도 활용되었다. 1879년에 전차가 등장한 이후 전기에 의한 동력 체계는 가격이 저렴하고 전달이 쉬우며 깨끗하고 응용 범위가 넓다는 점에서 증기 동력 체계를 급격히 대체해 나갔다.

한편 전기와 함께 새로운 동력원으로 부상한 것은 내연기관이었다. 증기기관 등 외연기관에 비해 열효율을 급격히 향상시킬 수 있는 내연기관의 개발을 모색하던 프랑스의 르누아르는 최초의 내연기관을 발명했지만 상업적으로 성공하지 못했다. 독일의 오토는 흡입·압축·폭발·배기로 이루어진 4행정 이론 정립으로 1867년에 상업적 가치를 가진 최초의 내연기관을 개발했다. 오토 엔진은 모두 석탄가스를 연료로 사용하고 있어서 수송용으로는 적합하지 않았다.

이에 대해 1883년에 독일의 다임러가 마이바흐와 함께 가솔린을 연료로 사용하는 내연기관을 개발했으며, 1886년에는 독일의 벤츠가 4행정 기관의 3바퀴 자동차를 개발함으로써 현대판 자동차가 탄생했다. 또한 디젤은 등유를 사용하는 디젤 엔진을 개발했다. 이러한 기술혁신을 배경으로 1890년대에는 유럽과 미국에서 다양한 형태의 자동차가 앞다투어 출시되었다.

가솔린 자동차가 대중화되었던 가장 결정적인 계기는 포드가 1908년부터 추진했던 모델 T의 대량생산에 있었다. 모델 T는 복잡하지 않게 설계되어 있고, 새로운 합금강을 사용해 견고할 뿐만 아니라 작업의 세분화와 작업 공구의 특화에 입각한 생산 방식으로 저렴하게 제작되었다. 여기서 작업을 세분화하고 공구를 특화한 것은 미국의 엔지니어인 테일러가 제안했던 과학적 관리의 영향이라고 볼 수 있다. 1908년에 처음으로 판매된 모델 T가 폭발적인 인기를 누림에 따라 공장을 증설했다. 포드는 도축장을 시찰하던 중 작업자들이 작업을 마친 후 모노레일을 이용해 갈고리에 매달려 있는 고기 덩어리를 다음 작업자에게 이동시키는 광경을 목격했고, 이후에 포드사의 하이랜드 파크공장에서 컨베이어벨트 시스템으로 연결된 세계 최초의 조립라인이 구축되었다. 포드의 컨베이어벨트 시스템은 대량생산의 혁신을 가져오며 대당 조립 시간을 획기적으로 단축시켰다.

무엇보다 대량생산으로 인해 자동차 가격이 하락하고 이에 따라 노동자들을 자동차 고객층으로 확보할 수 있어 대중소비가 시작되었다. 1920년대 중반 이후에는 제너럴 모터스의 시보레가 출시되는 등 자동차 대중화가 가속화되었다. 또한 기술의 발전은 인간이 의사소통하는 방식에도 큰 변화를 유발했는데, 벨은 1876년에 필라델피아에서 개최된 박람회에서 전화를 선보인 후 벨 전화사를 설립했고, 1885년에 AT&T로 확대했다. 이와 같이 통신의 발달이 정보교환 속도를 높여줌으로써 새로운 기술과 산업의 발전을 가속화시키는 데 일조했다.

제2차 산업혁명 시기에 제강법의 혁신으로 인해 철강재는 산업용 기계는 물론 철도 레일·다리·건축물 등으로 그 적용 범위를 확장해 갔다. 특히 모든 산업의 기계화가 이루어지기 위해서는 기계의 재료가 되는 철이 산업계에서 요구하는 품질과 수량에 적합해야 하는데, 제강법의 혁신으로 인해 19세기 후반부터 산업의 기계화가 본격화되었다. 또한 1889년 파리 만국박람회의 에펠탑은 평로법에 의해 제작된 강철을 재료로 한 것으로, 철강의 용도가 수직 건물에도 사용될 수 있다는 것을 보여준 상징적인 건축물이었다. 이후에 철강재는 건축물에 필수적인 재료로 자리 잡았고, 1940년대 이후에는 오늘날의 대표적인 도시 건축물인 빌딩과 아파트의 제작에 널리 활용되기 시작했다.

철강 산업과 함께 화학 산업은 신소재의 개발을 통해 제2차 산업혁명에 기여했다. 천연염료는 충분한 양을 얻기도 어려웠고 색깔도 제한되어 있었는데, 퍼킨이 1856년에 아닐린에서 보라색 염료를 추출하는 방법으로 인공 염료를 개발했다. 또한 1909년에 베이클랜드는 안전성이 뛰어난 플라스틱인 베이클라이트를 개발했으며, 1934년에는 듀퐁의 캐러더스가 나일론을 발명했는데, 이와 같은 화학 산업은 플라스틱이나 합성섬유와 같은 새로운 소재가 개발되면서 절정에 달했다.

제3차 산업혁명이란 무엇인가?

20세기 후반에 들어와 제3차 산업혁명이 전개되고 있는 것이 감지되기 시작했다. 즉 1960년대에 시작된 제3차 산업혁명은 반도체와 메인프레임 컴퓨팅을 시작으로 1970년대의 개인용 컴퓨터, 1990년대의 인터넷의 발달을 주도하면서 정보통신기술(ICT; Information and Communications Technology)의 발전으로 인한 디지털 혁명으로 정보화·자동화 체제가 구축되었다. 제3차 산업혁명이라는 용어를 처음 사용한 사람은 2011년 출간한 『제3차 산업혁명(The Third Industrial Revolution)』에서 인터넷과 재생에너지 기술 간의 융합을 통해 새로운 산업혁명이 도래하고 있다는 주장을 펼친 제레미 리프킨이다.

　컴퓨터의 시초는 탄도표를 계산할 목적으로 개발된 '에니악(eniac)'이다. 프로그램 내장 방식과 2진법 논리 회로라는 개념으로 오늘날 컴퓨터의 기본 원리를 제안한 사람은 노이만이다. 그 이후 잡스와 위즈니악이 애플 컴퓨터를 1976년에 개발했으며, 1981년 IBM이 개인용 컴퓨터 시장을 열면서 컴퓨터의 대중화가 이루어지기 시작했다. 특히 IBM은 설계 및 운영체제를 공개함에 따라 IBM 호환용 컴퓨터는 사실상의 표준으로 자리잡았다. MS·DOS라는 운영체계를 제공했던 마이크로소프트는 1987년에 윈도라는 운영체제를 출시한 후 1990년대 중반부터 소프트웨어 분야에서 급속하게 성장했다.

　정보통신기술은 제2차 세계대전 이후에 발전한 컴퓨터 기술과 20세기를 통해 꾸준히 성장해온 통신 기술이 결합됨으로써 탄생했다. 컴퓨터와 통신이 결합되면서 처음으로 나타난 것은 모뎀으로, 컴퓨터에서 사용하는 디지털 데이터를 전화선이 활용할 수 있는 아날로그 신호로 바꿈으로써 이미 광범위하게 설치된 전화선을 통해 컴퓨터 통신을 가능하게 하는 장치다. 이어 컴퓨터 통신망의 새로운 지평을 열어준 것은 인터넷이었는데, 인터넷은 1960년대 미국 국방부의 ARPA(Advanced Research Projects Agency)에서 연구하기 시작한 아르파넷에서 유래되었다. 몇몇의 지역적인 네트워크가 아르파넷에 접속되면서 네트워크 사이의 결합을 의미하는 인터넷으로 변모했다. 전자우편의 등장과 표준 프로토콜의 채택 등이 인터넷 발전의 중요한 계기가 되었다. 1989년에는 유럽 원자핵 공동연구소의 팀 버너스리가 월드와이드웹(WWW; World Wide Web)을 제안해 인터넷 보편화가 가속화되었다. 인터넷에 연결된 컴퓨터의 수는 1990년에 약 30만 대에 불과했으나 2000년에는 1억 대로 증가했다. 이러한 인터넷이 매개가 되어 새로운 비즈니스 모델들이 나타나기 시작했고 구글, 야후, 아마존, 이베이 등의 ICT 기업들이 등장했다. 또한 제3차 산업혁명 시대에는 컴퓨터와 인터넷 이외에도 생명과학, 자동화, 로봇기술 등이 급성장했다.

제4차 산업혁명이란
무엇인가?

제4차 산업혁명은 스마트시대(지능화+초연결)의 도래를 의미한다.
이는 삶의 편의성이 획기적으로 개선되는 것을 말한다.

현대사회로 진입할수록 새로운 기술과 기술적 혁신이 나타나는 주기가 극단적으로 빨라졌으며, 기술의 파급 속도도 급격하게 빨라지고 있다. 즉 증기기관 등이 동력이었던 제1차 산업혁명은 18세기 중반부터 19세기 중반까지 100여 년에 걸쳐 진행되면서 산업 생산력을 증가시켰고, 전기와 내연기관 등이 동력이었던 제2차 산업혁명은 19세 말부터 20세기 초반까지 50여 년에 걸쳐 진행되면서 제조업의 혁신이 일어났다. 그뿐만 아니라 컴퓨터와 인터넷 등이 동력이었던 제3차 산업혁명은 20세기 후반부터 현재까지 약 30여 년에 걸쳐 진행되면서 산업구조의 변혁을 이끌었다.

현재 지나간 산업혁명에 준하는 거대한 변화의 물결이 밀려오고 있다는 사실에 대해서는 전 세계가 동의하고 있다. 왜냐하면 전 세계가 고령화 사회가 도래할 것으로 예상되는 가운데 제조업 및 실질 생산부문의 위기를 타파하고 미래를 준비하기 위해서는 산업 전체가 융합되고 산업 간의 경계를 허무는 신기술을 적용해서 정치·경제·사회·문화의 패러다임을 바꾸어야 하는 기로에 섰기 때문이다.

제4차 산업혁명이라는 용어가 회자되기 전인 2011년 독일의 하노버 박람회에서 '인더스트리 4.0'이라는 용어가 나왔는데, 이는 ICT를 제조업에 접목해 모든 생산공정·조달·물류·서비스까지 통합 관리하는 스마트팩토리를 구축하기 위해 사물인터넷(IoT), 사이버물리시스템(CPS), 센서 등 기반 기술을 개발하고 생태계를 조성한다는 것이다. 이를 통해 소비자들의 다양한 요구사항을 반영하는 맞춤 생산이 가능해질 뿐만 아니라 새로운 운영모델 등이 생길 수 있다는 것이다.

제4차 산업혁명이 지향하는 것은 고객가치 향상

2016년에 세계경제포럼 회장인 클라우스 슈밥은 인공지능(AI; Artificial Intelligence), 가상현실(VR; Virtual Reality), 증강현실(AR; Augmented Reality), 사물인터넷(IoT; Internet of Things), 빅데이터(big data) 등 신기술이 주도하는 미래를 '제4차 산업혁명'이라 명명하면서 "제4차 산업혁명은 인류가 하는 일을 바꾸는 것이 아니라 인류 자체를 바꿀 것이다."라고 단언했다.

제4차 산업혁명의 주요 기술

주요 기술	내용
사물인터넷 (IoT)	• 사물에 센서를 부착해 실시간으로 데이터를 네트워크 등으로 주고받는 　기술 • 인간의 개입 없이 사물 상호 간 정보를 직접 교환하며 필요에 따라 정보를 　분석하고 스스로 작동하는 자동화 • IoT＋AI＋빅데이터＋로봇공학＝스마트팩토리
로봇공학 (robot engineering)	• 로봇공학에 생물학적 구조를 적용함에 따라 더욱 뛰어난 적응성과 유연성 　을 갖추고 정밀농업에서 간호까지 다양한 분야의 광범위한 업무를 처리할 　만큼 활용도가 향상
3D 프린팅 (additive manufacturing)	• 입체적으로 형성된 3D 디지털 설계도나 모델에 원료를 층층이 겹쳐 쌓아 　유형의 물체를 만드는 기술 • 소형 의료임플란트에서 대형 풍력발전기까지 광범위하게 응용 가능 • 3D 프린팅＋바이오기술＝인공장기
빅데이터 (big data)	• 디지털 환경에서 생성되는 다양한 형태의 방대한 데이터를 바탕으로 인간 　의 행동패턴 등을 분석 및 예측하는 기술 • 산업현장 등에서 활용하면 시스템의 최적화 및 효율화 도모 가능 • 빅데이터＋AI＋금융정보＝투자로봇어드바이저 　빅데이터＋AI＋의학정보＝개인맞춤형 헬스케어
인공지능 (AI)	• 컴퓨터가 사고·학습·자기계발 등 인간 특유의 지능적인 행동을 모방할 수 　있도록 하는 컴퓨터공학 및 정보 기술 • 다양한 분야와 연결해 인간의 업무를 대체하고 그보다 높은 효율성을 가 　져올 것으로 예상 • AI＋IoT＋자동차＝무인자율주행자동차

자료: 세계경제포럼

　이와 같이 제4차 산업혁명은 제3차 산업혁명인 디지털 혁명에 기반해 물리적·디지털적·생물학적 공간의 경계가 희석되는 정보기술융합의 시대이며, 이 정보기술융합의 핵심에는 사이버물리시스템이 있다.

　사이버물리시스템은 현실 속 제품을 뜻하는 물리적인 세계와 인터

인터넷과 연결된 사물(connected objects) 수의 증가 추이

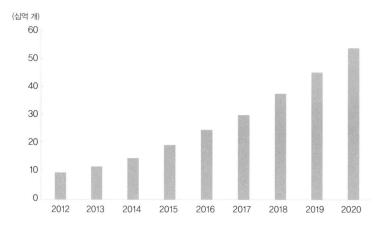

자료: 시스코

넷 가상공간을 뜻하는 사이버세계가 네트워크로 연결되어 이 안에서 집적된 데이터를 분석 및 활용하고 사물의 자동제어가 가능하게 하는 것을 의미한다. 제4차 산업혁명을 주도하는 요소 기술로는 인공지능을 비롯해 사물인터넷, 빅데이터, 로봇공학, 3D 프린팅 등이 꼽히는데, 이러한 기술은 사물인터넷으로부터 여러가지의 빅데이터를 얻은 이후 빅데이터를 클라우드에 저장해 인공지능으로 분석하고 활용함으로써 수행된다.

다시 말해 사물인터넷으로 빅데이터를 얻고, 그것을 클라우드에 저장해 인공지능으로 분석하고 활용하는 것이다. 즉 초연결을 가능하게 하는 인프라 환경은 사물인터넷·5G 등이, 사물들의 지능화에는 빅데이터·인공지능 등이 역할을 하면서 융복합되어 제4차 산업혁명이 실현된다.

이러한 제4차 산업혁명의 무수히 많은 신기술과 패러다임을 어떻

게 융합할지를 견인하는 것은 궁극적으로는 고객가치의 향상이 관건이다.

제4차 산업혁명,
진정한 스마트시대를 열다

제4차 산업혁명은 사물인터넷·빅데이터·인공지능 등 기술로 융복합됨에 따라 공진화하는 기술혁신, 제조업의 산업구조 혁신(제조공정의 디지털화, 제품의 서비스화), 인공지능 기반의 플랫폼 비즈니스(공유경제·블록체인 등) 등으로 표출되면서 한 산업의 경계 붕괴와 새로운 혁신 서비스가 나타날 것이다. 즉 제4차 산업혁명은 지능정보기술이 과거 기계가 진입하지 못한 다양한 산업 분야에도 기계가 진입해서 생산성을 높이고 산업 구조의 대대적 변화를 촉발함에 따라 패러다임 전환으로 경제 및 사회 전반의 혁명적 변화를 초래할 것으로 전망된다.

인간과 인간, 사물과 사물, 인간과 사물 등이 연결되는 초연결 사회가 도래함에 따라 현실과 사이버가 융합되는 새로운 패러다임이 다가올 것이다. 즉 사물인터넷 환경에서 빅데이터가 산출되며, 인공지능으로 빅데이터를 처리 및 활용해 사이버 공간에 다시 연결할 뿐만 아니라 지능정보기술과의 결합을 통해 스스로 진화하는 네트워크가 될 것이다. 이와 같이 제4차 산업혁명의 핵심은 초연결과 지능화다. 특히 초연결로 인해 데이터의 개방과 공유가 극대화됨에 따라 특정한 아이디어나 산출물이 사회와 문화 속에서 실현 가능해지고 가치를 인정받기 때문에 혁신을 가져오는 원동력이 될 것이다.

따라서 제4차 산업혁명은 진정한 스마트시대(지능화+초연결)의 도래를 의미한다. 스마트시대는 각종 센서와 유무선 통신 기술을 통한 현실과 디지털 세상의 컨버전스로 인해 삶의 편의성이 획기적으로 개선되는 것을 의미한다. 즉 스마트 시대는 사물인터넷·빅데이터·인공지능·클라우드 등의 데이터 활용 기술 등을 통해 지능정보가 생성될 뿐만 아니라 융합되면서 경제·사회·삶 모든 분야에 보편적으로 활용됨으로써 새로운 가치가 창출되고 발전하는 사회를 의미한다.

이와 같이 지능화 및 초연결로 인한 지능정보기술의 융복합으로 스마트카·스마트팩토리·스마트홈·스마트시티·스마트농장·스마트그리드 등 스마트 시스템 구축을 가능하게 할 것이며, 이 시스템 등으로 인해 기후변화 등 사회 전반적으로 다양한 문제에 대응할 수 있을 것이다.

따라서 제4차 산업혁명은 기술 및 산업 간 융합을 통해 산업구조를 변화시키고 새로운 스마트 비즈니스 모델을 창출시킬 것이다. 즉 사물인터넷·클라우드 등 초연결성에 기반을 둔 플랫폼기술의 발전으로 O2O(Online to Offline), 공유경제(sharing economy), 온디맨드경제(on demand economy)의 부상은 소비자 경험 및 데이터 중심의 서비스 및 새로운 형태의 산업 간 협업 등으로 이어지면서, ICT와 초연결성에 기반한 새로운 스마트 비즈니스 모델이 등장할 것이다. 또한 제4차 산업혁명의 주요 변화 동인이자 기술분야인 빅데이터·사물인터넷·인공지능 등의 기술개발 수준 및 주기 등을 고려할 때 향후 본격적 상용화로 인해 새로운 시장이 나타날 것이다.

이러한 제4차 산업혁명시대에 인간의 생활양식 변화는 노동시간

제4차 산업혁명 및 지능정보기술

개념	IoT	Mobile	Cloud & Big Data	A.I.	새로운 가치
	모든 기계·인간으로부터 **데이터 수집**		정보처리능력 고도화로 **데이터 축적·분석강화**	기계가 데이터를 빠르게 학습해 **새로운 지능정보가치 창출**	
	CCTV				스마트팩토리 → 생산비용 절감
	자동차	📱	정보저장	인공 지능	자율자동차·스마트교통 → 교통사고 감소
	가전	🧍	정보처리		스마트홈 → 생활 편의성 향상
	의료건강	🖥️	정보관리		스마트 헬스케어 → 의료비 감소
	기반시설				스마트 인프라 → 안정적 에너지 수급
특징	만물의 데이터화	실시간 반응	자율 진화	무인 의사결정	

자료: 과학기술정보통신부

및 목적적 행위의 감소로 나타날 수 있을 것이다. 디지털기술의 고도화와 더불어 인공지능이 확산되면 인간의 물리적 노동뿐만 아니라 정신적 노동이 필요한 노동까지도 기계가 대신하게 되므로 당연히

지능정보기술과 타 산업·기술의 융합 예시

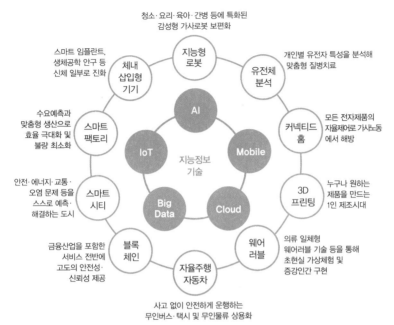

청소·요리·육아·간병 등에 특화된
감성형 가사로봇 보편화

스마트 임플란트,
생체공학 안구 등
신체 일부로 진화

개인별 유전자 특성을 분석해
맞춤형 질병치료

수요예측과
맞춤형 생산으로
효율 극대화 및
불량 최소화

모든 전자제품의
자율제어로 가사노동
에서 해방

안전·에너지·교통·
오염 문제 등을
스스로 예측·
해결하는 도시

누구나 원하는
제품을 만드는
1인 제조시대

금융산업을 포함한
서비스 전반에
고도의 안전성·
신뢰성 제공

의류 일체형
웨어러블 기술 등을 통해
초현실 가상체험 및
증강인간 구현

사고 없이 안전하게 운행하는
무인버스·택시 및 무인물류 상용화

체내
삽입형
기기 / 지능형
로봇 / 유전체
분석 / 커넥티드
홈 / 3D
프린팅 / 웨어
러블 / 자율주행
자동차 / 블록
체인 / 스마트
시티 / 스마트
팩토리

AI / IoT / Mobile / Big Data / Cloud

지능정보
기술

노동시간의 감소가 이루어질 것이며, 빅데이터·인공지능·자율주행
차 등을 통해 정보의 검색·탐색·쇼핑·운전 등을 기계가 대신하게 될
것이므로 인간의 목적 행위는 감소할 가능성이 높다.

한편 제4차 산업혁명은 축적된 데이터를 통해 융합해 새로운 비즈
니스 모델을 만들고 성장하는 것인데, 제3차 산업혁명 시대에 등장
한 구글과 애플 등은 거대한 자본과 역량을 바탕으로 현재뿐만 아니
라 미래의 주도권도 잡을 수 있을 것이다. 그러나 후발 기업들의 경
우 경쟁력을 잃어가고 있는 상황이다.

다른 한편으로 제4차 산업혁명 시대를 맞이해 기업들은 변신중이다. 즉 전통 제조기업은 스마트팩토리 등 디지털 전환을 통해 생산성과 효율성을 높이고 있으며, 제2차 산업혁명의 강자였던 GE는 방대한 발전 인프라를 기반으로 디지털기술과 결합해 제품을 서비스화하는 혁신을 만들어내면서 소프트웨어기업으로 변화하고 있다.

제4차 산업혁명이
경제에 미치는 영향

사물인터넷, 빅데이터, 인공지능, 클라우드 등으로 인해
정보의 비대칭성이 줄어들어 맞춤형 상품과 서비스를 제공할 수 있다.

지난 200여 년의 산업혁명과 함께 진화한 산업 생산과 시장의 질서가 대변화를 겪기 시작함에 따라 또다시 혁명적 변화의 시기를 눈 앞에 두고 있다. 제4차 산업혁명은 사물인터넷·빅데이터·인공지능·클라우드·가상현실·3D 프린팅 같은 신기술로 인해 지능화·가상화·초연결 시대가 도래하면서 새로운 산업 수요와 더불어 사회 구성원의 삶에 영향을 미치는 변화가 일어날 것으로 예상된다. 즉 제4차 산업혁명은 단순히 과학기술의 진보적인 발전에만 그치지 않을 것이며, 한 발 더 나아가 사회 전반적인 삶의 양식을 크게 바꾸어놓는 패러다임의 변화를 가져올 것이다.

효율성은 최소한의 투입으로 기대하는 산출을 얻는 것으로, 비용과 편익을 고려하기 때문에 자원의 효율적 배분을 가져온다. 여태까지의 산업혁명은 인간이 할 수 있는 일을 기계가 대체하면서 효율성을 실현해나갔다. 특히 제3차 산업혁명에서는 컴퓨터가 생산의 효율성을 크게 증가시켰으며, 인터넷은 경제의 기본 작동원리를 바꾸었다.

더군다나 제4차 산업혁명에서는 인간이 할 수 없었던 일들을 사물인터넷·빅데이터·인공지능·클라우드 등으로 인해 가능하도록 만들고 있다. 이에 따라 기계가 최적화된 디지털비즈니스모델들이 등장하고 있으며, 무엇보다 사물인터넷의 발전으로 연결하는 장치의 종류가 많아짐에 따라 데이터들이 폭발적으로 증가하고 있다. 또한 이러한 다양한 네트워크기기들은 정보를 주고 받으면서 다시 현실에 대한 2차 정보들이 생성된다.

제4차 산업혁명, 효율성을 극대화시키다

토지·노동·자본의 3가지 생산요소를 부의 원천이라고 설명하는 근대 경제학에서는 생산요소를 추가할 때마다 한계생산량이 줄어든다는 수확체감의 법칙이 진리였다. 그러나 제4차 산업혁명으로 인한 데이터 기반의 경제에서는 수확체감이 아니라 수확체증이 일어난다. 왜냐하면 생산요소로서의 데이터는 사용한다고 없어지는 것이 아니며, 사용한 데이터로 얻은 정보는 다시 생산적 데이터가 될 수 있기 때문이다. 가령 소프트웨어 개발의 초기 비용은 높으나 추가 개발 비용은 이에 비해 매우 낮기 때문에 수확체증을 가능하게 하는 생산함수의 특징을 넘어 네트워크 효과가 시장에 발생한다면 시장 지배력이 더욱더 커질 것이다. 결국 생산의 수확체증과 소비의 네트워크 효과가 결합되면 이윤의 극대화가 가능할 것이다.

또한 전통적 경제이론에서는 한계비용은 생산량이 증가함에 따라 점차 감소하다가 어느 생산량을 지나면 점차 증가하기 시작하는 데 반해 제4차 산업혁명에서는 한계비용이 제로가 될 수 있다. 한계비용이 제로가 된다는 것은 기업이 아주 적은 노동력으로 더 많은 수익을 창출하고, 소비자는 저렴한 가격에 제품 및 서비스를 제공받을 수 있다는 말이다. 유니콘(기업가치가 10억 달러 이상인 비상장 신생기업) 들이 현재 그렇게 수익을 내지 못하는데도 불구하고 평가가치가 높은 것은 온라인으로 생산하는 제품 및 서비스에 비용이 거의 들지 않는다는 점 때문이다. 즉 독점적 지위 또는 수익창출이 독특한 비즈니스 모델들을 가지고 있으면서 한계비용이 제로 수준에 가까운 유니콘들의 가치가 높은 평가를 받고 있다. 이렇듯 사물인터넷·빅데이터·인공지능·클라우드 등은 다양한 산업영역에서 효율성을 극대화시키는 주요 생산요소로 자리잡기 시작했다.

한편 경제적인 측면에서 제4차 산업혁명이 가져올 변화를 한마디로 말하면 맞춤형 데이터라고 할 수 있다. 사물인터넷·빅데이터·인공지능·클라우드·가상현실·3D 프린팅 같은 신기술과 패러다임이 다양한 방식으로 융합해 각종 서비스와 재화에 대해 기존 수요를 훨씬 잘 맞춰줄 뿐만 아니라 새로운 맞춤형 수요를 창출하면서 생산효율 극대화를 통해 낮은 비용으로 이를 제공하게 되는 것이다.

다시 말해서 사물인터넷·빅데이터·인공지능·클라우드 등으로 인해 정보의 비대칭성이 줄어들기 때문에 생산자가 고객 개개인에게 실시간으로 맞춤형 상품과 서비스를 제공할 수 있다. 또한 생산자는 사물인터넷 등을 통해 얻은 빅데이터를 바탕으로 겉으로 드러나는 소비자의 수요는 물론이고 숨겨진 수요까지 정밀하게 파악해 개인화된 광고를 내보내는 것이 가능하다. 이는 곧 비용절감 및 고객 만족도 향상으로 이어진다. 더 나아가 소비자의 소비 패턴을 분석해 개개인의 지불용의를 파악하는 것도 가능하기 때문에 소비자를 대상으로 가격차별정책을 실시하기가 훨씬 용이하다.

제4차 산업혁명을 활용하는 기업만이 살아남는다

소비자 입장에서 사물인터넷·빅데이터·인공지능·클라우드 등을 통한 정보의 비대칭성 감소는 역선택(정보를 갖지 못한 측이 정보를 가진 바람직하지 못한 상대방과 거래를 하는 현상)에 직면할 가능성이 줄어들고, 탐색비용 및 거래비용이 줄어든다. 결국에는 소비자가 본인이 원하는 상품을 구매하고자 할 때 가격·디자인·품질 등의 측면에서 자신에게 알맞은 상품을 찾아내는 데 들이는 시간과 비용이 줄어드는 것이다.

이에 따라 사물인터넷·빅데이터·인공지능·클라우드 등을 기반으로 융합 빅데이터 플랫폼이 등장하고 있다. 그 분야는 쇼핑, 여행, 세탁, 주차장뿐만이 아니다. 기계, 플랜트, 보건, 환경 등에 대해 사전에 모든 정보를 제공해서 비용 감소 및 사전예방 등을 가능하게 하는 새로운 비즈니스모델 등이 빠른 속도로 확산되고 있다. 무엇보다 새로운 디지털 융합기술로 인해 데이터들의 분석들이 가능해짐에 따라 축적된 데이터 기반 새로운 형태의 비즈니스모델들이 출현 가능해지면서 효율성과 생산성이 높아질 뿐만 아니라 고객의 이익도 증진될 것이다.

또한 사물인터넷·빅데이터·인공지능·클라우드 등으로 인한 융합 빅데이터 플랫폼에서 사람·자산·데이터를 융합하는 과정에서 새로운 서비스와 제품을 제조할 수 있게 됨으로써 생산자가 소비자가 되고 소비자가 생산자가 되는, 다시 말해 생산자와 소비자의 경계가 무너지는 프로슈머(prosumer) 시대로 접어들 것이다. 즉 공유경제나 온디맨드 서비스 등 플랫폼을 활용한 신규 비즈니스가 확산되고 있는데, 지능적인 기술을 활용한 융합 빅데이터 플랫폼을 기반으로 유휴자원에 대한 수요와 공급을 즉각적으로 연결할 뿐만 아니라 고용시장의 유연화를 야기시키고 있다. 또한 가상화는 현실세계와 가상세계와의 융합현상으로, 가상현실이나 증강현실로 체험 기술이 발달하면서 프로슈머 시대를 촉진시킬 것이다.

가령 우버(uber)는 개인 자가용 소유자와 택시 서비스 수요자를 연결시켜주는 서비스를, 에어비앤비(airbnb)는 빈 집의 소유자와 숙박이 필요한 수요자를 연결시켜주는 서비스를 제공하고 있는데, 이러한 서비스의 경우 공급자(생산자)가 될 수도 있고 소비자가 될 수도 있으므로 프로슈머 시대의 한 단면을 보여주고 있다. 또한 태양광 등 신재생 전원과 에너지 저장 장치(ESS; Energy Storage System) 등 저장장치 등을 활용해 스스로 전력을 생산·저장하고 소비·판매하는 에너지 프로슈머도 등장하고 있다.

　결국에는 소비자의 요구를 정확히 이해하고 새로운 수요를 창출하는 기업들이 고객의 가치를 높이면서 제4차 산업혁명시대에 생존할 수 있을 것이다. 또한 제4차 산업혁명시대에서는 데이터가 제품 및 서비스에 접목되어 가치를 높일 수 있을 뿐만 아니라 기업 업무에 접목되어 생산성을 높일 수 있으므로 이를 보다 더 활용하는 기업만이 성장할 수 있을 것이다.

제4차 산업혁명이
교육에 미치는 영향

무엇이 문제인지를 찾아내는 문제제기 능력뿐만 아니라
스스로 문제를 만들어낼 줄 아는 문제창출 능력의 교육이 되어야 한다.

우리나라의 경우 저출산이 향후 학령인구 및 생산가능인구 감소로 이어지게 할 뿐만 아니라 인구의 고령화를 심화시킬 것으로 예상된다. 이러한 환경에서 제4차 산업혁명은 융합된 기술혁명을 통해 우리 사회에 혁신적이고 파괴적인 변화를 가져올 것이므로 교육분야에도 큰 영향을 미칠 것으로 전망된다. 현재 우리나라 교육의 경우 정답을 맞히는 방법을 가르치는 경직된 학습에 집중하고 있기 때문에 여러 가지 면에서 새로운 것에 대한 유연성뿐만 아니라 창의성이 필요하다.

제4차 산업혁명에서 지식과 기술의 융복합을 통한 창의적인 산물은 결국 인간에 의해 만들어지므로 미래의 교육은 기계의 제한된 합리성을 뛰어넘는, 즉 한정된 사고의 틀을 바꾸는 인간의 창의적 역량을 길러주어야 한다. 왜냐하면 인공지능은 결과적으로 프로그램으로 정해져 있는 경우의 수에서 최적의 결정을 하므로 지식과 기술들은 인공지능 등이 알아서 해줄 것이기 때문이다. 이렇게 되면 특정 분야만을 전문으로 하는 일도 인공지능 등이 맡아서 할 가능성이 크다.

또한 여태까지의 교육은 정선된 지식과 정보를 열심히 외우고 받아들여서 다양한 지식과 정보를 머릿속에 저장해두고, 생산성과 효율성이라는 원칙에 따라 개괄적이고 표준화된 지식과 기능을 갖추도록 하는 것이었다.

하지만 제4차 산업혁명시대에서는 정보통신기술의 발달로 인해 언제 어디서나 원하는 지식과 정보를 마음대로 얻을 수 있다. 이제 더는 지식이나 정보를 암기해 머릿속에 넣고 다녀야 할 필요가 없게 되었을 뿐만 아니라 넘쳐나는 지식을 어떻게 맞춤형으로 관리 및 활용할지가 보다 중요시되고 있다. 특히 어려운 문제의 해결과 풀이까지도 인공지능이 처리해 줄 것이므로 문제풀이 능력도 필요가 없게 된다.

따라서 현재와 같이 주어진 문제에 대한 답을 찾기보다는 오히려 무엇이 문제인지를 찾아내는 문제제기 능력뿐만 아니라 스스로 문제를 만들어낼 줄 아는 문제창출 능력의 교육이 되어야 한다. 지식의 암기나 저장은 물론이고 단순한 조작도 기계에게 넘기게 되므로 사람이 할 일은 그 지식을 다루고 조작하는 창의적인 능력을 기르는 것이다.

초연결 사회로의
변화가 핵심

제4차 산업혁명시대에서는 지식의 양만 증가하는 것이 아니라 지식이 생성되고 소멸되는 사이클도 보다 짧아지기 때문에 지식을 암기하고 주입하는 교육이나 문제 풀이식의 교육은 소용이 없게 된다. 따라서 창의적인 문제 해결력과 스스로 학습을 이끌어 갈 수 있는 자기관리 능력이 필수적으로 요구되므로 학습자 스스로가 주체가 되어 자기에게 필요한 지식과 정보를 찾거나 또는 직접 만들고 활용하며 동시에 타인과 공유해나가는 맞춤형 자기주도학습이 필요하다.

맞춤형 자기주도학습하에서 학교는 전통적으로 암기하기를 권했던 개념과 원리를 학생들이 온라인에서 찾아보게 하는 대신에 이러한 정보를 가지고 실생활에서의 적용 사례를 접목시켜 자신만의 아이디어를 만들고 공유할 수 있는 학습 경험을 제공해야 한다. 이와 더불어 학교가 그동안 수행해 온 지식 습득은 다른 대안적 형태로 대체되는 대신에 학생과 학생, 교사와 학생, 학교 내의 규칙이 존재하는 학습공동체적 경험의 역할이 보다 더 중시될 것이다.

응용 기술의 수명이 짧아지는 만큼 학교 교육으로 미래에 요구되는 기술을 예측해서 모두 가르치는 것은 가능하지도, 바람직하지도 않다. 그래서 앞으로는 학교 교육에만 치중했던 정책과 노력을 평생에 걸쳐 국민이 스스로 학습해 나가는 데 지장이 없도록 평생직업 교육의 제도적 기반과 인프라를 구축하는 데에도 주어져야 한다.

무엇보다 제4차 산업혁명으로 인한 초연결 사회로의 변화가 핵심이 될 것이다. 디지털 네트워크와 모바일 정보기기 간의 연결은 인간의 교류 범위를 무한정 확대시키면서 사회 전반에 걸친 글로벌화가 가속화될 뿐만 아니라 지구 상에 일어나는 모든 정보들이 공유되고, 논의될 것이다. 이는 새로운 집단행동 양태를 일으키면서 전통적 정치 및 경제 구조에도 영향을 끼칠 것이다. 이러한 정보 기술의 발달에 의한 사회 구조의 변화는 결국 어떤 역량을 가진 인재가 경쟁력을 가지고 살아남을 것인가로 귀결된다는 점에서 향후 필요한 인재상이나 교육 체제의 혁신이 모색될 것이다.

제4차 산업혁명이
일자리에 미치는 영향

일자리 총량 측면에서 사물인터넷·인공지능·빅데이터 등 신기술이
일의 도구로 활용되면서 미래 일자리를 창출할 수 있을 것이다.

그동안 인간의 영역이라 생각했던 것들이 제4차 산업혁명 시대에서는 로봇과 인공지능 기술이 대체할 것이라고 예상되기 때문에 직업 및 일자리의 패러다임을 변화시킬 것으로 전망된다. 역사적으로 모든 사회 변화는 인간의 주도로 이루어지면서 인간이 그 안에서 적응해 왔었기 때문에 제4차 산업혁명의 경우도 인간의 도전이자 기회가 될 수 있을 것이다.

제1차 산업혁명에서는 가내 수공업에서 근대적 공장으로 전환됨에 따라 인간의 육체적 노동을 기계로 대체시켰을 뿐만 아니라 새로운 직업과 일자리 증가로 인구의 대다수를 차지했던 농민이 저숙련

노동자로 대체되었다. 즉 소작농의 시대를 마감하고 산업 노동자의 시대를 열면서 일자리 패러다임의 변화를 일으켰다.

　제2차 산업혁명의 경우 대량생산 체제가 등장하면서 노동자는 생산과 소비의 주체인 대중으로 거듭나기 시작했으며, 산업이 제조업 중심으로 이동하면서 이와 관련된 새로운 직업 및 일자리가 생겨났다. 가령 자동차의 발명으로 마부 일자리는 없어졌지만 택시·버스 운전 직업이 생겨났을 뿐만 아니라 도로와 주차공간 같은 근간 시설들이 만들어지면서 운송업 관련 일자리가 증가한 것이다.

　또한 제3차 산업혁명은 컴퓨터 및 정보통신 발달로 인해 생산 효율성 증가로 이어지면서 공장의 노동자가 감소하는 대신에 서비스 분야 발전으로 이 분야에서 직업 및 일자리가 증가했다. 즉 컴퓨터 및 정보통신 발달로 대량 실직의 우려에도 불구하고 장기적 관점에서 보면 연관 산업 및 파생 직업이 출현해 일자리 전체는 오히려 늘어났다.

　제4차 산업혁명에서는 인공지능 등의 발전으로 자동화가 촉진되면서 생산성은 더 높아지는 반면 인간의 노동력을 대체함으로써 실업이 증가할 것으로 우려하고 있다. 이는 기술 혁명이 일어날 때마다 일시적으로 기술 혁명 직종에서 실업이 발생했고, 때로는 대량 실업이 발생하기도 했기 때문이다. 이렇듯 기술의 발전이 현존하는 일자리를 사라지게 하겠지만 일자리 총량 측면에서 오히려 사물인터넷·인공지능·빅데이터 등 신기술이 일의 도구로 활용되면서 미래 일자리를 창출할 수 있을 것이다.

제4차 산업혁명으로 인한
직업 및 일자리의 패러다임 변화

제4차 산업혁명에서 자동화 등으로 인한 인간 노동의 대체가 양적인 일자리 변화를 가져온다면, 융합데이터 플랫폼을 중심으로 한 기업 부가가치 창출 기반의 변화는 일자리 변화를 질적으로 변화시킬 가능성이 높아질 것이다.

제2차 산업혁명으로 인한 대량생산체제의 도입뿐만 아니라 제3차 산업혁명의 컴퓨터 및 정보통신 발달로 인한 사무직 또는 서비스직의 강화 등은 직무의 변화라고 보기 때문에 근본적인 일자리 패러다임의 변화까지 미치지 못했다. 그러나 제4차 산업혁명은 다품종 소량 생산 시대로 맞춤형 주문과 생산 가능으로 대형 공장 없는 생산과 물류창고 없는 상품 배달이 가능해진다. 무엇보다 개인의 독특한 요구 등을 반영할 수 있는 제품 생산과 서비스 등을 제공할 수 있는 자신만의 특정한 전문기술이나 역량 등을 필요로 하는 직업 사회가 전개될 것이다.

결론적으로 제4차 산업혁명으로 인한 지능적 사회로의 변화로 인해 미래의 많은 직업이 고도의 지적 능력과 창의성을 요구할 것으로 예상됨에 따라 지적이든 기능적인 일이든 상관없이 정형화된 직종들의 일자리는 대폭 감소하고, 비정형화된 지적 직종들의 일자리와 비정형화된 기능적 일자리는 증가하는 추세를 보일 것으로 전망된다. 이렇게 되면 사람들은 새로운 기술을 익혀 수시로 직업을 바꿀 수 있을 것이다.

이러한 일자리 패러다임 변화하에서는 주어진 문제를 해결하는 역량보다는 새로운 문제를 제시하고 창출할 수 있는 역량이 무엇보다 중요해질 것이다. 그러므로 일자리에서도 진정한 혁신의 시대가 열릴 것이다.

제4차 산업혁명 진행의 근거를 어디에서 찾을 수 있을까?

FANG과 NVIDIA 등의 주가 상승뿐만 아니라 블록체인을 기반으로 한 가상화폐 비트코인 가격 상승 등도 제4차 산업혁명을 입증하는 것이다.

2017년 4월 3일 기준으로 미국 뉴욕 증시에서 테슬라의 시가총액은 100년 이상의 전통을 자랑하는 대형 자동차업체인 포드의 시가총액을 추월한 이후 그 격차를 더욱 벌리고 있다.

제2차 산업혁명의 경우 1870년을 기점으로 포드가 도입한 컨베이어벨트 생산체제가 상징적이다. 이로써 조립 설비와 전기를 통한 대량생산이 가능해졌다.

반면에 제4차 산업혁명의 상징인 스마트팩토리는 공장 자동화가 진화한 형태로 ICT와 제조업 기술이 융합해 사물인터넷·빅데이터·클라우드 컴퓨팅·CPS 등을 통해 공장 내의 장비·부품들이 연결 및

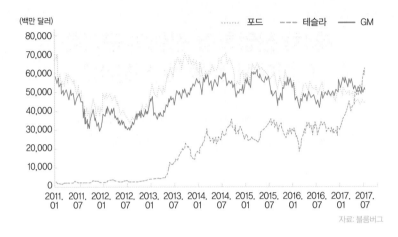

자료: 블룸버그

상호소통하는 생산체계로, 최소비용과 최소시간으로 고객맞춤형 제품뿐만 아니라 다품종 복합(대량·소량)생산이 가능한 유연한 생산체계를 구현할 수 있다.

테슬라 전기차 공장에는 컨베이어벨트가 없는 대신 조립 로봇 160대가 차체를 들어 작업자에게 운반해 조립을 돕는다. 컨베이어벨트 시스템은 한 번 설치하면 변경이 어렵고 고정비용이 많이 드는 데 반해 테슬라는 로봇을 활용함으로써 투자가 적고 변경이 쉬운 라인을 만들어냈다.

또한 테슬라의 전기차는 인터넷으로 네트워크 연결성을 가지고 있으므로 단순한 차량 주행정보뿐만 아니라 운전자의 개인 이력데이터까지 수집할 수 있다. 이 데이터를 소프트웨어 업데이트와 차량기능 개선에도 활용할 뿐만 아니라 소프트웨어 다운로드를 통해 수리도 가능하다. 따라서 테슬라 전기차는 강력한 소프트웨어를 탑재한 '바퀴 달린 스마트폰'으로 자동차와 정보기술을 융합한 혁신의 결과로서 제4차 산업혁명의 상징이 될 수 있을 것이다.

한편 근대 산업 변화를 상징하는 장면으로 마차와 자동차가 섞여 다니던 19세기 도로 풍경이 자주 언급된다. 즐비한 마차 대열 속에 한두 대 끼어 다니던 자동차가 도로를 완전히 뒤덮기까지는 단 10년도 걸리지 않았다. 혁신에 기초한 변화는 기하급수 규모이자 불가역하다. 따라서 제4차 산업혁명의 상징인 전기차는 주변 기술과 기능의 진화이지 자동차 본연의 진화는 아니기 때문에 대중화는 그리 멀지 않았다고 볼 수 있다.

FANG과 NVIDIA, 그리고 제4차 산업혁명

전 세계 금융시장의 중심인 미국에서는 제4차 산업혁명이 큰 이슈가 됨에 따라 제4차 산업혁명을 이끌고 있는 페이스북(Facebook), 아마존(Amazon), 넷플릭스(Netflix), 구글(Google) 등 이른바 'FANG'으로 불리는 미국 신기술주 4인방이 주가지수 상승을 이끌고 있다. 이는 20세기 초 전기·철도·전화·철강 등이 사람들의 삶에 새로운 편리함을 주면서 거대한 부를 쌓는 독점 사업이었던 것처럼, FANG과 같은 온라인 플랫폼은 21세기의 새로운 독점 형태로서 거대한 플랫폼을 빠르고 일사불란하게 움직이는 힘으로 작용하기 때문이다.

이와 더불어 FANG 기업들의 행보는 제4차 산업혁명 변화의 동인

지능정보기술인 사물인터넷·빅데이터·인공지능 등이 결합된 제품 및 서비스들을 선보일 뿐만 아니라 스마트카·스마트홈·스마트시티 등 스마트 시스템 구축을 가능하도록 하기 위해 관련 기업들의 M&A 가 활발하게 진행되면서 성장성 등이 부각되고 있다.

한편 지금까지 데이터 처리는 CPU(Central Processing Unit)가 주로 담당했고, GPU(Graphic Processing Unit)는 그래픽 관련 데이터 처리를 주로 담당했지만, 사물인터넷·빅데이터·인공지능 관련 서비스 등이 나타나면서 많은 양의 데이터를 동시에 처리하는 병렬 처리 능력이 뛰어난 GPU 수요가 급증하고 있다. 따라서 GPU를 설계하는 반도체 기업인 NVIDIA의 경우 GPU의 용도가 컴퓨터 화상 처리에서 연산처리 고속화로 넓혀지면서 사업 영역도 게임에서 고성능 컴퓨터, 인공지능, 자율주행으로 확대되었고, 실적이 빠르게 성장하면서 주가도 지속적으로 상승하고 있다.

이렇듯 FANG과 NVIDIA 등의 주가 상승뿐만 아니라 블록체인을 기반으로 한 가상화폐 비트코인 가격 상승 등도 제4차 산업혁명이 이미 우리 앞에 다가와 있음을 입증하는 것이다. 특히 아직 초기단계이기 때문에 향후에는 미국 등에 국한되는 것이 아니라 우리나라와 더불어 전 세계 제4차 산업혁명 관련 종목들의 주가 상승이 본격화될 수 있을 것이다.

제4차 산업혁명은 정부 주도로
세계가 적극 대응하고 있다

주요국의 정책에서 공통적으로 추구하는 바는 물리시스템(생산현장의 자동화)과
사이버시스템(수집된 데이터를 통합 관리하고 자율적으로 판단)의 결합이다.

미국·독일·일본·중국 등 주요국들은 이미 민간뿐만 아니라 정부 주
도로 제4차 산업혁명에 적극 대응하고 있다. 이러한 주요국의 정책
에서 공통적으로 추구하는 바는 물리시스템(생산현장의 자동화, 센서
나 사물인터넷 등을 통한 자동적인 정보 수집을 의미)과 사이버시스템(수
집된 데이터를 통합 관리하고 자율적으로 판단)의 결합이다. 플랫폼을 통
해서 물리시스템과 사이버시스템의 결합이 이루어지기 때문에 플랫
폼을 활용하는 것이 무엇보다 중요하다. 이러한 플랫폼에 대한 접근
은 새로운 비즈니스 창출을 가능하게 하므로 아이디어를 가지고 있
거나 소프트웨어 역량을 가진 창업자들에게 새로운 기회를 제공할

것이다.

미국은 제4차 산업혁명과 관련된 기술 중심의 '9대 전략기회 분야'를 선정하고 정부 중심으로 향후 민간이 주도할 혁신환경을 조성하는 것을 목표로 하고 있다. 9대 전략기회 분야는 첨단제조·정밀의료·두뇌·첨단자동차·스마트시티·청정에너지·교육기술·우주·고성능 컴퓨팅을 포함하고 있다.

정부보다는 민간주도의 산업발전을 추구하고 있는 미국의 혁신정책은 대부분 민간이 활동할 수 있는 영역의 인프라를 구축하는 형태로 진행되고 있다. 따라서 향후 몇 년 안에 위와 같은 전략분야에서 유수의 스타트기업과 중견기업들의 신제품·서비스가 점차 개발될 것이다.

제4차 산업혁명의
무한가치를 잡아라

제4차 산업혁명과 관련된 독일의 혁신정책은 'Industry 4.0'과 'Platform Industry 4.0' 등이다. Industry 4.0은 독일에서 4년마다 갱신하고 있는 '하이테크전략 2020(2010년 발표)'의 10대 프로젝트 중 하나로, 정보통신기술을 활용해 스마트팩토리를 구현하는 것을 목표로 하고 있다. 또한 2015년부터 시작된 Platform Industry 4.0에서는 기존의 Industry 4.0이 주로 연구개발 중심으로 이루어져 실질적인 표준화와 실용화가 많이 진행되지 못했다는 판단하에 빠른 표준화, 중소기업의 참여, 보안 강화, 관련 인력양성 강화 등을 추진하고 있다.

한편 일본은 '일본재흥전략'과 '과학기술이노베이션 종합전략', '로봇신전략' 등을 통해 제4차 산업혁명을 대비하고 있다. 일본재흥전략은 경제개발 계획으로, 2015년과 2016년 계획에는 사물인터넷·빅데이터·인공지능·로봇 기술 등을 통해 2020년까지 30조 엔의 부가가치를 창출하는 것을 목표로 하고 있다. 과학기술이노베이션 종합전략은 제조시스템을 혁신하기 위한 정책으로, 제조 관련 모든 데이터를 네트워크 플랫폼으로 구축하고 관리하는 시스템을 구축하기 위한 시도라고 할 수 있다. 또한 로봇신전략의 경우는 로봇강국으로서의 일본의 경쟁우위를 지속하고 사물인터넷 기술과의 연계를 통한 사회문제해결을 목표로 하고 있다.

중국은 하드웨어 중심의 '중국제조 2025'와 소프트인프라 중심의 '인터넷 플러스 정책'을 통해 제4차 산업혁명을 대비하고 있다. 중국제조 2025의 경우 제조업의 종합경쟁력을 2025년까지 독일과 일본 수준으로 끌어올리는 것을 목표로 하고 있으며, 중국의 많은 하드웨어 기반 스타트업 기업들이 중국제조 2025에 동참하고 있다. 또한 인터넷 플러스 정책은 중국의 민간기업인 텐센트의 제안을 통해 수립된 정책으로, ICT기술을 기존 제조업에 적극 융합하고 활용하는 것을 목표로 하고 있다.

과거 우리나라의
신성장동력정책은 무엇이었나?

정권 교체시마다 신성장동력이 바뀌어왔는데, 이는 그 정부만의 고유한
특색을 나타내려는 의도뿐만 아니라 세계 경제환경 및 정세 변화 때문이다.

신성장동력을 마련하기 위한 정부의 정책들은 기업들의 성장을 위한 로드맵 역할을 해왔다. 특히 정권 교체시마다 신성장동력이 바뀌어왔는데, 이는 그 정부만의 고유한 특색을 나타내려고 하는 의도뿐만 아니라 세계 경제환경 및 정세 변화 때문이다. 주식시장은 정부 주도하에 미래 성장동력 가치에 대해서는 항상 높은 밸류에이션(가치평가)을 적용하면서 관련 종목들의 주가 상승을 이끌었다.

김대중 정부에서는 '장기비전 2025'를 통한 IT 및 벤처육성, 노무현 정부에서는 국민소득 2만 달러 시대를 이끌 10대 차세대 성장동력산업 및 'IT839전략', 이명박 정부에서는 '녹색성장 3대 전략'과

'10대 정책', 박근혜 정부에서는 일자리 중심의 창조경제 달성을 위한 '스마트컨버전스 정책' 등을 펼쳤다.

과거 우리나라의
신성장동력정책

1998년 취임한 김대중 정부는 IMF 위기를 극복하기 위해 강력한 구조조정을 실시했으며, 1999년에는 세계적으로 IT 붐이 일어나면서 벤처 육성을 통해 창업의욕을 고취시켰다. 특히 '장기비전 2025'에서는 IT, BT(생명공학기술), NT(나노기술), ST(우주항공기술), ET(에너지기술), CT(문화기술) 등의 6대 기술분야를 선정했다. 이에 초고속정보망을 조기에 구축했으며, 벤처 활성화에 따른 다양한 기술을 기반으로 인터넷 사업자가 대거 등장해 서비스를 개시하면서 금융·주식·검색 서비스가 출현했다. 따라서 코스닥시장 등이 크게 도약하면서 인터넷 및 정보통신 관련주들이 상승을 주도했다.

2003년 취임한 노무현 정부는 전임 정부의 실책으로 불거진 신용카드 대란을 뒷수습했으며, 분배와 복지를 확대하면서 균형 발전을 중시했다. 또한 2003년 8월 국민소득 2만 달러 시대를 이끌 10대 차세대 성장동력산업으로 지능형 로봇, 미래형 자동차, 차세대 반도체, 디지털 TV·방송, 차세대 이동통신, 디스플레이, 지능형 홈네트워크, 디지털 콘텐츠·SW솔루션, 차세대 전지, 바이오 신약·장기를 선정했다. 또한 'IT839 전략'을 수립해 인프라·서비스·신성장동력사업 등을 추진하면서 이때 인터넷 사용자가 3천만 명을, 전자상거래 규모

과거 신정부의 코스피 및 코스닥지수 추이

자료: 블룸버그

노무현 정부의 10대 차세대 성장동력산업

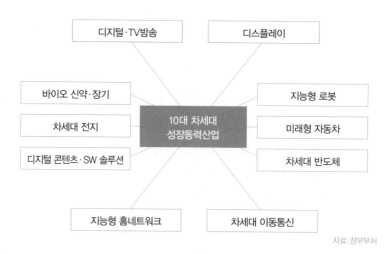

자료: 정부부처

가 300조 원을 돌파했다. 코스닥에서는 이러한 10대 차세대 성장동력산업 및 IT839 전략과 관련된 종목들이 상승을 이끌었다.

정권마다 추진하는 신성장동력이 다르다

2008년 취임한 이명박 정부는 미국발 금융위기 극복의 대안으로 '저탄소 녹색성장정책'을 주도하면서 신성장동력의 일자리 창출을 도모했다. 이에 따라 '녹색성장 5개년 계획'에서 3대 전략과 10대 정책방향으로 기후변화 적응 및 에너지 자립(효율적 온실가스 감축, 탈석유·에너지 자립 강화, 기후변화 적응역량 강화), 신성장동력 창출(녹색기술개발 및 성장동력화, 산업의 녹색화 및 녹색산업 육성, 산업구조의 고도화, 녹색

이명박 정부의 녹색성장 3대 전략과 10대 정책방향

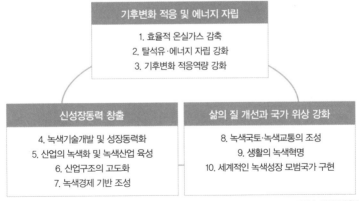

자료: 녹색성장위원회

박근혜 정부의 13대 미래성장동력(9대 전략산업, 4대 기반산업)

	주력산업 고도화	미래신시장 선점	복지·산업 동반육성
9대 전략산업 (Growth Engine)	• 5G이동통신 • 심해저 해양플랜트 • 스마트카	• 지능형 로봇 • 착용형 스마트기기 • 실감형 콘텐츠	• 맞춤형 웰니스 케어 • 재난안전관리 스마트 시스템 • 신재생에너지 하이브 리드 시스템

4대 기반산업 (Platform)	지속 성장 기반 조성	지능형 반도체	융복합 소재	지능형 사물인터넷	빅데이터

자료: 미래창조과학부

경제 기반 조성), 삶의 질 개선과 국가위상 강화(녹색국토·교통의 조성, 생활의 녹색혁명, 세계적인 녹색성장 모범국가 구현)를 추진했다. 따라서 태양광·풍력·바이오에너지 등 신재생에너지를 비롯해서 LED·연료 전지·2차전지·그린카 등의 녹색성장 정책과 관련된 종목들이 코스 닥에서 주목받았다. 또한 통신과 방송결합에 따른 기회의 창출을 위 해 인터넷전화와 IPTV 등을 전략적으로 육성하기 위한 법·제도 개 선 등을 추진하면서, IT와 타 영역이 융합해 그린IT·건설IT·U시티 등의 새로운 돌파구를 찾고자 했다.

2013년에 취임한 박근혜 정부에서는 일자리 중심의 창조경제 달 성을 위해 '스마트컨버전스정책'을 추진했다. 스마트컨버전스는 인 프라가 고도화됨에 따라 ICT을 활용해 연관 서비스를 동시에 발전 시키는 동태적·입체적 개념으로 플랫폼비즈니스로의 환경변화를 촉 진시키는 것이다. 또한 창조성과 혁신을 향상시키는 중·장기적 접근으로 단순 컨버전스형 패러다임을 넘어서는 새로운 스마트컨버전스형 산업생태계 형성에 주력해 경제성장률과 고용률을 동시에 증가시킬 수 있는 경제 운영방식으로의 변화를 추구했다. 이에 대한 실천방안으로 9대 전략산업(지능형 로봇, 스마트카, 웨어러블 스마트기기, 재난안전관리 스마트시스템, 맞춤형 웰니스 케어, 5세대 이동통신, 해양플랜트, 실감형 콘텐츠, 신재생 에너지 하이브리드 시스템) 및 4대 기반산업(지능형 반도체, 미래 융복합 소재, 지능형 사물인터넷, 빅테이터)인 13대 미래 성장동력을 선정했다. 따라서 이와 관련된 종목들이 주식시장에서 주목을 받았다.

문재인 정부의 제4차 산업혁명은
어떻게 진행되고 있을까?

문재인 정부의 혁신 성장은 규제 완화를 통해 미래 성장동력의 핵심
선도사업 및 혁신 기업 생태계를 육성해 일자리 창출을 도모하자는 데 있다.

문재인 정부의 경제 기조인 '사람중심 경제'를 구성하는 3대 축은 일
자리·소득주도 성장, 혁신성장, 공정경제 등이다. 소득주도 성장은
'소득증가 → 소비증가 → 투자증가 → 성장률 증가'로 노동자의 소
득이 늘어나면 소비 여력이 늘어나 생산이 증가하는 식으로 경제가
선순환 된다고 보고 있기 때문에 수요 측면에서 성장을 이끄는 전략
이다. 이에 대해서 일자리 확대, 최저임금 인상, 비정규직의 정규직
전환, 정규직과 비정규직 간의 임금격차 해소 등의 정책들이 추진되
거나 실행되고 있다. 반면에 혁신성장은 규제 개혁과 신산업 발굴 등
공급측면을 혁신해 일자리를 만들고 소득을 늘려 구매력을 키우자는

전략이다.

그러나 문재인 정부 출범 초에는 소득주도 성장에 드라이브를 걸면서 혁신성장은 상대적으로 조명받지 못했다. 이에 대해 문재인 정부는 김대중 정부의 규제 개혁을 통한 벤처육성정책 등을 근간으로 두고 향후 제4차 산업혁명 관련 산업 육성, 중소·벤처기업 성장지원, 규제 개혁 등 다양한 분야의 혁신성장전략정책을 펼칠 것으로 예상된다.

먼저 혁신성장전략의 기틀을 마련하기 위해 2017년 11월 2일 확대 경제장관회의를 열고 혁신창업 생태계 조성방안을 발표했는데, 이는 문재인 정부의 혁신성장 추진전략의 일환으로 발표되는 첫 번째 대책이었다. 혁신창업 친화적 환경 조성, 벤처투자자금의 획기적 증대 도모, 창업 및 투자 선순환 체계 구축 등으로 제2의 벤처 붐을 재현하겠다는 게 이번 혁신성장 생태계 조성방안의 목표다. 특히 창업과 투자의 선순환 체계를 구축하기 위해 회수시장인 코스닥 독립성 강화, 혁신기업의 코스닥시장 진입장벽 완화, 연기금 등의 코스닥시장 투자 확대 등을 추진하기로 했다.

한편 2017년 12월 27일에는 정부가 발표한 2018년 경제정책방향에서 주요 추진과제로 일자리·소득주도 성장, 혁신성장, 공정경제의 3대 전략과 거시경제 안정, 중장기 도전 대응의 2대 기반에 중점을 두기로 했다. 그 중에서도 혁신성장의 경우 규제 완화를 통한 제4차 산업혁명 관련 미래성장동력 핵심 선도사업 및 혁신 기업 생태계를 육성해서 일자리 창출을 도모하자는 데 있다.

제4차 산업혁명 관련 미래성장동력 핵심 선도사업으로 초연결 지능화(빅데이터)·스마트팩토리·스마트팜·핀테크·에너지 신산업·스마

혁신성장 생태계 조성방안의 추진 방향

혁신창업 친화적 환경 조성
- 핵심 기술인력의 창업도전 환경 조성
- 민간중심의 선별 기능 강화
- 창업 걸림돌·애로·부담 해소
- 죽음의 계곡 극복과 성장지원 강화

'혁신창업 국가' 실현

벤처투자자금의 획기적 증대
- 대규모 모험자본 공급
- 일반국민·근로자의 벤처투자 환경 개선
- 벤처캐피탈 진입·투자를 위한 여건 개선

창업·투자 선순환 체계 구축
- 코스닥 등 회수시장 경쟁력 제고
- M&A시장 활성화를 위한 기반 확충
- 재도전·재창업 지원 안전망 구축

자료: 기획재정부 등 정부부처

트시티·드론·자율주행차 등 8개 분야를 선정해 집중적으로 육성할 예정이다.

또한 제4차 산업혁명에 대한 선제적 대응을 위해 데이터 구축과 개방, 유통 및 활용 등 전 과정에 걸친 실제 데이터 기반 영역별 국가 빅데이터 지원체계를 마련할 예정이다. 이어서 사물인터넷 연결기기 확대 및 2019년 세계 최초로 5G를 상용화할 예정이며, 10기가 인터넷망 상용화 등 초연결 지능형 네트워크 구축을 지원할 예정일 뿐만 아니라 스마트팩토리와 스마트시티 등에 활용되는 스마트센서용 주파수 공급도 진행된다.

한편 기초 기술(산업수학·뇌과학 등), 지능화 기술(인공지능·지능형 반도체등), 융합기반 기술(인공지능-로봇, 블록체인 등) 등 3대 분야 R&D도 중점적으로 추진된다.

2018년 경제정책방향 주요 과제

3대 전략	**일자리 소득**	① 일자리 창출 및 일자리 질 제고(투자 유치제도 개편, 임금격차 해소 등) ② 5대 핵심 생계비 경감(주거·의료·교육·교통·통신비) ③ 사회안전망·인적자원 확충(실업급여 확대, 교육기회 확대 등)
	혁신 성장	④ 핵심 선도사업 추진 (초연결 지능화, 스마트팩토리, 스마트팜 등) ⑤ 전방위 산업 혁신(혁신형 中소 육성, 사회·문화 분야 혁신 확산 등) ⑥ 규제혁신·혁신 인프라 조성(창업 생태계, 자본시장, 혁신 안전망 등)
	공정 경제	⑦ 공정 경제질서 확립(4대분야 갑을관계 개혁, 스튜어드십 코드 확산 등) ⑧ 공정·공평과세 및 공공기관 관리체계 개편(채용비리 근절 등)
2대 기반	**거시 안정**	⑨ 성장세 유지·확산 및 대내외 리스크 관리
	중장기 대응	⑩ 저출산 등 구조적 도전과제 대응(대책 재구조화, 선제적 재정투자 확대)

자료: 정부

핵심 선도사업 주요 내용

구분	주요 내용
초연결 지능화	국가 빅데이터 지원체계 확립(공공·민간 빅데이터 전문센터 구축 등), 핵심 네트워크 인프라 구축(5G 세계최초 상용화), 핵심인력 양성(~'22년, 4.6만 명)
스마트 팩토리	업종·규모별 시범공장 구축(~'22년, 50개), 스마트팩토리 구축 전용 정책 자금 운용('18년, 3,300억 원), 스마트팩토리 기반기술 R&D('18년 40억 원)
스마트팜	'준비(스마트팜 보육센터 구축) − 창업(농식품 벤처펀드 등 자금 지원) − 성장(R&D 바우처 등 기술지원)'에 이르는 창업생태계 조성 지원
핀테크	규제 샌드박스 확립(금융혁신지원특별법), 개인정보 자기결정권 보장(고객요구시 개인정보 제3자 제공 의무화), 빅데이터 활용기반 강화
에너지 신산업	공공기관 부지 등 활용 대규모 프로젝트 추진, 지역주민·일반국민 참여 인센티브 강화(예: 농업인 농지전용부담금 감면 등), 입지규제 정비
스마트 시티	국가 시범 스마트시티 조성(~'22년), 스마트 도시재생 뉴딜사업 추진('18년중 5개 지역), 스마트시티 기반기술 R&D 강화('18년 77억 원)
드론	기술개발 R&D 확대(초정밀 GPS 보정시스템, 교통관리체계), 실증 인프라구축(비행시험장 확충), 시장창출 지원('22년까지 3,700대, 드론부대 창설 등)
자율 주행차	기술개발 R&D 확대(고해상도 카메라·레이더 등 핵심부품 관련), 실증 인프라 확충[테스트베드(화성 K−CITY)], 시범주행(판교·평창) 등

자료: 정부

코스닥시장 활성화 방안의
확정 발표

문재인 정부의 혁신성장의 경우 규제 완화를 통한 제4차 산업혁명 관련 미래성장동력 핵심 선도사업 및 혁신기업 생태계를 육성해서 일자리 창출을 도모하자는 데 있다. 이에 대한 연장선상에서 정부는 2018년 1월 11일 자본시장 혁신을 위한 코스닥시장 활성화 방안을 확정 발표했다.

정부는 코스닥시장 경쟁력 강화, 자본시장 인프라 구축 및 혁신적 플레이어 육성, 공정한 자본시장 질서 확립 등 크게 3대 전략을 중심으로 코스닥시장 활성화에 나설 예정이다.

먼저 코스닥시장 경쟁력을 강화하기 위해서 코스닥시장에 대한 세제와 금융 지원 확대, 코스닥 상장요건 전면 개편, 코스닥시장 자율성·독립성 제고, 코스닥시장 건전성·신뢰성 강화 등이 추진될 예정이다.

그 중에서도 코스닥시장에 대한 세제와 금융지원 확대의 경우 코스닥 벤처펀드 활성화, 기관투자자 참여유인 제고, 코스닥 상장기업 지원 확대 등의 세부 추진과제가 포함되어 있다.

구체적으로 성장금융(500억 원), 거래소(300억 원), 증권금융(300억 원), 예탁결제원(200억 원), 금융투자협회(100억 원), 코스콤(70억 원) 등 증권 유관기관 출연금을 합쳐 총 1,470억원을 모으고 민간자금을 동일 규모로 유치해 약 3천억 원 규모의 코스닥 스케일업(scale-up) 펀드를 조성한다. 이 펀드의 주요 투자 대상은 시가총액 하위 50%, 기관투자자 투자 비중이 낮은 종목, 최근 3년 이내 유상증자 등을 통

코스닥 지수 추이

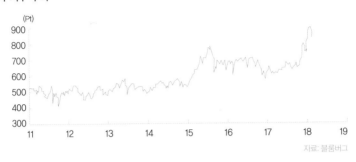

해 신규자금을 조달한 적이 없는 기업, 기술특례상장 기업 및 성장잠
재력인 높은 기업 등과 같은 골격을 토대로 조만간 구체적인 투자 가
이드라인을 확정할 방침이다. 연기금이나 기관투자자의 코스닥 투
자 유도 방안은 시가총액 상위 종목에 집중될 가능성이 커서 시장 양
극화를 초래할 수 있는 우려가 있기 때문에 이를 완화하기 위해 시총
하위 종목 가운데 소외받고 저평가된 주식을 선별 투자할 것으로 전
망된다. 따라서 성장잠재력이 높은 기업 등 저평가된 코스닥 기업에
집중 투자할 것으로 예상됨에 따라 코스닥 중소형주 수급에 긍정적
인 영향을 미칠 것이다.

　또한 기관 및 해외 투자자 등의 코스닥시장 투자 유인 제고를 위해
서 신규 벤치마크 지수[코스피·코스닥을 종합한 대표 통합지수 출시
(2월), 중소형 주식의 성장성에 투자할 수 있는 코스피·코스닥 중소
형주 지수 개발(6월)]를 개발할 예정이다.

　코스피·코스닥 KRX300의 경우 2018년 1월 30일 편입 예정 종
목을 발표했다. 코스피 및 코스닥에 상장된 보통주이면서 실질적으
로 펀드 운용이 가능한 종목중 시장규모 및 유동성 기준으로 코스피

코스닥시장 중심의 자본시장 혁신방안

- 코스닥시장이 혁신기업의 성장(scale-up) 자금을 원활하게 공급하고 투자자에게 신뢰받는 시장으로 거듭나도록 육성
- 코스닥시장의 자율적인 역량을 극대화할 수 있도록 사전규제는 완화하고 인센티브 체계도 개편
- 믿고 투자할 수 있는 시장이 될 수 있도록 투명하고 공정한 시장규율을 확립하고 불공정거래 적발·제재도 강화

| 목표 | 코스닥 활성화를 통해 혁신성장 적극 뒷받침
- 이를 위한 3대전략 10대 과제 추진 |

전략 1	코스닥시장 경쟁력 강화	① 코스닥시장에 대한 세제·금융지원 확대 ② 코스닥 상장요건 전면 개편 ③ 코스닥시장 자율성·독립성 제고 ④ 코스닥시장 건전성·신뢰성 강화
전략 2	자본시장 인프라 구축 및 혁신적 플레이어 육성	① 성장사다리 체계강화 ② 투자정보 확충 및 상장유지비용 절감 ③ 혁신적인 모험자본 플레이어 육성
전략 3	공정한 자본시장 질서 확립	① 기업경영정보의 투명성 및 효용성 제고 ② 기관투자자·소액주주 등을 통한 시장규율 강화 ③ 불공정 거래 근절

자료: 금융위원회

232종목(77%), 코스닥 68종목(23%)을 선정했다. KRX300은 총 9개의 산업군으로 분류해 자유소비재(57개), 산업재(47개), 정보기술·통신 서비스(44개), 헬스케어(42개) 산업군 순으로 구성종목이 많이 편입되었다. 이에 따라 KRX300을 추종하는 ETF와 인덱스펀드 등이 출시되면서 코스피 및 코스닥 중소형주 수급에 우호적으로 작용할 것이다.

이 밖에도 기금운용평가 지침을 개선해 연기금의 코스닥 투자확대를 유도할 뿐만 아니라, 코스닥 벤처펀드에 투자하는 개인투자자에게 투자금의 10%를 소득공제해주고, 혁신기업의 원활한 코스닥 상

장을 지원하기 위해 성장잠재력 중심으로 상장 제도를 개편할 예정이다.

혁신기업 생태계 조성을 위한 코스닥시장 활성화 방안 등은 제4차 산업혁명 관련 주식들의 본격적인 상승에 촉발 역할을 할 것으로 예상된다. 무엇보다 코스닥 활성화 방안의 본질은 시가총액이 큰 특정 종목 상승으로 코스닥 지수만 상승하는 것이 아니라 정부가 중점적으로 추진하고 있는 제4차 산업혁명과 관련해서 다수 종목들의 주가가 상승하며, 관련 산업 성장성 부각으로 투자가 활발하게 일어나는 선순환 효과가 발휘되는 것이다. 이렇게 됨으로써 일자리 창출뿐만 아니라 관련 산업이 괄목상대하게 성장할 수 있는 계기를 만들 수 있을 것이다. 따라서 향후 코스닥 스케일업 펀드 등이 시금석 역할을 하고, 다수 종목 확산에 긍정적인 영향을 미칠 것이다.

규제 샌드박스 도입 등이
혁신성장 전략 정책의 핵심

우리나라 규제시스템은 가능한 영역을 열거해놓은 포지티브 리스트 방식으로, 하루가 다르게 새로운 산업이 생겨나는 제4차 산업혁명 시대에 대응하기 적절하지 않다. 따라서 정부는 기본적으로 제4차 산업혁명 등 혁신창업과 관련한 규제에 대해 네거티브 시스템을 도입해 규제를 대대적으로 혁신할 방침이다.

또한 2017년 4차 산업혁명위원회 출범식 및 1차 전체회의에서 문재인 대통령은 창업과 신산업 창출이 이어지는 혁신생태계 조성을 위해 신산업 분야에서는 일정 기간 규제 없이 사업할 수 있도록 규제 샌드박스 도입 의지를 밝혔다. 규제 샌드박스는 기업이 마음껏 새 사업에 도전할 수 있는 모래놀이상자를 비유한 것으로, 신기술 및 서비스를 시도하는 기업에 규제를 적용하지 않겠다는 것이 핵심이다. 즉 규제 샌드박스는 신기술 및 서비스에 대해 일정 기간 정해진 지역 내에서 규제 없이 자유롭게 서비스할 수 있도록 한 후 기존 규제의 적용 여부를 검토하는 것이다. 따라서 규제 샌드박스는 네거티브 규제 시스템으로 나아가면서도 기존 산업에 미치는 영향을 최소화하기 위한 절충안이다.

규제 샌드박스를 적용할 신산업을 두고 업계와 의견을 조율해 분야를 선정하는 한편, 규제 샌드박스 적용을 위해 4대 입법(정보통신기술(ICT)특별법, 산업융합촉진법, 금융혁신지원특별법, 지역특구법 등)을 조속히 완료할 계획이다. 규제 샌드박스는 ICT와 기존 산업이 융합되는 분야에 우선 적용될 것으로 예상됨에 따라 제4차 산업혁명과 관련해서 기업들의 진출이 활발히 진행될 수 있으므로 수혜가 예상된다.

문재인 정부의 혁신성장 전략은 제4차 산업혁명

제4차 산업혁명의 시대적 흐름에 뒤쳐지는 국가나 기업은 미래 성장동력을 상실할 것으로 우려되면서 이를 뒷받침할 정책의 중요성도 높아지고 있다. 따라서 성장이 정체되어가는 전통산업의 재도약과 더불어 새로운 시장을 발굴하기 위한 신성장동력으로 제4차 산업혁명이 문재인 정부의 집권기간 동안 최대 화두가 될 것이라는 분석이 나오고 있다.

문재인 대통령은 신성장동력 정책인 제4차 산업혁명과 관련한 주요 공약으로 '제4차 산업혁명의 플랫폼' '스마트코리아 구현' '혁신창업국가 구현' 'ICT르네상스 실현' '고부가가치를 창출하는 미래형 신산업 발굴 및 육성' 등을 제시했다. 이는 곧 혁신적 경제 생태계 구축을 통한 '좋은 일자리 창출'이 목적이다.

구체적으로 제4차 산업혁명을 선도하기 위한 국정과제로는 소프트웨어 강국 및 ICT르네상스로 제4차 산업혁명 선도 기반 구축, 고부가가치를 창출하는 미래형 신산업 발굴 및 육성, 자율과 책임의 과학기술 혁신 생태계 조성, 청년과학자와 기초연구지원으로 과학기술 미래 역량 확충, 친환경 미래 에너지 발굴 및 육성, 주력산업 경쟁력 제고로 산업경제의 활력 회복 등을 제시했다.

먼저 소프트웨어 강국 및 ICT르네상스로 제4차 산업혁명 선도 기반 구축에는 5G·IoT 네트워크 인프라 구축, 데이터 개방 및 유통 활성화, 스마트홈·정밀의료 등 ICT융합 서비스 발굴 및 확산 등이 있다. 이에 대해서 2017년 IoT 전용망 구축, 2018년 10기가 인터넷 서비스 상용화, 2019년 5G 조기 상용화를 목표로 하고 있다.

고부가가치를 창출하는 미래형 신산업 발굴 및 육성의 경우는 전기차·수소차 획기적 보급 확대, 자동차-ICT 융합 플랫폼 구축 등 스마트카 개발 및 자율주행차산업 육성뿐만 아니라 지능형 로봇, 3D 프린팅, 증강현실, 가상현실, IoT가전, 스마트선박, 나노·바이오, 항공·우주 등 첨단기술 산업 육성을 위해 R&D 및 실증·인프라 구축

지원 등이 있다. 또한 제약·바이오·마이크로 의료로봇 등 의료기기 산업 성장 생태계를 구축할 예정이다.

제4차 산업혁명을 대응하기 위한 3단계 계획

향후 5년간 제4차 산업혁명을 대응하기 위한 계획은 3단계로 나뉜다. 먼저 2018년까지 1단계 기간에는 제4차 산업혁명을 추진할 수 있는 기반 구축에 집중한다. 즉 4차 산업혁명위원회 주도 아래 5G 시범 서비스, IoT 전용망 구축, ICT 신산업 규제 샌드박스 등으로 체질 개선부터 정비하겠다는 뜻이다.

이후 2019년부터 2020년까지 각 분야별 신산업 육성에 본격적으로 나선다. 이 시기에 5G주파수를 공급하고, 5G통신 상용화를 실현한다는 계획이다. 이와 더불어 차세대 사회보장 시스템과 지능형 정책지원 시스템 구축도 2단계 이행목표에 포함되는 부분이다.

2021년부터 2022년까지 마지막 3단계에는 본격적인 성과를 창출한다는 목표다. 구체적으로 공공과 민간 분야 ICT융합 서비스 발굴 목표를 총 50종으로 정했다. 지능정보 핵심기술수준은 현재 선진국 대비 75% 선에서 90%선으로 빠르게 따라잡는다는 계획이다. 소프트웨어기술력도 강화해 글로벌 소프트웨어 전문기업도 만들어낸다는 목표다.

국정운영 5개년 계획 중 제4차 산업혁명 관련 실천 과제

국정 전략	국정과제	실천과제
과학 기술 발전이 선도 하는 제4차 산업 혁명	소프트웨어 강국, ICT르네상스로 제4차 산업혁명 선도 기반 구축	• (제4차 산업혁명 대응) 대통령 직속 4차 산업혁명위원회 신설 및 범부처 제4차 산업혁명 대응 추진계획 수립 • (생태계 조성) 지능정보 핵심기술 R&D, 인재양성 등에 집중투자하고, ICT 신기술·서비스 시장진입이 원활하도록 규제 개선 추진 • (인프라 조성 및 융합 확산) 5G·IoT 네트워크 인프라 구축, 데이터 개방 및 유통 활성화, 스마트홈·정밀의료 등 ICT융합 서비스 발굴·확산 • (소프트웨어 경쟁력 강화) 소프트웨어 법체계 및 공공시장 혁신, 인재·기술 역량 강화 등을 통해 소프트웨어를 가장 잘하는 나라, 소프트웨어 기업하기 좋은 나라 실현 • (역기능 대응) AI 기반 사이버 보안 위협 대응체계 구축, 신정보격차 해소 계획 수립·시행, 통신분쟁조정제도 도입 등 이용자 보호 강화
	고부가가치 창출 미래형 신산업 발굴, 육성	• (친환경·스마트카) 전기차·수소차 획기적 보급 확대, 자동차-ICT융합 플랫폼 구축 등 스마트카 개발 및 자율주행차 산업 육성 • (첨단기술 산업) 융복합 추진전략 마련, 반도체·디스플레이·탄소산업 등 제4차 산업혁명 대응에 필요한 첨단 신소재·부품 개발 – 지능형 로봇, 3D 프린팅, AR·VR, IoT가전, 스마트선박, 나노·바이오, 항공·우주 등 첨단기술 산업 육성을 위해 R&D 및 실증·인프라 구축 지원 • (제약·바이오 등) 핵심기술 개발, 인력양성, 사업화 및 해외진출 지원 등을 통해 제약·바이오·마이크로의료로봇 등 의료기기 산업 성장 생태계 구축 • (자율협력주행) 자율주행차 테스트베드·인프라, 자율협력주행 커넥티드 서비스, 스마트도로 등을 구축하고 '20년 준자율주행차 조기 상용화 • (드론산업) 드론산업 활성화 지원 로드맵 마련('17년) 및 인프라 구축, 제도 개선, 기술개발, 융합생태계 조성 등 추진 • (표준·인증) 신속인증제 운영 활성화, 범부처 TBT대응지원 센터 운영, 신속 표준제도 도입 등 신산업 표준·인증제도 혁신

	자율과 책임의
	과학기술 혁신
	생태계 조성
		• (과학기술 컨트롤타워 강화) 국가과학기술정책 자문·조정 기구 통합 및 과학기술총괄부서의 기능을 강화
		  – 과학기술총괄부처의 연구개발 관련 예산권한 강화 및 정책–예산–평가 간 연계 강화
		  – 기초 원천 분야 연구개발은 과학기술총괄부처에서 통합 수행하고, 타부처는 특정 산업(기업) 수요 기반의 R&D로 역할 분담
		• (행정 효율화) 각종 R&D 관리규정 및 시스템·서식 일원화로 간소화 추진, '19년부터 연구비 통합관리시스템 본격 운영
		• (소통 강화) 정부 R&D 정보 제공 체계 개선으로 관련정보의 개방 확대, 국민참여 기반의 국민생활문제 해결 R&D 추진
		• (해외교류 확대) 재외 동포 및 북한 과학기술인 교류 확대, 인류 공동 문제해결에 기여하는 과학연구로 글로벌사회 국가 지위 향상

청년과학자와 기초연구 지원으로 과학기술 미래역량 확충	• (기초연구 지원 확대) 연구자 주도 기초연구 예산 2배 확대, 연구과제 관리·평가제도 등의 개선을 통해 연구자 자율성 강화
	  − 역량 있는 연구자가 연구 단절 없이 연구 초기부터 지속적으로 연구비를 지원받을 수 있도록 '최초 혁신 실험실' 및 '생애 기본 연구비' 지원
	  − 연구과제 특성을 반영해 차별화(성과중심/과정존중)된 평가체계 정립
	• (연구환경 개선) 근로계약 체결, 적정임금 및 연구성과 보상기준 마련 등으로 청년 과학기술인 처우 개선
	  − 박사후 연구원 등에 근로계약 체결 및 4대 보험 보장 의무화
	  − 중소기업 R&D 부서에 취업하는 청년 과학기술인 연금 지원
	• (청년 과학기술인 육성) 실무형 R&D 연구기회 제공으로 R&D 역량을 제고하고, 연구산업 활성화를 통한 과학기술 일자리 확대
	  − 미취업 석·박사의 기업 연구과제 참여 지원, 과제 기반 테뉴어 제도 도입
	  − 경력단절 여성 과학기술인과 산·학·연 기관 매칭, 대체인력 지원 등으로 여성과학기술인의 경력 단절 방지

친환경 미래 에너지 발굴, 육성	• (재생에너지) 소규모 사업자의 참여 여건 및 기업투자 여건 개선 등을 통해 '30년 재생에너지 발전량 비중 20% 달성
	  − 소규모 사업자의 안정적 수익 확보를 위한 전력 고정가격 매입제도 도입, 풍력 등 계획입지제도 도입, 신재생 이격거리 규제 개선
	  − RPS 의무비율을 '30년 28% 수준(현재 '23년 이후 10%)으로 상향 조정
	• (에너지신산업) 친환경·스마트 에너지 인프라 구축, IoE 기반 신비즈니스 창출
	  − '20년까지 공공기관에 ESS 설치 의무화 및 지능형 계량 시스템 전국 설치 완료
	• (에너지효율) 핵심분야별(가정, 상업, 수송, 공공, 건물 등) 수요관리 강화, 미활용 열에너지 활용 활성화 등을 통해 저탄소·고효율 구조로 전환
	  − '18년에 주요 산업기기 에너지 최저효율제 도입, '20년에 공공부문 제로에너지건축물 인증 의무화 및 국가 열지도 구축
	• (에너지바우처) '18년에 에너지바우처 지원대상에 중증 희귀질환자 가구 추가 등 에너지 소외계층 복지 지원 확대

주력산업 경쟁력 제고로 산업 경제의 활력 회복	• (제조업 부흥) '17년에 제4차 산업혁명 대응을 위한 제조업 부흥전략 수립, '18년까지 스마트팩토리 인증제도 도입 및 금융지원 등 확대
	  − '22년까지 스마트팩토리 2만 개 보급·확산
	• (주력산업 재편) 매년 50개 기업 사업재편 지원·사업재편 기업에 대한 인센티브 강화로 '19년까지 산업 전반으로 선제적 구조조정 확산
	• (수출구조 혁신) '18년까지 국가 브랜드 전략과 산업·무역정책을 연계한 'Korean−Made' 전략 수립 및 맞춤형 지원 등 강화로 수출기업화 촉진
	  ＊ 한류 활용 해외마케팅, 소비재 선도기업 100개사 선정, 전문 무역상사를 활용한 중소·중견기업 수출 지원 강화, 중소·중견기업 무역보험 우대 등
	• (유턴기업 유치) 신산업 및 고용창출 효과가 높은 외국인투자·유턴기업을 중점 유치하는 방향으로 '18년까지 관련 지원제도 개편

구분	국정운영 5개년 계획 中 제4차 산업혁명(17.7)
목표	과학기술 발전이 선도하는 4차 산업혁명
주체	4차 산업혁명위원회
핵심수단	ICT + 과학기술 중심
서비스	소프트웨어 강국, ICT르네상스로 4차 산업혁명 선도 기반 구축 – 융합 확산 – 역기능 대응
정부혁신	자율과 책임의 과학기술 혁진 생태계 조성 – 과학 기술 컨트롤타워 강화 – 행정 효율화 – 소통 강화
생태계	• 자율과 책임의 과학기술 혁신 생태계 조성 • 고부가가치 창출 미래형 신산업 발굴, 육성 • 친환경 미래 에너지 발굴, 육성 • 주력산업 경쟁력 제고로 산업 경제의 활력 회복 • 청년과학자와 기초연구 지원으로 과학기술 미래역량확충
인프라	• 소프트웨어 강국, ICT르네상스로 4차 산업혁명 선도 기반 구축 – 인프라 조성 및 융합 확산 – 역기능 대응
글로벌	• 자율과 책임의 과학기술 혁신 생태계 조성 – 해외교류 확대 • 주력산업 경쟁력 제고로 산업 경제의 활력 회복 – 수출구조 혁신 – 유턴기업 유치

자료: 국정기획자문위원회

4차 산업혁명위원회 설치는
관련 기업들의 주가 상승 모멘텀이다

2017년 8월 16일 국무회의에서 4차 산업혁명위원회의 설치 및 운영에 관한 규정(대통령령)을 심의·의결했으며 9월 26일 위원회 설치를 완료했다. 4차 산업혁명위원회는 대통령령에 근거해 설립되는 대통령 직속 위원회로, 장병규 위원장을 포함해 20명의 민간위원과 더불어 과학기술정보통신부, 산업통상자원부, 고용노동부, 중소벤처기업

제4차 산업혁명 대응 계획 구상도

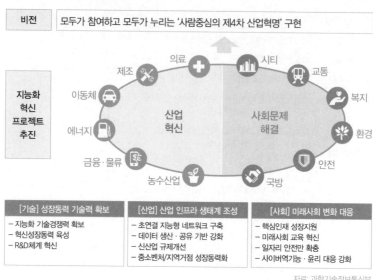

| 비전 | 모두가 참여하고 모두가 누리는 '사람중심의 제4차 산업혁명' 구현 |

지능화
혁신
프로젝트
추진

의료 / 시티 / 교통 / 제조 / 이동체 / 복지 / 에너지 / 환경 / 금융·물류 / 안전 / 농수산업 / 국방

산업
혁신

사회문제
해결

[기술] 성장동력 기술력 확보	[산업] 산업 인프라 생태계 조성	[사회] 미래사회 변화 대응
− 지능화 기술경쟁력 확보 − 혁신성장동력 육성 − R&D체계 혁신	− 초연결 지능형 네트워크 구축 − 데이터 생산·공유 기반 강화 − 신산업 규제개선 − 중소벤처/지역거점 성장동력화	− 핵심인재 성장지원 − 미래사회 교육 혁신 − 일자리 안전만 확충 − 사이버역기능·윤리 대응 강화

자료: 과학기술정보통신부

부 장관과 함께 대통령비서실 과학기술보좌관이 포함되었다. 특히 4차 산업혁명위원회 위원장으로 40대 게임벤처 1세대 장병규 블루홀 이사회 의장을 위촉한 것은 혁신이 필요한 분야에 젊고 창의적이며 도전적인 사람에게 맡겨서 변화를 추구하겠다는 뜻으로 해석된다.

또한 4차 산업혁명위원회는 내부적으로 사회혁신분과, 산업경제 분과, 기술혁신분과 등 3개의 혁신위원회를 별도로 구성해서 각 혁신위별로 기존 위원회 민간위원을 포함해 15명 내외의 민간 혁신위 위원을 둘 예정이다. 이와 더불어 혁신위와 별도로 특별위원회까지 꾸릴 수 있게 되었다.

지난 2017년 11월 30일에는 그간 21개 부처가 합동 작업하고 4차 산업혁명위원회 논의를 거쳐 상정·의결한 혁신성장을 위한 사람중심의 4차 산업혁명 대응계획인 '큰그림 1.0'을 확정·발표했다. 즉 지능화 혁신을 기반으로 산업 생산성과 글로벌 경쟁력을 높이고, 고질적 사회문제 해결을 통해 삶의 질을 높여서 성장동력으로 연결하겠다는 내용이다. 이를 위해 기술·산업·사회 정책을 긴밀히 연계해 지능화 혁신 프로젝트 추진, 성장동력 기술력 확보, 산업 인프라·생태계 조성, 미래사회 변화 대응 등 4대 분야 전략 과제를 마련했다. 이에 대한 결과로 정부는 신규 매출과 비용 절감, 소비자후생 증가 등을 종합한 경제적 효과가 2022년 기준 128조 원에 달할 것과 신규 매출 증대 예측에 따른 신규 일자리 창출 규모가 16만 2천~37만 1천 명에 이를 것으로 기대하고 있다.

그 동안 신정부가 출현할 때마다 나타난 수많은 위원회들은 홍보성 이벤트 개최에만 여념이 없었으며, 무엇보다 부처 간의 협업이 부족했다. 따라서 4차 산업혁명위원회에서는 범국가적 차원의 아젠다 설정 및 로드맵을 마련해 다수 부처가 관련되어 있는 새로운 정책과제를 통합하면서 어려운 규제개혁 추진, 총괄조정을 수행하는 등 실질적인 컨트롤 타워가 되어야 한다.

결론적으로 4차산업혁명위원회에서는 제4차 산업혁명의 기초 골격이라고 할 수 있는 인공지능·사물인터넷·빅데이터를 위한 투자를 확대하면서 활용도를 높일 수 있게 제도를 개선할 뿐만 아니라 자율주행차·스마트팩토리 등 제4차 산업혁명을 선도할 분야를 집중적으로 육성할 예정이다. 따라서 관련된 기업들의 주가 상승 모멘텀으로 작용할 수 있을 것이다.

2장

제4차 산업혁명
관련 용어부터 배우자

제4차 산업혁명이라는 용어는 처음 접했을 때 다소 생소한 측면이 있을 수 있다. 왜냐하면 혁명 자체가 어떤 기술로 인해 미래에 어떤 세상이 펼쳐질 것을 의미하는 것이기 때문에 평소에 접해 보지 못한 기술적인 용어가 나올 수 있고, 현재가 아니라 미래를 설명하므로 생소하거나 새로 만든 단어가 등장할 수 있기 때문이다.

따라서 이번 2장에서는 제4차 산업혁명 관련 용어 등을 사전식으로 설명함으로써 제4차 산업혁명을 제대로 이해하는 데 다소나마 도움을 주고자 한다.

제4차 산업혁명의
기초 용어부터 익히자

사물들의 지능화와 초연결을 지향하는
제4차 산업혁명의 기초 용어부터 알아보자.

제4차 산업혁명은 디지털 혁명(제3차 산업혁명)에 기반해 물리적·
디지털적·생물학적 공간의 경계가 희석되는 정보통신기술(ICT) 융
합의 시대다. 이 정보통신기술 융합의 핵심에는 사이버물리시스템
(CPS)이 있다.

이러한 제4차 산업혁명을 주도하는 요소 기술로는 인공지능을 비
롯해서 사물인터넷(IoT), 빅데이터(big data), 로봇공학, 3D 프린팅
등이 꼽힌다. 따라서 제4차 산업혁명은 진정한 스마트시대(초연결성+
초지능화)의 도래를 의미한다.

- **스마트시대:** 각종 센서와 유무선 통신기술을 통한 현실과 디지털 세상의 컨버전스로 인해 삶의 편의성이 획기적으로 개선되는 것을 의미한다.

- **초연결성(hyper-connection):** 사물인터넷 등 정보통신기술의 급진적 발전과 확산은 인간과 인간, 인간과 사물, 사물과 사물 간의 연결성을 기하급수적으로 확대시키고 있다. 기존 규모를 초월한 연결망의 등장과 더불어 여기서 파생되는 지식정보, 인적 네트워크 등의 복잡성 또한 증가할 것으로 예상된다. 다양한 기술 및 산업과의 융합을 통해 가치 창출을 위한 새로운 분야가 만들어지고 있으며, 더욱 더 확대될수록 과거에 실현 불가능했던 새롭고 효율적인 형태의 산업생태계, 생산, 소비, 신산업 창출이 가능해질 것이다.

- **초지능화(hyper-intelligence):** 제4차 산업혁명의 주요 변화동인인 인공지능(AI)과 빅데이터 연계 및 융합으로 인해 기술 및 산업구조가 초지능화된다. 초연결성을 기반으로 유입된 다분야 및 대량의 데이터를 분석하고 처리하는 과정에서 의미있는 결과물을 통해 기계의 자가 학습에 필요한 데이터 및 지식이 산업의 새로운 경쟁 원천이 되는 것을 의미한다. 기계가 독립된 주체로서 수집한 데이터를 실시간으로 전달하며, 효율적으로 저장하고 그 의미를 분석해 자율적으로 진화해나간다.

- **ICT(Information & Communication Technology):** 정보 기술(Information Technology, IT)과 통신 기술(Communication Technology, CT)의 합성어로, 정보기기의 하드웨어 및 이들 기기의 운영 및 정보 관리에 필요한 소프트웨어 기술과 이들 기술을 이용해 정보를 수집·생산·가공·보존·전달·활용하는 모든 방법을 의미한다.

- CPS(Cyber-Physical Systems): 통신·연산·제어 등을 핵심 개념으로 해서 인간과 공존하는 물리세계 개체(Physical entities)와 센서, 액추에이터(actuator), 임베디드 시스템 등과 같은 시스템 개체로 구성되는 사이버 세계와의 융합을 추구한다. 여기서 말하는 물리세계 개체란 인간과 상호작용이 가능한 모든 사물과 자연환경 등을 지칭하는 것으로 자동차·주택·의료기기뿐만 아니라 심지어 인간의 뇌까지도 아우르는 포괄적인 개념이다. 다시 말해 현실 속 물리적 개체와 인터넷 가상공간을 뜻하는 사이버 세계가 네트워크로 연결되어 이 안에서 집적된 데이터를 분석 및 활용하고 사물의 자동제어를 가능하게 하는 것을 의미한다.

- **인공지능(AI):** 인간의 두뇌와 같이 컴퓨터 스스로 추론·학습·판단하면서 전문적인 작업을 하거나 인간 고유의 지식 활동을 하는 시스템을 말한다. 기존의 컴퓨터와 같이 프로그래밍된 순서 안에서만 작업하는 시스템과는 달리 더 유연한 문제 해결을 지원하는 데 도움이 된다.

- **기계학습(machine learning):** 인공지능의 한 분야로 컴퓨터가 데이터를 분석하고 스스로 학습하는 과정을 거치고 나면 패턴을 인식할 수 있는 능력을 갖추게 됨에 따라 입력하지 않은 정보에 대해서도 판단하고 결정할 수 있게 되는 것이다. 즉 방대한 양의 데이터를 학습한 내용을 기반으로 분류 및 식별해 그 결과로부터 판단이나 예측을 수행하기 위한 기술이다. 예를 들어 분석 과정에서 만약 치즈 과자를 오렌지로 잘못 인식했다면 시스템의 패턴 인식 기능은 마치 인간처럼 스스로 오류를 수정하고, 그 실수로부터 학습하며 정확도를 점점 높여간다.

- **딥 러닝(deep learning):** 컴퓨터가 여러 데이터를 이용해 마치 사람처럼 스스로 학습할 수 있게 하기 위해 인공 신경망(ANN; Artificial Neural Network)을 기반으로 구축한 기계학습기술이다. 딥 러닝은 인간의 두뇌가 수많은 데이터 속에서 패턴을 발견한 뒤 사물을 구분하는 정보처리 방식을 모방해 컴퓨터가 사물을 분별하도록 기계를 학습시킨다. 딥 러닝 기술을 적용하면 사람이 모든 판단 기준을 정해주지 않아도 컴퓨터가 스스로 인지·추론·판단할 수 있게 된다. 음성·이미지 인식과 사진 분석 등에 광범위하게 활용된다. 구글 알파고도 딥 러닝 기술에 기반한 컴퓨터 프로그램이다. 최근에는 하드웨어 성능이 올라갈 뿐만 아니라 상대적으로 가격이 저렴해짐에 따라 계산 환경이 향상되고 있어서 많은 계산량을 필요로 하는 딥 러닝 알고리즘이 활성화될 수 있는 여건이 형성되고 있다.

- **사물인터넷(IoT):** 모든 사물을 인터넷으로 연결하는 것을 의미하는 것으로 사물 간의 센싱, 네트워킹, 정보처리 등을 인간의 개입 없이 상호 협력해 지능적인 서비스를 제공해 주는 연결망이다. 즉 사물인터넷은 우리 주변의 모든 사물이 연결을 통해서 정보를 공유하고, 그 사물이 보다 지능적으로 동작할 수 있도록 하는 것으로 자동화를 통해 인간의 개입을 최소화하고, 사물 간의 정보교류 및 가공을 통해 인간에게 더 좋은 서비스를 제공하는 것을 의미한다. 따라서 사물인터넷은 지능화되어 스마트카·스마트홈·스마트시티 등 스마트시대를 실현시킨다.

- **빅데이터(big data):** 원래는 거대한 데이터 집합 자체만을 지칭하던 양적 개념이었다. 이제는 기존 데이터의 분석 역량을 넘어서는 분량의 방대한 데이터를 필요한 목적에 맞게 가공하고 분석해 새로

운 결론을 얻고, 이를 통한 최적의 답안을 제시하거나 생성된 지식을 바탕으로 능동적으로 대응하면서 변화를 예측하기 위한 기술로 개념이 확장되었다.

- **클라우드:** 소프트웨어, 데이터, 콘텐츠 등을 인터넷과 연결된 고성능 컴퓨터(데이터센터)에 저장할 수 있는 서비스로 인터넷 연결만 되어 있으면 언제 어디서든 이 데이터 및 콘텐츠를 이용할 수 있을 뿐만 아니라 저장공간도 걱정하지 않아도 된다. 이와 같이 클라우드는 제4차 산업혁명 변화의 동인 지능정보기술인 사물인터넷, 빅데이터, 인공지능 등을 접목하기 위한 필수 기반기술로 온라인의 가상공간에서 공유된 서비스를 저장공간을 통해 저장하고 연산하는 기능을 수행한다.

- **로봇공학:** 로봇에 관한 공학 기술적 연구를 행하는 학문 분야로 로보틱스(robotics)라고도 한다. 인간이 지니는 감각을 갖도록 하려는 센서 공학, 인간의 지능에 가까운 능력을 갖도록 하기 위한 인공지능이나 컴퓨터 사이언스, 의수·의족 등의 의지(義肢) 공학 및 생물공학 등으로 이루어지는 종합적 학문 분야다. 공장 등의 생산 현장에 산업용 로봇을 도입하고 새로운 생산 시스템을 구축하기 위한 시스템 엔지니어링이기도 하다.

- **3D 프린팅:** 평면으로 된 문자나 그림을 인쇄하는 것이 아니라 입체도형을 찍어내는 것을 말하는 것이다. 종이를 인쇄하듯 3차원 공간 안에 실제 사물을 인쇄하는 3D 기술은 의료, 생활용품, 자동차 부품 등 많은 물건을 만들어낼 수 있다.

- **CPU(**Central Processing Unit**):** 비교·판단·연산을 담당하는 연산 장치와 명령어의 해석과 실행을 담당하는 제어 장치로 구성된다.

다양한 입력 장치로 자료를 받아서 처리한 후 다시 출력 장치로 보내는 일련의 과정을 제어하고 조정하는 일을 수행한다.

- **GPU(Graphic Processing Unit):** 그래픽처리를 위한 고성능의 처리장치로 그래픽카드의 핵심이다. GPU는 게임이나 영상편집 등 멀티미디어 작업에서 CPU를 보조하기 위한 부품으로 등장했지만, 현재는 제4차 산업혁명의 핵심인 인공지능 컴퓨터의 핵심 부품으로 손꼽히고 있다.

- **러다이트 운동:** 18세기 말에서 19세기 초에 걸쳐 영국의 공장지대에서 일어난 노동자에 의한 기계파괴운동을 말한다. 이는 공장제 기계 공업의 발달로 기계가 노동자들의 생계를 빼앗아간다고 생각하고 기계 자체를 타깃으로 삼았다.

- **테일러주의:** 미국의 테일러(F. W. Taylor)가 주장한 과학적 경영관리법이다. 작업과정에서 노동자의 태만을 방지하고 최대의 능률을 발휘하도록 하기 위해 시간 연구와 동작 연구를 바탕으로 해서 공정한 1일의 작업 표준량인 과업을 제시해 과업관리(task management)를 한다. 그리고 동시에 노동의욕을 고취시키기 위해 차별적인 성과급제도를 채택하는 기능식 직공장제도를 도입한 관리방식이다.

이제는 제4차 산업혁명의
고급 용어를 익히자

제4차 산업혁명에 대한 심화된 용어를
알아보고 숙지해보자.

제4차 산업혁명은 제조업에 정보통신기술을 융합해 새로운 생태계를 창출하기 때문에 다양한 플랫폼의 등장으로 콘텐츠에 대한 접근 창구가 다양화되면서 향유의 영역이 확장된다. 뿐만 아니라 소재(IP; Intellectual Property)-창작자-제작-유통-이용 등 콘텐츠 가치사슬 요소의 전방위적 결합과 콜라보레이션 확산에 따른 신규 영역이 창출될 것이다. 따라서 콘텐츠 IP를 가지고 있는 기업들의 경우 콘텐츠 활용도 및 확장성 측면에서 승수효과가 발생할 수 있으므로 성장의 발판을 마련할 수 있을 것이다.

- **플랫폼(platform)**: 공급자와 수요자 등 복수 그룹이 참여해 각 그룹이 얻고자 하는 가치를 공정한 거래를 통해 교환할 수 있도록 구축된 환경이다. 플랫폼 참여자들의 연결과 상호작용을 통해 진화하며, 모두에게 새로운 가치와 혜택을 제공해줄 수 있는 생태계라고 말할 수 있다.

- **공유경제(sharing economy)**: 2008년 미국 하버드대 법대 로런스 레식(Lawrence Lessig) 교수에 의해 처음 사용된 말로, 한번 생산된 제품을 여럿이 공유해 쓰는 협력소비를 기본으로 한 경제 방식을 말한다. 즉 물품은 물론이고 생산설비나 서비스 등까지 개인이 소유할 필요 없이 필요한 만큼 빌려 쓰고, 자신이 필요 없는 경우 다른 사람에게 빌려 주는 공유소비의 의미를 담고 있다.

- **네트워크 효과(network effect)**: 일단 어떤 상품에 대한 수요가 형성되면 이것이 다른 사람들의 상품 선택에 큰 영향을 미치는 현상이다. 사용자들이 몰리면 몰릴수록 사용자가 계속 늘어나는 것으로, 네트워크 효과는 제품이나 서비스 자체 품질보다는 얼마나 많은 사람이 사용하고 있느냐가 더 중요하다. 이는 누군가의 특정상품에 대한 수요가 주위 사람들에게 영향을 미치게 되고, 이로 인해 그 상품을 선택하는 사람들이 증가하는 효과가 나타나기 때문이다.

- **승수효과(multiplier effect)**: 경제 현상에서 어떤 경제 요인의 변화가 다른 경제 요인의 변화를 가져와 파급 효과를 낳고 최종적으로는 처음 몇 배의 증가 또는 감소로 나타나는 총효과를 의미한다.

- **IP(Intellectual Property)**: 표현물이나 발명품 등 지식재산에 대한 권리를 뜻한다. 지적재산권을 가진 사람은 자신의 지식재산에 대한 독점적·배타적인 권리를 가진다. 만약 특정 게임의 지식재산권을 보

유하고 있다면 이를 보유한 사람의 허가 없이 작품 자체는 물론이고 작품의 제목이나 캐릭터, 음악, 소스코드 등을 사용할 수 없다.

- O2O(Online to Offline): 물건을 구입하는 전자상거래에서 온라인과 오프라인이 결합하는 현상을 말한다. 온라인에서 마케팅을 하고 사람을 모은 후 할인된 가격으로 실제 오프라인에서 구매를 할 수 있게 한 것을 시작으로, 쉽게 정보를 얻을 수 있으며 가격도 저렴한 온라인과 실제 물건을 볼 수 있고 구매가 이루어지는 오프라인의 장점을 접목한 시장으로 자리잡고 있다.

- **온디맨드경제**(on demand economy): 플랫폼과 기술력을 가진 회사가 수요자의 요구에 즉각적으로 대응해 서비스 및 제품을 제공하는 경제 전략 혹은 활동을 일컫는 말이다. 사전적으로 '모든 것이 수요에 달려있다'는 의미를 지닌다.

- BEMS(Building Energy Management System): 건물에 IT 기술을 활용해 전기·공조·방범·방재 같은 여러 건축 설비를 관리하는 시스템이다. 건물에서 쓰는 여러 가지 설비를 관리해 쾌적한 환경을 조성하고 에너지 절감과 인건비 절감은 물론 건물 수명 연장을 목표로 하고 있다.

- **기업지배구조**(corporate governance): 기업 경영의 통제에 관한 시스템으로, 기업 경영에 직접·간접적으로 참여하는 주주·경영진·근로자 등의 이해 관계를 조정하고 규율하는 제도적 장치와 운영기구를 말한다. 즉 기업의 소유구조뿐만 아니라 주주의 권리, 주주의 동등 대우, 기업지배구조에서 이해관계자의 역할, 공시 및 투명성, 이사회의 책임 등을 포괄하고 있다.

- MMORPG(Massive Multiplayer Online Role Playing Game): 게

임 속 등장인물의 역할을 수행하는 형식의 게임인 RPG(롤 플레잉 게임)의 일종으로, 온라인으로 연결된 여러 플레이어가 같은 공간에서 동시에 즐길 수 있는 게임을 말한다.

- **스트리밍**(streaming): 인터넷상에서 음성이나 동영상 등을 실시간으로 재생하는 기술로, 전송되는 데이터를 마치 끊임없고 지속적인 물흐름처럼 처리할 수 있다.

- **가상현실**(virtual reality): 어떤 특정한 환경이나 상황을 컴퓨터로 만들어서 그것을 사용하는 사람이 마치 실제 주변 상황·환경과 상호작용을 하고 있는 것처럼 만들어주는 인간과 컴퓨터 사이의 인터페이스를 말한다.

- **증강현실**(augmented reality): 우리가 직접 보는 현실세계의 모습에 3차원 가상 이미지를 겹쳐서 하나의 영상으로 보여주는 기술을 말한다. 가상현실은 배경이나 이미지가 모두 진짜가 아닌 가상의 이미지를 사용하는 데 반해, 증강현실은 현실 공간과 가상 공간을 함께 보여준다는 점에서 차이가 있다.

스마트카와 스마트팩토리 관련 용어를 배우자

정보통신기술의 결정체라고 할 수 있는
스마트카와 스마트팩토리 관련 용어를 알아보자.

자율주행차를 구현하기 위해서는 다양한 종류의 기술을 필요로 하는데 주변환경 인식(레이더, 레이다, 카메라 등의 센서), 위치인식 및 맵핑, 판단, 제어, 상호작용 등으로 분류되며, 인공지능 관련 연구를 할 수 있는 기반인 하드웨어(HW)와 소프트웨어(SW)가 빠르게 발전하면서 자율주행 기술도 함께 진화해왔다.

현재 상용화되고 있는 기술을 통칭해서 ADAS(Advanced Driving Assist System, 지능형운전자보조장치)라 부르고 있는데, ADAS는 센서와 인공지능 소프트웨어를 결합한 기술로 레이더, 라이다, 카메라, GPS 장치 등의 감지기기와 이를 제어하는 CPU 및 GPU, 그리고 명

령을 실행하는 엑츄에이터(액셀레이터, 브레이크, 조향핸들 등)로 구성
된다.

스마트카
관련 용어

 - **스마트카(smart car):** 전기·전자, 반도체, 지능 제어 기술 및 네
트워크의 결합을 통해 안전, 편의성, 정보 및 멀티미디어 활용이 크
게 확대된 정보통신기술의 결정체다. 향상된 고객 경험과 가치를 제
공할 수 있는 자동차이다.

 - **커넥티드카(connected car):** 네트워크 접속이 가능하고 무선통
신을 통해 차량 내부와 외부 네트워크가 상호 연결되는 물리적 시스
템을 갖춘 자동차를 말한다.

 - **자율주행차:** 운전자가 직접적인 자동차 조작을 하지 않고 차량
이 자체적으로 주변환경 정보를 수집 및 인식하고 이를 기반으로 경
로, 위험상황 등을 판단해서 목적지까지 주행할 수 있는 차량을 의미
한다.

 - **PHEV(Plug-in Hybrid Electric Vehicle):** 가정이나 건물의 전기
등을 이용해서 외부에서 충전한 배터리의 전기동력으로 주행하다가
배터리 방전시 내연기관 엔진과 배터리의 전기동력을 동시에 사용해
운행한다.

 - **ASCC(Advanced Smart Cruise Control):** 운전자가 계기판 클러
스터에 원하는 속도를 설정하면 운전시 페달을 밟지 않아도 차가 알

아서 일정 속도로 달린다. 만일 앞선 차량이 정지하면 자동으로 차간 거리를 조절해 브레이크를 밟지 않아도 스스로 멈춘다.

- LKAS(Lane Keeping Assist System): 차 운전자가 졸음 운전을 하거나 부주의로 차선을 벗어날 경우에 차가 자동으로 운전대를 돌려 원위치로 복귀시키는 시스템이다.

- V2X(Vehicle to Everything): 차량이 운행중 도로 인프라 및 다른 차량과 통신하면서 교통상황 등의 정보를 무선통신으로 교환하거나 공유하는 기술이다.

- ADAS(Advanced Driving Assist System): 운전중 발생할 수 있는 수많은 상황 가운데 일부를 차량 스스로 인지하고 상황을 판단해 기계장치를 제어하는 기술이다. 복잡한 차량 제어 프로세스에서 운전자를 돕고 보완하며, 궁극적으로는 자율주행 기술을 완성하기 위해 개발되었다.

- HVI(Human-Vehicle Interaction): 안전 운전을 위한 운전자와 차량 간 상호 정보 교환 시스템이다. 차 안에 모든 정보 기기의 입출력을 제어할 수 있고, 운전자와 차의 상태를 실시간으로 파악하면서 운전자의 운전 부하를 최적화해 가장 안전한 방법으로 운전하도록 도와준다.

- 인포테인먼트(Infotainment): 정보(information)와 오락(entertainment)의 합성어로, 정보 혁명의 성과물을 실생활에 이용하면 인류의 삶을 즐겁고 안락하고 풍요롭게 만들 수 있다는 것을 의미한다.

- D램(Dynamic Random Access Memory): 램은 컴퓨터에서 정보나 명령을 판독·기록할 수 있는 기억장치로, 전원을 주는 한 기억을

보존하는 S램과 시간이 흐름에 따라 기억이 흐려지는 D램이 있다. D램은 단시간 내에 주기적으로 재충전시켜주면 기억이 유지되기 때문에 컴퓨터의 기억소자로 많이 쓰이고 있다

－ **낸드플래시**: 전원이 꺼지면 저장된 자료가 사라지는 D램이나 S램과 달리, 전원이 없는 상태에서도 데이터가 계속 저장되는 플래시 메모리를 말한다. 이런 특징 때문에 비휘발성 메모리라고 부른다. 디지털 카메라, 스마트폰, USB 드라이브 등의 다양한 휴대용 기기와 SSD(Solid State Drive)에 널리 사용되고 있다.

－ **비메모리반도체**: 연산·논리 작업 등과 같은 정보처리를 목적으로 이용되며, IT 제품에 필요한 계산과 분석 등 각종 기능을 하나의 칩에 통합해 '시스템 반도체'라고도 불린다.

－ **임베디드 시스템(embedded system)**: 어떤 장치가 다른 시스템에 의존하지 않고 독립적으로 기능을 수행함을 의미하는 것으로, 어떤 제품이나 솔루션에 추가로 탑재되어 그 제품 안에서 특정한 작업을 수행하도록 하는 솔루션이다.

스마트팩토리
관련 용어

－ **애플리케이션(application)**: 특정한 업무를 수행하기 위해 고안된 일련의 컴퓨터 프로그램 집합을 말한다. 마이크로소프트의 엑셀(excel), 워드(word) 등이 이에 속한다. 보다 넓은 의미의 애플리케이션은 컴퓨터 장비인 시스템을 이용해 목적 업무를 수행하기 위한

프로그램을 일컫는다. 일반 컴퓨터 프로그램과 애플리케이션이 차별되는 점은 단일 프로그램이 아닌 특정한 업무를 위한 프로그램들의 집합체라는 점이다.

- **ERP(Enterprise Resource Planning):** 기업 내 생산·물류·재무·회계·영업과 구매·재고 등 경영 활동 프로세스들을 통합적으로 연계해 관리해주며, 기업에서 발생하는 정보들을 서로 공유하고 새로운 정보의 생성과 빠른 의사결정을 도와주는 '전사적 자원관리시스템'을 가리킨다.

- **MES(Manufacturing Execution System):** 제품의 주문을 받고 난 후 제품이 완성될 때까지 생산의 최적화를 위한 정보를 제공한다. 또한 생산현장에서 발생하고 있는 최신의 정보를 현장 실무자나 관리자에게 보고하고, 신속한 응답을 통해 생산 조건을 변화시키며, 가치 없는 요소를 감소시켜줌으로써 생산 공정과 기능을 개선하도록 유도한다.

- **홀로그램(hologram):** 영상이 3차원이고, 실물과 똑같이 입체적으로 보이는 사진이다. 홀로그램은 홀로그래피의 원리를 이용해 만들어진다. 홀로그래피의 원리는 레이저에서 나온 광선을 2개로 나눠 하나의 빛은 직접 스크린을 비추게 하고, 다른 하나의 빛은 우리가 보려고 하는 물체에 비추는 것이다.

- **BPO(Business Process Outsourcing):** 업무처리 일부 과정을 주로 외부 업체에 맡겨 기업 가치를 창출하는 아웃소싱 방식으로, 기업은 BPO를 통해 비용 절감뿐만 아니라 역량을 핵심 사업에 집중할 수 있는 이점이 있다.

- **리쇼어링(reshoring):** 해외에 나가 있는 자국기업들을 각종 세제

혜택과 규제 완화 등을 통해 자국으로 불러들이는 정책을 말한다. 저렴한 인건비나 판매시장을 찾아 해외로 생산기지를 옮기는 오프쇼어링(offshoring)의 반대 개념이다.

통신 인프라와 블록체인,
가상화폐 관련 용어를 익히자

이번에는 통신 인프라와 함께 분산형 디지털 장부인 블록체인,
그리고 가상화폐 관련 용어에 대해 자세히 살펴보자.

제4차 산업혁명의 지능화에는 초연결성 실현이 반드시 필요하므로,
이에 대한 기반이 되는 인프라로서의 통신 네트워크 발전은 무엇보
다 중요하다. 사물인터넷을 통한 데이터 확보 및 교환과 더불어 클라
우드 기반의 빅데이터 활용을 통해 언제 어디서나 맞춤형 서비스를
제공받게 된다. 또한 재난·응급·안전·보안 등 공공서비스 및 스마트
시티나 스마트팩토리 등 산업 전반의 전 영역으로 확대될 것이기 때
문에 초고화질, 초실감형, 몰입형 콘텐츠의 일상화를 위해서는 트래
픽 전송 속도 및 네트워크 용량의 획기적인 증대가 반드시 필요하다.

블록체인은 개인 간(P2P) 분산 네트워크를 기반으로 거래정보를

분산시켜 보관하고 거래 참가자 모두가 그 정보를 공유하는 분산형 디지털 장부로, 생성된 순서대로 정보 저장 단위인 블록을 연결하는 과정에서 유효성을 검증함으로써 정보의 위·변조를 방지할 수 있다. 블록체인 기술의 핵심은 신뢰기관 없는 P2P 신뢰 네트워크 구축이며, 현재 지속적으로 발전하고 진행중에 있다. 가상화폐의 경우도 이러한 블록체인 기술 기반 위에서 성장하고 있다.

- PLC(Power Line Communication): 가정이나 사무실의 소켓에 전원선을 꽂으면 음성·데이터·인터넷 등을 고속으로 이용할 수 있는 서비스로, 텔레비전·전화·퍼스널 컴퓨터 등 가정의 모든 정보기기를 연결하는 홈네트워크까지 가능하다.

- 5G: 28GHz의 초고대역 주파수를 사용하는 이동통신 기술이다. 2GHz 이하의 주파수를 사용하는 4G 롱텀에볼루션(LTE)과 달리 28GHz의 초고대역 주파수를 사용한다. 이로 인해 LTE보다 빠른 속도로 초고선명 영화를 1초 만에 전달할 수 있다. 저대역 주파수는 도달거리가 길고 속도는 느린 반면, 고대역 주파수는 직진성이 강해 도달거리는 짧지만 속도는 빠르다.

- 초연결사회(hyper connected society): IT를 바탕으로 사람·프로세스·데이터·사물이 서로 연결됨으로써 지능화된 네트워크를 구축해서 이를 통해 새로운 가치와 혁신의 창출이 가능해지는 사회이다.

- NB-IoT(NarrowBand-Internet of Things): 롱텀에벌루션(LTE) 주파수를 이용한 저전력·광역(LPWA; Low-Power Wide-Area) 사물인터넷 기술 중 하나로, 저용량 데이터를 간헐적으로 전송하는 추적·센싱·검침 등에 활용한다. 구체적으로 예를 들면 수도·가스·전기 검

침 및 대기·수질 측정 시스템, 위치추적 서비스(노약자 위치 추적, 애완동물 관리, 자전거 분실 방지), 화재·유해물질·가스 등을 모니터링하거나 건축물 균열을 감지하는 센싱 서비스, 빌딩자동화, 홈자동화, 놀이동산 관리 등의 제어 서비스에 활용된다. NB-IoT는 초저전력이기 때문에 장기간 배터리를 교체하지 않고 사용할 수 있다.

- **Gbps**: 초당 얼마나 많은 양의 정보를 보낼 수 있는지를 나타내는 단위다. 1Gbps는 1초에 대략 10억 비트의 데이터를 보낼 수 있다는 뜻이다.

- **스몰셀**: 수백 미터(m) 정도의 운용 범위를 갖는 저전력 무선 접속 기지국으로, 단말기를 기지국에 가깝게 위치시켜 운용 범위(셀 크기)를 줄임으로써 통신 품질 저하 및 음영 지역 발생 등의 문제점들을 해결할 수 있다. 또한 단말기가 기지국과 가까이 위치하게 되어 단말기의 전력 소모를 줄일 수 있고, 설치비와 유지 보수 비용이 기존 기지국에 비해 적게 드는 등의 장점을 갖는다.

- **광트랜시버(optical transceiver)**: 광통신망을 연결하는 광케이블과 데이터 전송을 담당하는 전송장비 사이에서 전기 신호를 빛의 신호로, 빛의 신호는 전기 신호로 변화시켜주는 역할을 하며 데이터를 주고받는다.

- **RRH(Remote Radio Head)**: 대기 중에 필요한 데이터만 골라 수신하는 무선(RF) 부문과 이 데이터를 해독하는 제어(베이스밴드) 부문으로 구성되는 장치로, 이동통신 기지국에서 RF 부문만 따로 분리한 것이다. RRH는 LTE 보급 확대와 함께 기지국이 처리해야 하는 데이터 용량을 늘리면서도 기지국 투자비는 줄일 수 있어 LTE 등 제4세대 이동통신 보급과 함께 기지국 표준 장비로 빠르게 자리매김하

고 있다.

- **블록체인(block chain):** 온라인 금융 거래 정보를 블록으로 연결해 P2P 네트워크 분산 환경에서 중앙 관리 서버가 아닌 참여자들의 개인 디지털 장비에 분산·저장시켜 공동으로 관리하는 방식이다. 블록체인의 기본 구조는 블록(block)을 잇따라 연결한(chain) 모음의 형태이며, P2P 방식을 기반으로 한다.

- **P2P(Peer to Peer):** 기존의 서버와 클라이언트 개념이나 공급자와 소비자 개념에서 벗어나 개인 컴퓨터끼리 직접 연결하고 검색함으로써 모든 참여자가 공급자인 동시에 수요자가 되는 형태이다.

- **전자화폐:** 기존의 지폐나 주화를 대체하는 새로운 개념의 전자적 결제 수단으로 돈의 액수를 디지털 정보로 바꾸고 이를 다른 사람이 이용하지 못하도록 암호화해 IC 형태의 카드로 만들어 휴대하거나 자신의 컴퓨터 속에 보관하고 이를 네트워크상에서 이용하는 것을 말한다.

- **가상화폐:** 컴퓨터 등에 정보 형태로 남아 실물 없이 사이버상으로만 거래되는 전자화폐의 일종이다. 화폐 발행에 따른 생산비용이 전혀 들지 않고 이체비용 등 거래비용을 대폭 절감할 수 있을 뿐만 아니라 컴퓨터 하드디스크 등에 저장되기 때문에 보관비용이 들지 않고, 도난·분실의 우려가 없다. 가치저장수단으로서의 기능도 뛰어나다는 장점을 가지고 있다.

- **비트코인(bit coin):** 2009년 1월, 나카모토 사토시라는 가명의 컴퓨터 프로그래머가 만든 디지털 통화로, 지폐나 동전과 달리 물리적인 형태가 없는 온라인 가상화폐. 컴퓨터가 제시하는 매우 난해한 수학 문제를 풀면 그 대가로 비트코인을 지급하는 작동방식으로 구

현되고 있으며, MIT 라이선스를 적용해 오픈소스로 공개했다. 특정 개인이나 회사가 발행하는 것이 아니라 개인 간 거래에 사용되는 방식이기 때문에 비트코인을 만들고 거래하고 현금으로 바꾸는 사람 모두가 비트코인 발행주가 되는 형태를 띄고 있다.

- **개인키:** 공개키 암호 알고리즘에서 사용되는 비대칭 키 쌍(공개키, 개인키) 중에서 공개되지 않고 비밀리에 사용하는 것이 개인키다. 공개키 암호 알고리즘에서 송신자는 수신자의 공개키를 이용해 메시지를 암호화하고, 수신자는 자신만이 갖고 있는 개인키를 이용해 암호화된 메시지를 복호화해서 열어본다.

- **트랜잭션:** 데이터통신 시스템에서 관리의 대상이 되는 기본적인 정보를 기록한 기본파일(master file)에 대해서 그 내용에 추가, 삭제 및 갱신을 가져오도록 하는 행위다.

- **해시함수:** 컴퓨터 암호화 기술의 일종으로 요약함수라고도 한다. 주어진 원문에서 고정된 길이의 의사난수(pseudo random number)를 생성하는 연산기법이며, 생성된 값은 해시값이라고 한다.

- **하드포크:** 기존 블록체인의 기능개선, 오류정정, 문제점 수정 등을 목적으로 블록체인을 기존의 블록체인과는 호환이 되지 않는 새로운 방식으로 변경한다.

- **알트코인:** 비트코인(bit coin)을 제외한 가상화폐를 전부 일컫는 편의상의 용어로 이더리움(ethereum), 리플(ripple), 라이트코인(litecoin) 등이 대표적이다.

- **이더리움:** 러시아 이민자 출신 캐나다인 비탈릭 부테린(Vitalik Buterin)이 2014년 개발한 가상화폐다. 거래 명세가 담긴 블록이 사슬처럼 이어져 있는 블록체인 기술을 기반으로 하며, 인터넷만 연결

되어 있으면 어디서든 전송이 가능하다.

　- ICO(Initial Coin Offerng): 가상화폐를 발행해 그 자금을 조달하는 방법으로 가상화폐를 받고 수익을 배분하거나 권리 배당을 부여하는 증권형이 있고, 플랫폼에서 신규 가상화폐를 발행하는 코인형 등이 있다. 먼저 가상화폐 발행인(기업)은 자금 조달을 위해 크라우드 펀딩 형태로 투자자들을 모집한다. 이 과정에서 기업은 프로젝트에 대한 세부 내용을 담은 백서(white paper)를 발행해 투자자들에게 공개한다. 투자자들은 암호화폐에 대한 투자금을 지불하고, 토큰이라 불리는 새로운 가상화폐를 지급받게 된다. 여기서 투자금은 현금 또는 기존의 다른 가상화폐로 낼 수 있다. 기업은 토큰을 판매해서 얻은 수익을 가상화폐 거래소에 넘겨 현금화하고, 그 자금을 바탕으로 프로젝트를 진행한다.

스마트 헬스케어
관련 용어를 배우자

경험 기반에서 데이터 기반으로, 범용에서 맞춤형으로
진화하고 있는 바이오와 헬스케어 관련 용어를 알아보자.

제4차 산업혁명 시대의 스마트 헬스케어 산업은 지능정보기술(사물인터넷·빅데이터·인공지능·클라우드)과 의학의 결합을 통해 질병의 이해·예방·치료 방법의 영역을 확대할 뿐만 아니라 효율성 증대로 경험 기반이 데이터 기반으로, 범용에서 맞춤형으로 진화하고 있다.

– **라이프로그**(lifelog): 취미, 건강, 여가 등에서 생성되는 개인 생활 전반의 기록을 정리하고 보관해주는 서비스다. 사용자가 직접 사진, 동영상, 메모 등을 저장하는 것뿐만 아니라 사용자의 위치정보, 생체 정보, 운동량 등을 분석한 체계적 기록도 저장된다. 이런 정보는 디

지털 기기에 장착된 센서, 위성항법장치(GPS) 등으로 수집이 가능하다. 특히 웨어러블(wearable) 기술의 발달과 보급으로 헬스케어 분야에서 다양한 가치를 생산할 것으로 전망된다.

- **개인건강정보(PHR; Personal Health Record):** 여러 의료기관에 흩어져 있는 진료·검사 정보와 더불어 스마트폰 등으로 수집한 활동량 데이터, 스스로 측정한 체중·혈당 등의 정보를 모두 취합해 사용자 스스로 열람하고 관리할 수 있도록 구축한 건강기록 시스템을 뜻한다.

- **전자 의무 기록(electronic medical record):** 기존 종이 차트로 관리되던 의무 기록 관리 방식에 정보통신기술을 접목해, 병원에서 발생하는 의료 정보를 일체 수정하지 않고 모두 전산화하는 의료정보시스템이다.

- **4P:** 개인의 유전적 특성의 고려(personalized), 건강상의 문제 등을 미리 예측하고 대응(predictive), 질환이 발생하는 것을 사전에 차단하기 위해 그에 앞선 건강 관리에의 초점(preventive), 보건의료의 제반 활동에서 환자 및 일반인의 참여를 강화(particiapatory)하는 것을 지칭한다.

- **DNA(DeoxyriboNucleic Acid):** 핵산의 일종으로 유전정보를 담는 화학물질로, 뉴클레오티드(nucleotide)로 이루어진 두 가닥의 사슬이 서로 꼬여 있는 2중 나선 구조를 이루고 있다. 뉴클레오티드란 염기(base), 당, 인산의 3가지 요소로 구성된 화학적 단량체로, DNA 사슬의 기본 구성 단위다.

- **인간게놈프로젝트(HGP; Human Genome Project):** 인간유전체를 구성하는 31억 쌍의 디옥시리보핵산(DNA) 염기서열 전체를 해

독하자는 연구과제다. 이는 인간의 생명현상을 결정하는 유전자의 지도를 작성하고 DNA 염기서열을 결정해보겠다는 것이다. 따라서 유전자들의 총집합인 유전체(게놈)가 해독되면 3만여 개의 유전자 동정과 위치를 확인할 수 있게 되고, 난치성 질환의 원인인 유전자 파악도 가능해져 진단과 치료법을 개발할 수 있는 길이 열린다. 이처럼 인간게놈프로젝트로 밝혀진 인체의 게놈 정보는 인간의 질환을 극복하기 위한 신약, 치료 방법, 예방법 개발에 활용되고 있다.

- **유전학(genetics)**: 생물의 각종 형태나 성질이 자손에게 전해지는 구조와 그것들이 각 개체에서 어떻게 나타나게 되는지를 연구하는 학문이다.

- **합성생물학(synthetic biology)**: 새로운 생물학적 부분, 장치, 시스템을 디자인하고 구축하기 위해 또는 기존에 존재하는 자연 상태의 생물학적 시스템을 새로운 생물학적 시스템이나 인공생명체를 만드는 등 특정 목적으로 재설계하기 위해 사용하는 기술이다.

- **유전자가위**: 생명의 가장 기본 단위인 유전자 염기서열을 잘라내거나 붙일 수 있는 기술을 말한다. 1세대인 징크핑거와 2세대 탈렌을 거쳐 현재는 3세대 기술인 크리스퍼가 주로 활용되고 있다. 유전자 교정이 가능해지면 유전자 질환 치료는 물론이고 불필요한 유전자를 제거해 병충해에 강한 농작물 등도 만들어낼 수 있다.

- **폴리뉴클레오티드(Polynucleotide)**: 일정한 길이 이상의 DNA나 RNA(RiboNucleic Acid) 가닥을 말한다.

3장

제4차 산업혁명을
성장시키고 촉진시키는 것들

제4차 산업혁명은 기계의 지능화를 통해 생산성이 고도로 향상되어 산업구조 근본이 변하는 것으로 변화의 동인은 지능정보기술이다. 지능정보기술은 인공지능과 데이터 활용기술(ICBM)을 융합해 기계에 인간의 고차원적 정보처리 능력(인지·학습·추론)을 구현시킨다.

여기서 데이터 활용기술은 각종 데이터를 수집하고 실시간으로 전달하며(IoT·mobile), 수집된 데이터를 효율적으로 저장하고 그 의미를 분석(cloud·big data)하게 한다.

사물인터넷, 빅데이터,
인공지능, 클라우드

사물인터넷은 빅데이터, 인공지능, 클라우드 등과
결합해 다양한 서비스 제공이 가능하다.

해를 거듭할수록 저출산과 고령화 등으로 저성장 기조 및 생산성 저하가 고착화되고 있는데, 이에 대한 대안으로 제4차 산업혁명을 들수 있다.

제4차 산업혁명은 기계의 지능화를 통해 생산성이 고도로 향상되어 산업구조 근본이 변하는 것으로, 지능정보기술이 변화의 동인이다. 이러한 지능정보기술로는 사물인터넷(IoT), 빅데이터(big data), 인공지능(AI), 클라우드(cloud) 등이 근간을 이루고 있다. 지능정보기술은 인공지능과 데이터 활용기술(IoT, mobile, cloud, big data) 등을 융합해 기계에 인간의 고차원적 정보처리 능력(인지·학습·추론)

을 구현시킨다. 여기서 데이터 활용기술은 각종 데이터를 수집하고 실시간으로 전달하며(IoT, mobile), 수집된 데이터를 효율적으로 저장하고 그 의미를 분석(cloud, big data)하게 한다.

이와 같이 지능정보기술은 서로 유기적으로 작용하면서 활용될 것이다. 즉 사물인터넷 환경에서 생성되는 다양한 데이터를 처리하기 위한 빅데이터 및 클라우드 산업이 발달하고, 일련의 혁신적인 기술들은 인공지능이 더해지며 삶의 변화를 이끌어낼 것이다.

가령 생산방식이나 사물 자체가 지능화되어 동태적인 소비자의 선호와 요구를 제품생산 및 서비스에 연결함으로써 경쟁우위를 확보하는 데 용이하게 되는 것이다. 어느 특정한 디지털 광고 디스플레이에서 센서로 지나가는 사람들의 나이, 성별, 체형을 분석해 그 사람을 위한 쇼핑몰 정보를 제공해주는 인공지능 기반 디지털 마케팅을 수행하는 것이다.

혁신이
지배하는 세상

무엇보다 제4차 산업혁명은 제품과 서비스를 정보화하는 현재의 개념에서 벗어나 디지털화해서 서비스와 사물 및 장소 간 상호작용으로 고객의 삶과 생활하는 방식을 바꾸는 것이기 때문에 지능정보기술인 사물인터넷, 빅데이터, 인공지능, 클라우드 등의 역할이 중요시될 것이다.

지능정보기술은 알고리즘의 변형 확장 및 다양한 유형의 데이터

지능정보기술 개념 및 특징

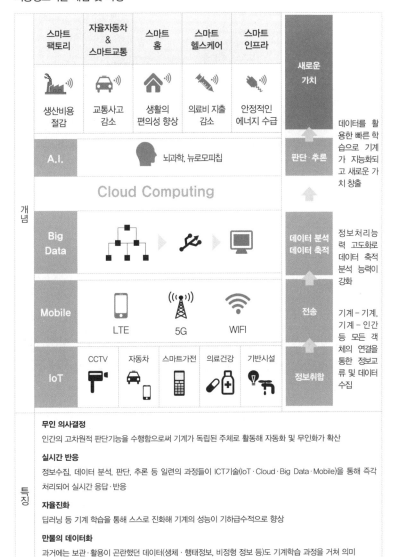

스마트 팩토리	자율자동차 & 스마트교통	스마트 홈	스마트 헬스케어	스마트 인프라	새로운 가치	
생산비용 절감	교통사고 감소	생활의 편의성 향상	의료비 지출 감소	안정적인 에너지 수급		데이터를 활용한 빠른 학습으로 기계가 지능화되고 새로운 가치 창출
A.I.	뇌과학, 뉴로모피칩				판단·추론	
Cloud Computing						
Big Data					데이터 분석 데이터 축적	정보처리능력 고도화로 데이터 축적 분석 능력이 강화
Mobile	LTE	5G	WIFI		전송	기계 – 기계, 기계 – 인간 등 모든 객체의 연결을 통한 정보교류 및 데이터 수집
IoT	CCTV	자동차	스마트가전	의료건강	기반시설	정보취합

무인 의사결정
인간의 고차원적 판단기능을 수행함으로써 기계가 독립된 주체로 활동해 자동화 및 무인화가 확산

실시간 반응
정보수집, 데이터 분석, 판단, 추론 등 일련의 과정들이 ICT기술(IoT·Cloud·Big Data·Mobile)을 통해 즉각 처리되어 실시간 응답·반응

자율진화
딥러닝 등 기계 학습을 통해 스스로 진화해 기계의 성능이 기하급수적으로 향상

만물의 데이터화
과거에는 보관·활용이 곤란했던 데이터(생체·행태정보, 비정형 정보 등)도 기계학습 과정을 거쳐 의미 추출 가능

자료: 과학기술정보통신부

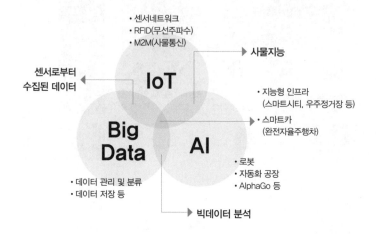

인공지능·사물인터넷·빅데이터의 상관관계

- 센서네트워크
- RFID(무선주파수)
- M2M(사물통신)

▶ 사물지능

센서로부터
수집된 데이터 ◀

IoT

- 지능형 인프라
  (스마트시티, 우주정거장 등)
▶ 스마트카
  (완전자율주행차)

Big Data　　**AI**

- 로봇
- 자동화 공장
- AlphaGo 등

- 데이터 관리 및 분류
- 데이터 저장 등

▶ 빅데이터 분석

자료: 소프트웨어정책연구소

학습(딥러닝 등)을 통해 적용 분야가 지속적으로 확대될 뿐만 아니라 다양한 분야에 활용될 수 있는 범용기술 특성을 보유해서 사회 전반에 혁신을 유발하고 광범위한 사회적·경제적 파급력을 일으킬 수 있을 것이다.

사물인터넷 환경에서 생성되는 다양한 데이터를 처리하기 위한 빅데이터 및 클라우드 등이 발달하고 일련의 혁신적인 기술들은 인공지능이 더해지면서 향후 삶의 향상 등을 이끌어 낼 수 있을 것이다. 따라서 사물인터넷, 빅데이터, 인공지능, 클라우드 등의 지능정보기술이 제4차 산업혁명인 스마트 시대를 촉진시키는 원동력이 될 뿐만 아니라 가치 상승에 중요한 요인으로 작용할 수 있을 것이다.

결론적으로 사물인터넷은 빅데이터, 인공지능 등과 결합해 다양한 서비스 제공이 가능하며, 상황을 인지하고 학습하는 인공지능 능력이 발전할수록 자율자동차, 드론, 로봇 등 사물인터넷을 통해 제공할 수 있는 서비스도 함께 발전해 나갈 것이다. 더 나아가서 사물인터넷은 빅데이터와 인공지능 등으로 인해 온디맨드 경제(ondemand economy)로의 빠른 산업구조의 전환을 불러올 것으로 예상된다.

제4차 산업혁명에서
사물인터넷의 역할은 무엇일까?

사물인터넷은 모든 사물을 인터넷으로 연결하는 것을 의미하는 것으로,
결국에는 사물의 가치 본질이 하드웨어에서 소프트웨어로 전환되는 것이다.

통신을 연결한 사물의 수가 많아지면서 거기서 보내지는 데이터의
양도 엄청나게 증가하게 된다. 하지만 데이터를 그냥 쌓아두기만 하
면 아무 의미가 없는 쓰레기일 뿐이다. 궁극적으로는 이러한 방대한
데이터를 분석하고 활용해 우리의 생활을 보다 안전하고 편리하게
하는 삶의 질 향상을 가져와야 한다. 사물인터넷은 바로 이러한 방대
한 데이터를 분석하고 활용할 수 있는 틀을 만들어준다.

사물인터넷은 모든 사물을 인터넷으로 연결함을 의미하는 것으로,
사물 간의 센싱·네트워킹·정보처리 등을 인간의 개입 없이 상호 협
력해 지능적인 서비스를 제공해주는 연결망이다. 결국에는 사물의

가치 본질이 하드웨어에서 소프트웨어로 전환되는 것이다. 즉 사물 인터넷은 우리 주변의 모든 사물이 연결을 통해서 정보를 공유하고 그 사물이 보다 지능적으로 동작할 수 있도록 하는 것으로, 자동화를 통해 인간의 개입을 최소화하고, 사물 간의 정보교류 및 가공을 통해 인간에게 더 좋은 서비스를 제공하는 것을 의미하는 것이다. 이는 곧 상호 연결된 기술과 다양한 플랫폼을 기반으로 사물(제품, 서비스, 장소)과 인간을 연결하는 새로운 패러다임을 창출하는 것이다.

사물인터넷의 형태는 다양하다. 사물인터넷은 소형 칩에 각종 정보를 저장하고 무선으로 데이터를 송신하는 장치인 RFID 태그를 활용하는 형태에서부터 기계와 기계 간의 통신인 M2M에 이르기까지 매우 다양한 형태를 보이고 있다.

가정용품, 가전제품, 주택 건축, 전기통신, 가정 보안 및 의료보건 등은 스마트 홈과 관련된 사물인터넷 기반 솔루션으로 상당히 활성화될 수 있는 분야다. 가령 집 밖에서 스마트폰으로 집안의 조명, 가스, 보일러, 세탁기, 에어컨, 방범 등의 상태를 확인하고 제어가 가능하게 된 것이다.

더 나아가서 제조업체 측면에서 항공기 엔진 제조업체의 경우를 보자. 엔진에 다양한 센서를 부착해 온도, 공기압, 속도, 진동 등 항공기 운항과 관련된 각종 정보를 실시간으로 수집하고 분석함에 따라 사전적으로 엔진 정비를 하거나 연료 절감을 위한 엔진 제어를 한다. 이렇듯 사물인터넷시대의 제조업체는 적시 생산뿐만 아니라 적시 애프터서비스 등이 가능해진다.

편리성에 비용 감소 효과가
더해지다

전기, 가스, 수도 등 유틸리티 분야에서는 에너지 자원의 효율적 배분 및 관리를 위해 사물인터넷을 활용하는 사례가 늘어나고 있다. 원격검침과 선로 및 배관 상황인식을 통해 누수·누전 방지 등을 할 수 있을 뿐만 아니라 사물인터넷을 기반으로 분산형 발전기의 예상 출력, 현재 전력망 부하, 전기 자동차 및 스마트 장비의 다양한 정보를 통합해서 수요 및 대응 시스템 부문에서도 활용이 활발히 이루어지고 있다. 무엇보다 모든 장치에서 수집한 데이터를 통해 알고리즘은 필요한 전력을 정확히 계산해서 대기 발전기의 필요 전력을 최소화할 수 있다.

결국에는 이러한 집합체들이 모여서 스마트시티(Smart City)가 되는 것이다. 사물인터넷으로 도시의 구석구석을 연결하고 네트워크를 통해 도시의 모든 정보를 교환하는 개념이 스마트시티다. 스마트시티 구현을 위해서는 사물인터넷, 빅데이터, 인공지능, 클라우드, 기가급 네트워킹, 정보보안기술 등 다양한 기술의 융합 및 활용을 필요로 한다.

스마트시티는 에너지·교통·환경·상하수도·행정·의료·교육 분야 등 시설 및 서비스를 효율적으로 관리하는 데 중점을 두고 있으며, 시민들이 안전하고 효율적으로 생활할 수 있는 인프라를 구축하는 데 목표가 있다. 스마트시티가 구축되면 우리 생활 전반에서 발생하는 교통정보나 에너지 사용량 등의 모든 행동들이 데이터화되고 이를 통해 우리 생활이 좀 더 편리해질 수 있는 다양한 서비스가 제공

될 것이다. 결국 스마트시티를 구현하는 최종적인 목표는 도시정보 과학기술을 사용한 서비스 효율성 향상과 시민 요구의 충족을 통해 궁극적으로 삶의 질을 향상시키는 데 있다.

한편 사물인터넷은 초창기 의류나 작은 전자제품에 센서를 탑재하는 등 대중의 이해를 얻지는 못했지만 향후에는 새로운 비즈니스 모델로 편리성에 비용감소 효과가 더해지면서 한층 성장할 것으로 기대된다.

제4차 산업혁명에서
빅데이터, 인공지능의 역할

사물인터넷 환경이 목적에 맞게 제대로 동작하려면 빅데이터에 대한 분석과
가공이 필요한데, 빅데이터 처리 기술이 지향하는 모델은 인공지능 딥 러닝이다.

제4차 산업혁명에서는 모든 사물들로부터 얻은 데이터들을 분석하
고, 분석한 정보를 통해 사용자에게 효과적으로 진달할 수 있어야 한
다. 이러한 과정에서 필요로 하는 것이 바로 빅데이터 분석과 인공지
능이다.

오늘날에는 디지털기기와 센서 등의 보급화를 통해 산업분야뿐만
아니라 실생활에서도 규모를 가늠하기 힘들 정도로 많은 데이터가
생성되고 있다. 무엇보다 사물인터넷 환경은 필연적으로 빅데이터를
생성한다.

시스코에 따르면 2015년 기준으로 약 1% 수준의 사물만이 전 세

계적으로 연결되어 있고, 현재 점점 그 연결되는 사물의 숫자가 가파르게 증가하며 2020년에는 500억 대 이상의 장치가 인터넷을 비롯한 통신망으로 연결될 것으로 추정하고 있다. 이에 따라 사물인터넷 환경에서는 엄청난 양의 데이터를 빠르게 분석하고 가공 및 추출해서 최적화된 결론을 얻기 위한 기술이 반드시 필요하다.

이렇게 기존 데이터 분석 역량을 넘어서는 분량의 방대한 데이터를 필요한 목적에 맞게 가공하고 분석해서 새로운 결론을 얻고, 이를 통한 최적의 답안을 제시하는 것이 빅데이터다. 즉 빅데이터에서 얻을 수 있는 기존의 패턴 분석으로 향후에 일어날 현상이나 상태를 예측하고 대응하게 된다.

빅데이터는 데이터를 활용해서 얻을 수 있는 이익이 데이터를 수집하고 저장하는 비용보다 커지면서 널리 쓰이게 되었다. 컴퓨터 기술의 발달로 비용이 낮아졌고, 분석기술의 발달로 데이터에서 얻는 부가가치가 커진 것이다.

사물인터넷 환경의 센서들로부터 수집된 데이터들은 주로 비정형 데이터이고, 사물인터넷 환경이 목적에 맞게 제대로 동작하기 위해서는 빅데이터에 대한 분석과 가공이 필요한데, 이러한 빅데이터 처리 기술이 지향하는 모델을 인공지능 딥 러닝(deep learning)이라고 한다. 여기서 딥 러닝은 수많은 데이터를 학습하고 해당 데이터가 가리키는 바를 스스로 해독해서 목적에 맞는 최적의 답안을 찾는 것을 의미한다.

인공지능의 적용 범위가
점점 더 확대될 것

최근에는 하드웨어 성능이 올라갈 뿐만 아니라 상대적으로 가격이 저렴해짐에 따라 계산환경이 향상되고 있다. 그래서 많은 계산량을 필요로 하는 딥 러닝 알고리즘이 활성화될 수 있는 여건이 형성되고 있다.

빅데이터에서 정형화된 데이터보다 영상이나 소리 같은 비정형화된 데이터의 경우에는 특이점을 추출해내고 분석하는 것이 어려워지는데, 딥 러닝의 경우 정밀한 데이터 인식을 위해 수십에서 수백 개 이상의 학습 신경망 계층을 이용해서 해결책을 제시하는 데 특화되어 있다. 결국에는 인공지능이 보다 정확하고 올바른 상황 인지 및 판단을 통해 서비스를 제공하기 위해서는 빅데이터를 통해 얼마나 많이 학습했는가가 중요하다.

빅데이터를 갖는 모든 분야에 인공지능이 활용된다. 온라인 의류 업체 스티치픽스는 회사일과 육아 등의 이유로 제대로 옷을 고를 시간이 없는 소비자가 많다는 점에 착안해서 취향을 입력하면 인공지능이 알아서 옷을 골라주는 서비스를 개시했다. 의류 구독을 신청하면 매번 다섯 벌의 옷이 집으로 배송되어 마음에 드는 옷만 남겨두고 나머지는 반품하는 게 원칙인데, 이러한 구독과 반품 과정이 반복될수록 인공지능의 추천 품질이 높아진다.

IBM 왓슨은 의료분야에서 수많은 임상 실험 빅데이터와 환자 치료 빅데이터를 기반으로 학습해서 사람보다 정확한 진단과 치료 방안을 제시하고 있다. 또한 자동차 분야의 경우 차량 비전 시스템으로부터 수집된 영상 빅데이터와 더불어 위치·거리 등을 탐지하는 GPS, 그리고 레이더 센서로부터 습득한 빅데이터 등을 학습해 차량 주변을 판독하며 안전하고 정확하게 차량을 움직임을 제어하는 스마트카 등이 있다.

결국에 인공지능은 모든 사물들에도 점점 탑재되면서 만물인터넷을 넘어 사물 지능의 형태로 진화할 것이다. 즉 스마트 가전, 스마트홈, 자율주행차 등 인공지능의 적용 범위가 점점 더 확대될 것이다. 따라서 사물인터넷, 빅데이터, 인공지능 등이 제4차 산업혁명인 스마트시대를 촉진시키는 원동력이 될 뿐만 아니라 가치 상승에도 중요한 요인으로 작용하게 될 것이다.

제4차 산업혁명에서
클라우드는 어떤 역할을 할까?

클라우드 컴퓨팅은 제4차 산업혁명시대의
핵심 기술들이 융합되는 연결고리 역할을 할 것이다.

클라우드 컴퓨팅(cloud computing)은 필요시에 편리하게 컴퓨팅 자원에 접근해 데이터를 처리하고 연산을 수행할 수 있도록 네트워크, 서버, 스토리지, 애플리케이션을 연결해놓은 컴퓨팅 제공 방식을 말한다.

클라우드 컴퓨팅은 서비스 모델에 따라 IaaS(Infrastructure as a Service), PaaS(Platform as a Service), SaaS(Software as a Service)로 분류할 수 있으며, 또한 배치방식에 따라 Public(누구나 인터넷을 통해 클라우드 제공 사업자의 서비스 사용 가능), Private(특정 조직만이 클라우드 컴퓨팅을 사용할 수 있도록 구축하는 서비스), Hybrid(Public

과 Private 클라우드의 혼합된 형태의 서비스)로 구분된다.

IaaS는 클라우드 서비스가 가능하기 위해 필요한 기반인 인프라에 관한 서비스로, 가상화 및 네트워크 기술을 통해 여러 물리적인 컴퓨팅 자원을 분할·통합·관리하는 가상머신 환경 서비스를 제공한다. 아마존의 AWS가 대표적이다.

PaaS는 플랫폼 제공 형태의 서비스로, 개발자들에게 개발을 위한 도구로써 표준, 개발응용 프로그램의 배포를 위한 채널 등을 제공한다. 구글의 APP 엔진 등이 있다.

SaaS는 클라우드 인프라 및 플랫폼상에서 구동하는 온디맨드 형태의 응용 소프트웨어와 데이터베이스 등을 제공하는 서비스다. 사용자가 별도의 응용프로그램을 설치할 필요 없이 서비스를 제공받고, 프로그램의 관리 및 유지보수 등과 같은 추가적 비용이 들지 않는다. 구글 Docs, 네이버 클라우드 등이 있다.

이러한 클라우드 컴퓨팅으로 인해서 서비스 제공자의 경우 컴퓨팅 자원 구매와 유지보수에 들어가는 비용이 절감될 뿐만 아니라 사전 환경을 구축하기 위한 공간 확보와 인력 채용 같은 고정비용이 없기 때문에 자원의 효율성이 높아질 수 있다. 서비스 이용자는 필요한 시점에 필요한 만큼만 컴퓨팅 자원을 빌려서 쓸 수 있어서 비용이 절감될 수 있다. 무엇보다 사물인터넷, 빅데이터 등의 도입으로 클라우드 컴퓨팅을 통한 데이터 트래픽의 확산이 점차 가속화되고 있는 상황이다.

누가 더 빨리 혁신적인 기술과
서비스를 만들고 제공하느냐가 관건

제2차 산업혁명 전기가 발명된 초창기에는 송전기술이 없었기 때문에 기업들은 자체적으로 발전기를 보유하면서 각자 전기를 만들어 사용했다. 그 이후 전력회사가 발전과 송전 능력을 높여 안정적으로 모든 가정과 기업들에게 공급하게 되었으며, 사용량에 따라 요금을 지불하게 되었다. 이와 대비해서 기존의 기업들은 자신의 정보시스템 환경을 자체적으로 보유하고 있었다. 즉 데이터센터에 컴퓨터와 스토리지, 네트워크 장비 등을 갖추고 있었다.

하지만 이제는 아마존, 마이크로소프트, 구글 같은 클라우드 컴퓨팅 회사로부터 컴퓨팅 자원을 끌어다 사용하고 사용량만큼 요금을 지불하게 되면서 정보 시스템을 소유하는 시대에서 사용하는 시대로 전환을 촉구하고 있다.

거대한 규모의 서버와 스토리지, 네트워크 장비를 보유하고 있는 클라우드 컴퓨팅 회사들은 전기로 비유하자면 발전소라고 할 수 있다. 더군다나 제4차 산업혁명시대에서는 사물인터넷, 빅데이터, 인공지능 등으로 인해 방대한 양의 데이터를 효과적으로 축적·관리하고 새 가치를 창출하기 위해서 막대한 컴퓨팅 파워가 필요하다. 따라서 클라우드 컴퓨팅이 가진 필수적인 기반으로서의 역할이 매우 커질 것이다.

이제 사물로부터 생성된 데이터를 수집해(사물인터넷) 그 의미를 추출하고(빅데이터), 새로운 가치를 창출하는(인공지능) 과정에서 클라우드 컴퓨팅이 제4차 산업혁명시대의 핵심기술들이 융합되는 연결고리 역할을 할 것이다. 누가 더 빨리 혁신적인 기술 및 서비스를 만들고 제공하느냐가 관건인 상황에서 클라우드 컴퓨팅 환경으로 인해 초기 투자 없이 보다 빠른 혁신적인 기술 및 서비스 도입뿐만 아니라 이에 따른 위험 회피도 가능해진 것이다.

음성인식 기반 인공지능 스피커와 제4차 산업혁명의 촉진

음성인식 기반 인공지능은 다양한 스마트기기와 접목하면서
새로운 제품 및 서비스, 콘텐츠가 지속적으로 창출될 수 있다.

음성은 인간이 가진 가장 본질적인 커뮤니케이션 도구이기 때문에
음성을 이용한 인간과 기기의 상호작용에 있어 가장 이상적인 인터
페이스로 여겨졌다. 그럼에도 불구하고 그간 방대한 음성데이터 처
리를 위한 컴퓨터의 연산 능력 부족과 더불어 낮은 인식률로 말미암
아 음성인식 기술은 널리 사용되지 못해왔다.

사물인터넷 확대 및 인공지능 발달로 인해 스마트기기가 음성을
매개로 명령을 내리고, 대화를 나눌 수도 있는 인공지능 스피커가 등
장해 확산되고 있다. 음성인식 기반 인공지능 스피커에서 주로 이용
되는 비서 서비스 기능은 스마트폰과는 큰 차이가 없는데도 불구하

고 향후 사물인터넷시대의 핵심기기로 주목받게 될 것이다. 왜냐하면 음성인식 기술 구현에 가장 핵심적인 입출력 장치만으로 이루어진 스피커는 데이터 수집 측면에서 상시적으로 음성데이터를 녹음하고 클라우드 서버에 축적할 수 있으므로 다른 어떤 기기보다 효율적이기 때문이다.

무엇보다 스마트폰시장 포화 상황에서 새로이 주목받고 있는 새로운 시장 가운데 하나는 무선인터넷을 통해 집안의 각종 시설과 가전·전자 제품이 서로 통신을 주고 받을 수 있게 하는 사물인터넷으로, 이를 컨트롤하는 허브 역할을 두고 TV·셋톱박스·냉장고·스마트폰 등이 경쟁하고 있다. 사물인터넷 활성화로 연결된 전등, 식물에 부착된 센서, 스마트 잠금장치 등 다양한 스마트홈 기술들이 발빠르게 진화하고 있는 가운데, 최신 사물인터넷 제품들이 음성인식·빅데이터·인공지능 등과 결합된 음성인식 기반 인공지능 스피커가 가장 먼저 이용자들과 접점을 만들고 있기 때문에 스마트홈을 통제할 핵심기기로 부상하고 있다.

이와 같은 음성인식 기반 인공지능 스피커는 음성명령으로 음악을 실행하거나 뉴스 및 날씨 등을 제공하고 있으며, 스마트홈 기능을 가진 제품들과 연결해 음성으로 제품들을 컨트롤하거나 기분에 맞는 노래를 실행시켜 주는 편리한 서비스를 제공하고 있다. 많은 사용자가 이용해서 대화 내용을 축적하면 축적한 데이터를 기반으로 딥러닝 학습을 통해 인식률을 높일 수 있기 때문에 이해할 수 있는 단어와 문장이 많아진다.

산업적·경제적 가치와
파급력이 확대될 것

음성인식 기반 인공지능 스피커 시장의 경우 플랫폼화를 통한 시장 선점이 중요한데, 아마존 에코(Echo)가 알렉사(Alexa)를 기반으로 제품력을 향상하고 확대해 시장을 주도해나가는 상황에서 구글, 애플, SK텔레콤, KT, LG유플러스, 네이버, 카카오 등이 속속 시장 진입 및 자체 생태계를 조성중에 있다.

이러한 음성인식 기반 인공지능 스피커 등의 확대로 인해 라이프 스타일의 급변에 따른 맞춤형 디지털 콘텐츠 서비스 수요도 증가할 것으로 예상된다. 즉 인공지능이 개인의 콘텐츠 소비 분석을 통해 개인에 맞춰진 서비스의 제공이 가능해짐에 따라 음성인식 기반 인공지능 스피커 플랫폼과 연계해서 개인의 편리성을 극대화한 맞춤형 콘텐츠 개발이 무엇보다 필요하다.

향후 이러한 음성인식 기반 인공지능은 다양한 스마트기기에 접목하면서 연관 기술과 융합을 통해 새로운 제품 및 서비스, 콘텐츠가 지속적으로 창출될 수 있으므로 산업적·경제적 가치와 파급력이 확대될 것으로 예상된다.

가상현실과 증강현실도
제4차 산업혁명을 이끌 기반 기술

가상현실 및 증강현실은 사용자와의 접점에 있는 기술로,
시간과 공간의 제약을 극복해 초융합적 가치 제공이 가능하다.

현실 배경 이용 여부 및 콘텐츠와 상호 작용 가능 여부 등에 따라 가
상현실(VR), 증강현실(AR), 혼합현실(MR)로 나누어볼 수 있다. 가상
현실은 컴퓨터 그래픽 등을 사용해 실제가 아닌 인위적으로 만들어
낸 특정한 환경 또는 상황에서 그것을 사용하는 사람이 실제인 것처
럼 느끼며 상호작용할 수 있도록 하는 인간과 컴퓨터 간의 인터페이
스다. 몰입감과 현실감 등으로 인해 사용자가 얻는 경험이 핵심요소
라 할 수 있다.

증강현실은 가상현실 기술 중 하나의 분야에서 파생된 것으로, 실
제 환경 또는 상황에 가상 사물이나 정보를 합성해 실제 존재하는 것

처럼 보이도록 하는 것을 말한다. 또한 기본적으로 현실시야가 주가 되고, 가상 사물이나 정보는 이를 보조하는 수단으로 활용된다.

또한 혼합현실은 현실 배경 위에 현실과 가상의 정보를 혼합해 기존보다 진화된 가상 세계를 구현하는 기술이다. 즉 가상현실과 증강현실을 합쳤다는 의미로, 증강현실처럼 현실과 가상이 이어져있는 동시에 가상현실처럼 그 2개의 세계가 하나로 작용하면서 가상 세계가 상호작용 방식으로 실제 세계와 합쳐지는 것이다.

이와 같이 가상현실 및 증강현실은 사용자와의 접점에 있는 기술로, 시간과 공간의 제약을 극복해서 언제 어디서나 현실적 경험의 제공이 가능하고 사용자에게 초융합적 가치 제공이 가능하다. 이를 통해 온라인과 오프라인의 경계를 허물고 글로벌 사용자들과의 디지털 공감과 소통을 통해 제4차 산업혁명의 촉진과 확산을 이끌 것으로 예상된다.

다시 말해서 제4차 산업혁명시대에서는 인간과 세상의 융합, 즉 온라인의 가상세계와 오프라인의 현실세계가 바로 융합하게 된다. 이렇듯 경계가 사라지는 O2O(Online 2 Offline) 세상에서 가상현실 및 증강현실은 2가지 세계의 융합을 통해 교육·여행·운동·놀이 등 인간의 삶 대부분의 영역을 결정적으로 바꾸어 놓을 것이다. 또한 가상현실과 증강현실 등이 플랫폼화 및 서비스화를 통해 제조·의료·유통 등 다양한 산업으로 확산되면서 우리 삶의 일대 변혁을 가져올 것으로 예상된다. 이렇듯 제조, 의료, 유통 등 산업전반에서 초연결, 초지능, 초실감의 구현 수단으로 제4차 산업혁명의 촉진을 이끌 핵심기술이다.

생활 전반에 침투되면서
시장규모가 커질 것

가상현실 및 증강현실 관련 콘텐츠가 실생활에 먼저 적용되고 있는 분야는 어디일까? 사용자에게 시각적·체험적 효과를 줄 수 있으면서도 개인 유저를 타겟으로 하는 게임·영화·성인 콘텐츠·여행·쇼핑·공연·소셜네트워크 서비스(SNS)·테마파크·박물관·전시관·교육·광고·마케팅·뉴스 미디어·스포츠 등에서 적용되고 있다.

이와는 별도로 가상현실 및 증강현실과 관련해서는 자동차 및 기계·에너지·건설·의료·산업안전교육·국방 등 특수 목적에 맞게 적용되고 있다. 이와 같은 B2B 산업 분야에서의 가상현실 및 증강현실 적용은 제품 행동 테스트와 시각화를 거쳐 훨씬 더 빠른 속도로 제품을 만들 수 있을 것이다.

스마트폰 성장이 둔화되고 있는 가운데 가상현실 및 증강현실 등으로 디바이스 및 콘텐츠의 차별화가 가능하므로 향후 스마트폰 제조사 또는 플랫폼 사업자한테는 가상현실, 증강현실 등이 하나의 성장동력으로 자리매김할 수 있을 것이다. 무엇보다 가상현실 및 증강현실, 혼합현실 등의 기술들이 타 업종 등을 양산시킬 수 있으므로 시장 지배력을 확대하는 요인도 될 것이다. 물론 기술 및 가격 등 제약요인이 있지만 시간이 흐를수록 충분히 극복 가능할 것이기 때문에 가상현실 및 증강현실 등이 생활 전반에 침투되면서 시장규모가 커질 것으로 예상된다.

초연결 융합 빅데이터 플랫폼의 부상

사물인터넷, 빅데이터, 인공지능 등의 적용을 통해 온라인과
오프라인을 아우르는 초연결 융합 플랫폼으로 진화하게 될 것이다.

플랫폼은 산업이나 비즈니스의 형태가 다를지라도 저장과 공유, 협업이 가능한 공간이나 기반을 의미하며, 산업사회에서는 생산을 기반으로 소비와의 연결을 위한 교통 요충지 역할을 했다. 현재는 모든 정보와 콘텐츠 등이 네트워크나 주변의 단말 장치에 공통으로 연결되어 있어서 플랫폼을 통해 고객에게 콘텐츠 또는 서비스를 제공하고 있다.

이렇듯 플랫폼 비즈니스는 다수의 공급자와 수요자를 연결하는 네트워크 구조로, 소비자 확대가 공급자의 증가로 이어지고 이는 다시 소비자 유인으로 이어지면서 한 쪽의 성장이 다른 쪽의 성장을 견인

하는 선순환인 '교차 네트워크 효과'가 발생한다.

　제4차 산업혁명시대에는 사물인터넷, 빅데이터, 인공지능 등 기술 융합을 토대로 한 산업의 경계 붕괴와 새로운 혁신 서비스가 나타나고 있을 뿐만 아니라 기술과 기술의 연결이 증가하면서 연결을 확대하는 플랫폼이 늘어나고 그 가치들이 점점 확산되고 있다. 이와 같은 기술 융합으로 인해 전통적인 산업과 시장의 경계가 파괴되면서 가치사슬의 재구성으로 플랫폼 경쟁이 가속화되고 있을 뿐만 아니라 네트워크 중심의 플랫폼에서 사용자 중심의 플랫폼으로 변화되고 있다. 결국에는 기술 기반인 사물인터넷, 빅데이터, 인공지능 등의 적용을 통해 기존 서비스의 품질을 향상할 뿐만 아니라 온라인과 오프라인을 아우르는 초연결 융합 플랫폼으로 진화하는 것이다. 따라서 초연결사회의 도래로 인해 전통적인 가치사슬을 재편하는 다양한 서비스가 역동적으로 개발될 것이며, 각 산업에서의 제품 및 서비스 자체의 경쟁력보다는 이들을 연결해주면서 새로운 가치를 창출하는 플랫폼 비즈니스의 중요도는 지금보다 더욱 중요해질 것이다.

　또한 기존의 제1차에서 제3차에 이르렀던 산업혁명은 제조업에 국한된 부분이 많았지만, 제4차 산업혁명은 제조업에 정보통신기술을 융합해 새로운 생태계를 창출하기 때문에 다양한 플랫폼의 등장으로 콘텐츠에 대한 접근 창구가 다양화되면서 향유의 영역이 확장된다. 그 뿐만 아니라 소재(IP; Intellectual Property)-창작자-제작-유통-이용 등 콘텐츠 가치사슬 요소의 전방위적 결합과 콜라보레이션 확산에 따른 신규 영역이 창출될 것이다. 따라서 콘텐츠 IP를 가지고 있는 기업들의 경우 콘텐츠 활용도 및 확장성 측면에서 승수효과가 발생할 수 있으므로 성장의 발판을 마련할 수 있을 것이다.

현재 데이터를 축적할 수 있는
기업이 유리하다

한편 제4차 산업혁명이 가져온 변화는 온라인과 모바일을 중심으로 사고하고 행동하는 소비자 주도의 혁명적 변화를 이끌어내면서 다수 공급자와 소비자가 기업조직이 아닌 네트워크로 연결된 공유 플랫폼을 등장시킨 데 있다. 이들 플랫폼은 거래장터에 그치지 않고 결제시스템과 함께 이용자 평가에 기초한 정보와 신뢰를 제공하며 다양한 부가가치를 창출한다. 택시 한 대 없이 세계 최대의 택시 기업이 된 우버나 숙박공유기업 에어비앤비의 사례에서 알 수 있듯이 다수 소비자와 공급자가 자유롭게 참여하는 개방·공유 플랫폼의 중요성이 커지고 있다.

또한 인터넷 기반에서의 최상위 플랫폼으로는 검색·쇼핑·게임 등이 있는데, 그동안 대부분의 기업들은 각 온라인 플랫폼의 특징 때문에 독자적인 길을 걸어왔다. 하지만 서로의 융합에 성공해 온라인 플랫폼을 장악한 기업이 이제는 오프라인 플랫폼까지 장악하기 시작했다. 미국 최대 온라인 쇼핑몰인 아마존은 지난 2016년 12월 아마존 고(Amazon Go)라는 오프라인 식료품 편의점을 오픈했다. 아마존 고(Amazon Go)는 계산대에서 따로 결제할 필요 없이 상품을 집으면 자동 결제가 되는 것이 특징인데, 일반 마트와 달리 입장할 때 소비자가 아마존 고(Amazon Go) 애플리케이션을 구동하고 물건을 고르면 퇴장할 때 자동적으로 결제가 되는 시스템이다. 집었다가 내려놓은 상품은 자동으로 구매 목록에서 삭제되며, 결제를 위해 따로 줄을 서지 않아도 되어 쇼핑 시간이 절약된다. 이에 대한 연장선상에서 아마존은 2017년 6월 미국의 유기농 식품 유통업체 홀푸드를 137억 달러에 인수해 460여 개 지점을 이용하는 오프라인 시장 융합모델을 완성 단계에 올려놓았다.

이렇듯 지금까지 플랫폼을 가진 기업들은 영역 간의 칸막이 효과가 없어지면서, 더욱 개방적으로 연결 및 공유되며 수평적으로 변모하고 있다. 따라서 고객의 선택의 폭은 점점 넓어지고 있다. 열린 경쟁에서 경쟁은 가속화되며 빠르게 변화하고 있지만 그 방향은 더욱 세분화된 지배력을 가진다는 특징이 있다.

이러한 환경에서 현재의 플랫폼에는 우리의 생활과 밀접한 온라인과 오프라인의 모든 상황 데이터가 축적되므로, 향후에는 다양한 서비스나 기술들이 모여서 최적의 구조를 가진 융합 빅데이터 플랫폼이 부상할 것이다. 사물을 지능화시키는 사물인터넷 플랫폼도 한 예가 될 것이다. 따라서 현재 데이터를 축적할 수 있는 기업이 향후 융합 빅데이터 플랫폼에서 보다 유리한 위치에 설 수 있을 것으로 예상된다.

사물인터넷, 빅데이터, 인공지능으로 인한 나비효과

인공지능이 확산되면 인간의 물리적 노동뿐만 아니라 정신적 노동이 필요한
노동까지도 기계가 대신하게 되므로 노동시간의 감소가 이루어진다.

사물인터넷, 빅데이터, 인공지능, 자율주행, 가상현실 등 제4차 산업
의 성장으로 인해 고성능 반도체 수요가 급증할 것으로 예상된다. 즉
전 세계 업체들이 앞다투어 사물인터넷, 빅데이터, 인공지능 등 기술
개발에 나서고 있는 데다 자율주행과 가상현실 등 신기술이 이른 시
일 안에 본격적인 상용화를 앞두고 있기 때문이다.

먼저 사물인터넷과 헬스케어 기술은 하나의 플랫폼을 기반으로 기
기들이 서로 통신하며, 사용자에게 맞춤 설정된 서비스를 제공하는
형태로 운영된다. 사용자가 동작하는 기기 또는 착용하고 있는 웨어
러블 장치가 정보를 읽어들인 뒤에 중앙 서버를 통해 이를 집안의 가

전제품이나 서비스 제공업체에 전송한다. 이러한 과정에서 사용자의 생체정보를 측정하는 센서와 통신모듈, 연산을 행하는 AP(모바일프로세서) 등 여러 반도체가 사용될 뿐만 아니라 정보를 저장하고 처리하는 서버의 반도체 수요 역시 늘어난다.

또한 자동차의 중앙처리장치가 카메라 등을 통해 받아들인 정보를 인식하고 판단해 움직이는 자율주행기술을 구현하는 데도 수많은 반도체가 사용된다. 특히 자동차에 탑재되는 기술은 사용자의 안전과 직결되는 만큼 연산이 빠르고 정확한 고성능 반도체를 필요로 한다. 가상현실기술 역시 특성상 용량이 높은 콘텐츠를 필요로 하므로 고성능의 연산장치와 메모리, 그래픽카드 등 여러 종류의 반도체가 사용된다.

따라서 삼성전자와 구글, 애플 등 세계 대형업체들과 자동차 기업들은 향후 이러한 산업이 대중화될 것을 예상해 저마다 자체적인 플랫폼과 기술을 개발하는 데 주력하고 있다. 이처럼 반도체가 탑재되는 새로운 기기의 수요가 빠르게 증가할 것으로 예상됨에 따라 반도체 기업들의 수혜가 예상된다.

사물인터넷, 빅데이터, 인공지능이 융합하다

한편 인터넷이 가져온 정보혁명이 한 단계 성장하고 있고, 사물인터넷·빅데이터·인공지능 등이 새로운 유통 및 생산혁명을 가져오고 있다. 또한 디지털 기술의 고도화와 더불어 인공지능이 확산되면 인간의 물리적 노동뿐만 아니라 정신적 노동이 필요한 노동까지도 기계가 대신하게 되므로 당연히 노동시간의 감소가 이루어질 것이다. 뿐만 아니라 빅데이터·인공지능·자율주행차 등을 통해 정보의 검색 및 탐색·쇼핑·운전 등을 기계가 대신하게 될 것이므로 인간의 목적 행위도 감소할 가능성이 높다.

따라서 제4차 산업혁명시대 인간의 생활양식 변화는 노동시간 및 목적적 행위의 감소로 나타날 수 있을 것이다. 이러한 노동시간의 감소가 콘텐츠 이용 증가로 이어질 수 있을 뿐만 아니라 자율주행차가 확산되면 당연히 인간의 운전 행위는 감소할 것이고, 운전 대신 콘텐츠 등을 이용함으로써 운전시간을 다른 시간으로 대체할 것이다. 또한 맞춤형 콘텐츠를 제공받게 됨으로써 콘텐츠 검색 시간 및 비용이 감소됨은 물론이고 미디어 이용의 최적화와 콘텐츠 소비에 따른 효용의 극대화를 이룰 수 있을 것이다.

이러한 제4차 산업혁명에 대비하기 위해서 플랫폼과 음악 콘텐츠의 결합이 이루어지기 시작했다. 2016년 3월 카카오가 음원 서비스 멜론을 운영하는 로엔엔터테인먼트를 인수한 것과 더불어 2017년 3월 NAVER는 YG엔터테인먼트에 1천억 원을 투자했다. 또한 2017년 7월 17일에는 SK텔레콤이 SM엔터테인먼트의 자회사 SM C&C에 650억 원 규모의 유상증자를 단행해 2대 주주로 등극했다. 결국에는 온라인 및 모바일 플랫폼과 인공지능 기술에 YG, SM이 만든 콘텐츠를 담겠다는 뜻이다.

제4차 산업혁명으로
기업 지배구조도 개편되고 있다

지배구조 개편으로 융합신산업 미래전략을 준비할 수 있고,
나아가 투명성 강화 및 집중화를 이룰 수 있게 되었다.

제4차 산업혁명으로 패러다임이 변화되는 환경에서 구글은 기존 모바일 플랫폼 대신에 융합신산업을 적극적으로 주도하기 위해 지난 2015년 사업구조를 개편했다. 지난 2015년 8월 출범한 지주회사 '알파벳(Alphabet)'은 구글의 기존 모바일 플랫폼 서비스들을 구글의 하위 단으로 모으고, 현재 상용화가 가능한 사업들은 개별 자회사로 독립시키며, 미래 상용화가 가능할 것으로 예상되는 사업들은 '구글 X(Google X)'라는 자회사 아래로 편입시켰다.

지배구조 개편으로 구글의 주력사업이었던 구글서치, 유튜브, 앱스, 지도, 광고, 메일, 크롬 등은 구글의 자회사로 편입되었다. 초고속

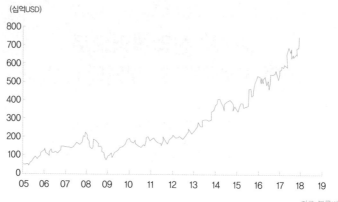

알파벳(Alphabet) 시가총액 추이

(십억USD)

자료: 블룸버그

광대역 인터넷사업부인 '엑세스 앤드 에너지(access & energy)', 초기단계 벤처기업 투자회사인 '구글 벤처(GV; Google Ventures)', 후기단계 벤처투자를 지원하는 '구글 캐피털(Google Capital)' 등 벤처투자 및 네트워크 관련 사업부들은 자회사로 독립했다.

또한 혁신적인 융합기술을 기반으로 다양한 산업에 진출하기 위한 전략의 일환으로 암·노화 관련 치료제를 개발하는 '칼리코(Calico)', 헬스케어 사업을 담당하는 '버릴리(Verily)', 스마트홈 서비스를 위한 '네스트(Nest)', 스마트시티 관련 '사이드워크랩(Side Walk Labs)', 무인자동차 서비스 '셀프 드라이빙카(Self-driving Car Project)', 자율주행시스템 개발 관련 '웨이모(Waymo)', 그리고 구글 X라고 일컬어지는 프로젝트 자회사가 있다.

구글 X는 현재 상용화는 어렵지만 미래의 먹거리가 될 가능성이 있는 기술을 발굴하고 서비스와 접목하는 인큐베이팅(incubating) 과정을 거쳐, 그 결과에 따라 생명과학 프로젝트 같은 일반 사업부로

알파벳의 지배구조

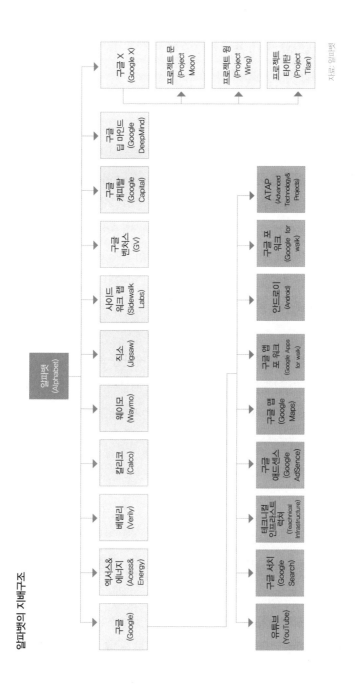

자료: 알파벳

분사되거나 콘텍트렌즈 프로젝트 같이 매각되거나 소멸되는 단계를 거치게 된다.

구글 X에서 다루는 주요 프로젝트로는 '로봇 관련(replicant)', '무인자동차(self-driving car)', 글로벌 와이파이 구축 관련 '프로젝트 룬(project loon)', 드론을 통한 저렴한 배송 서비스 '프로젝트 윙(project wing)', '구글 글래스(google glass)' 등이 포함되어 있다.

결론적으로 지배구조 개편으로 인해 융합신산업의 기술개발에서 상용화에 이르기까지 다각적이고 유연하게 대응이 가능해짐으로써 융합신산업 미래전략을 준비할 수 있을 뿐만 아니라 투명성 강화 및 집중화를 이룰 수 있게 되었다. 즉 혁신과 변화를 수용해 유연하게 대응함에 따라 알파벳 주가도 출범 이후 지속적인 상승흐름을 이어가고 있다.

이와 같은 지주회사 구조는 효율적으로 자산을 배분할 수 있고, 독립적이고 빠른 의사결정을 가능하게 하기 때문에 다양한 사업을 효율적으로 추진하기 위한 새로운 기업 경영 체계로 자리잡을 수 있을 것이다.

지배구조 변환을 통해 성장을 도모해야 한다

지배구조는 좁게는 자본을 중심으로 한 기업의 소유구조를 뜻하지만 폭넓게는 다양한 이해관계자들이 기업 경영을 통제하기 위한 제반

제도와 환경까지를 의미한다. 대개 지배구조는 자본시장의 발달 정도, 자금조달 구조, 법률적 체계 등에 따라 국가별로 상이한 모습을 보이고 있지만 바람직한 지배구조가 기업이 경제적·사회적 책임을 다하며 지속가능경영을 추구하기 위한 전제조건임에는 틀림없다. 즉 바람직한 지배구조는 기업이 수익을 창출하고 사회적 책임을 다하는 원동력이 되며, 향상된 성과는 다시 지배구조의 개선을 위해서 노력할 수 있는 역량으로 연결되어 지배구조와 기업의 성과가 동시에 향상되는 선순환 구조를 만든다.

제3차 산업혁명은 정보통신기술의 발전으로 인한 디지털 혁명으로 정보화·자동화 체제가 구축되면서 다른 분야의 기술이 결합 혹은 융합되는 현상이 가시화되기 시작했으며, 더 나아가 정보기술은 계속해서 다른 기술과의 연결을 확장하는 양상을 보였다. 이러한 환경에서 벤처붐을 통해 구글·애플·아마존·엔씨소프트·다음·NHN 등과 같은 소프트웨어 기업이 탄생했다.

초고속망 보급 및 각종 인터넷 서비스 등으로 인해 인터넷 대중화의 촉매제가 됨에 따라 엔씨소프트·다음·NHN 등이 플랫폼화되면서 성장하기 시작했다.

지난 2010년 들어서면서 모바일 산업은 기존 통화가 중시되었던 휴대폰에서 스마트폰 등으로 진화되었으며, 이에 따라 무선 인터넷 기능이 강화되면서 개인 컴퓨터 환경도 PC에서 모바일 단말기 중심으로 이동하게 되었다. 이렇듯 아이폰을 필두로 한 스마트폰의 성장은 PC가 아니더라도 언제든지 확인하고 소통할 수 있는 소셜 네트워크 서비스 등의 확산에 기폭제가 되었다. 이로 인해 페이스북·트위터·카카오·라인 등으로 대변되는 소셜 네트워크 시대를 맞이하게 된 것이다. 이를 계기로 지난 2013년 NHN은 NAVER와 NHN엔터테인먼트로 인적분할했으며, 다음해인 2014년에는 카카오와 다음이 합병했다.

이렇듯 제3차 산업혁명으로 인해 성장한 엔씨소프트·카카오·NAVER의 경우 현재는 자산과 조직이 비대하게 커져서 신성장 동력 사업에 대한 투자를 비롯한 대처능력 및 의사결정 등이 느려질 수 밖에 없을 것이다. 더군다나 제4차 산업혁명인 초연결성 지능화 융합시대를 맞이해 역량을 확충해야 하기 때문에 인적분할을 통한 지주회사로 전환하게 되면 효율적인 자산 배분은 물론 집중화를 통한 투자 활성화 및 경영 투명성 등으로 도약의 발판을 마련할 수 있을 것이다. 이렇게 되면 구글 사례와 같이 엔씨소프트(뛰어난 IP를 가지고 모바일게임 성장), 카카오(O2O 확대), NAVER(비즈니스 확대) 등도 기업가치가 한 단계 레벨업하는 계기가 될 것이다.

한편 태생적으로 벤처에서 출발한 기업의 경우, 창업자이자 오너의 지분율이 낮은 지배구조는 경영권이 쉽게 위협받을 수 있을 뿐만 아니라 장기 성장에 주력할 역량을 확보하기가 쉽지 않다. 그러나 벤처에서 출발한 구글·아마존·페이스북 등 글로벌 IT기업들의 지배구조는 창업자가 충분한 의결권을 가지고 있어서 상당히 안정된 지배구조를 가지고 있다.

엔씨소프트·카카오·NAVER 등의 주주구성을 살펴볼 때, 대주주의 지분율이 취약하기 때문에 지배구조 변환의 니즈는 더욱 더 커질 수 있을 것이다. 무엇보다 장기 성장에 주력할 역량을 확보해야 한다는 측면에서 대주주 지분확대가 필요하다.

제3차 산업혁명 환경 아래 성장했던 엔씨소프트·카카오·NAVER

등이 제4차 산업혁명 시대를 맞이해 지배구조 변환이 필요한 시기다. 나아가 융합 빅데이터 플랫폼 등 성장 도약의 발판 마련이 그 어느 때보다도 필요한 시기다.

4장

제4차 산업혁명에서의
스마트카와 스마트팩토리

스마트카는 전기전자·통신 등 ICT를 융합해 고도의 안전과 편의를 제공하는 자동차다. 좁은 의미로는 통신망에 상시 연결된 커넥티드카(connected car)를 가리키며, 넓게는 운전자 조작 없이 자동차 스스로 운전하는 자율주행차를 포함하는 개념이다. 따라서 현재의 스마트카는 주로 커넥티드카 중심으로 논의되고 있으며, 이후 확산될 모델은 자율주행차가 될 것이다.

스마트팩토리는 제품의 기획·설계, 제조·공정, 유통·판매 등 전 과정이 하나의 공장처럼 실시간으로 연동·통합되어 생산성 향상, 에너지 절감 및 인간중심의 작업환경이 구현되고, 개인맞춤형 제조 등이 가능한 미래형 공장을 의미한다. 즉 전통 제조업에 ICT를 결합해 개별 공장 설비·장비·공정이 지능화되어 서로 연결되는 개념으로, 모든 생산 데이터·정보가 실시간으로 공유되어 최적화된 생산이 가능한 공장을 말한다.

스마트혁명의 차세대주자,
스마트카란 무엇일까?

스마트카는 전기전자·통신 등 ICT를 융합해
고도의 안전과 편의를 제공하는 자동차다.

제4차 산업혁명인 스마트시대가 도래하고 있는 가운데 스마트카가
주목받고 있다. 스마트폰은 언제 어디서나 인터넷에 접근할 수 있기
때문에 온라인 산업은 물론 오프라인 산업의 지형까지 변화시키면서
스마트혁명이 일어나고 있는데, 이와 같은 스마트혁명의 다음 주자
로 가장 유력하게 떠오르고 있는 분야가 스마트카다.

　스마트카는 전기전자·통신 등 ICT를 융합해 고도의 안전과 편의
를 제공하는 자동차다. 좁은 의미로는 통신망에 상시 연결된 커넥티
드카(connected car)를 가리키며, 넓게는 운전자 조작 없이 자동차
스스로 운전하는 자율주행차를 포함하는 개념이다. 따라서 현재의

스마트카는 주로 커넥티드카 중심으로 논의되고 있으며, 이후 확산될 모델로는 자율주행차가 될 것이다.

커넥티드카는 차량에 통신기능을 탑재해 양방향 인터넷 서비스를 통한 '인포테인먼트'를 제공해 안전과 편의성을 지원할 수 있으며, 통신을 통한 연결성을 강조한다. 자율주행차는 운전자가 직접적인 조작을 하지 않고 차량이 자체적으로 주변환경 정보를 수집 및 인식하고 이를 기반으로 경로·위험상황 등을 판단해 목적지까지 주행할 수 있는 차량을 의미한다.

지금까지 100여 년간 지속되어온 자동차 산업이 단순히 자동차를 만드는 전통 제조업에서 이제는 새로운 이동성 서비스를 제공하는 산업으로 변하게 되면서 미래 자동차 산업의 핵심 트렌드는 자율주행·커넥티드·전기차·공유 서비스 등이 될 것이다. 이런 4가지 축 안에서 다양한 비즈니스 모델이 창출될 것이다. 특히 초기단계인 전기차는 많은 가능성이 열려 있는 시장으로, 배터리기술 발달에 따른 주행거리 증가와 충전 인프라 서비스 확장에 따라 다양한 모습으로 진화가 가능하다. 따라서 앞으로는 내연기관 시대에서 전기차 시대로 변화할 것이다.

스마트카 시장규모가
빠른 속도로 확대중이다

2013년 ABI 리서치는 글로벌 스마트카 시장 규모가 2013년 2조 3천억 달러에서 2020년 26조 달러로 성장하고, CAGR은 41%

에 이를 것으로 전망했다. 또한 미국의 조사기관 내비전트리서치(navigant research)의 2013년 조사에 따르면 자율주행차 시장규모가 2020년 1,890억 달러에서 2035년 1조 1,520억 달러로 급격한 성장을 달성할 것으로 예상하고 있다. 현재 자율주행차를 개발하는 기업들 대부분은 2020년까지 완전 자율주행차를 출시할 계획이며, 2035년 상용화를 목표로 현 기술을 개선하고 있다.

스마트카의 기술발전은 크게 보아 2가지 방향으로 이루어지고 있는데, 하나는 친환경 및 고연비 측면이고, 다른 하나는 운전 편의성 및 사고예방 측면이다. 즉 대기 유해물질 배출을 감소하면서 높은 연비를 실현하기 위해 기존의 내연기관 엔진(가솔린·디젤 등)을 전기모터로 대체한 플러그인 하이브리드차(PHEV) 및 전기차(EV)가 출시되고 있으며, 운전자 편의성 제고와 사고예방을 위한 기술은 자율주행장치로 집약되어 최근 급속한 발전을 이루고 있다.

한편 스트래티지애널리틱스(SA; Strategy Analytics)에 따르면 글로벌 자동차 전장(電裝) 시장의 규모는 지난 2015년 2,390억 달러에서 2020년 3,033억 달러로 성장할 것으로 전망됨에 따라 자동차 내 전장부품 비중도 2009년 19%에서 2020년 50%로 확대될 것이라고 예상했다.

이에 따라 스마트카 세부 산업인 배터리·차체·안전·인포테인먼트·보안장치·통신·첨단자동주행보조장치 등이 급성장할 것으로 예상된다. 특히 자율주행차의 경우 소프트웨어가 핵심이기 때문에 IT 기업들의 수혜가 기대된다.

스마트카와 관련된
기술들은 무엇이 있을까?

자율주행차를 구현하기 위해서는 다양한 종류의 기술이 필요한데,
하드웨어와 소프트웨어가 빠르게 발전하면서 자율주행기술도 진화해왔다.

운전자의 조작 없이 자동차 스스로 운전하는 자율주행차를 구현하기
위해서는 다양한 기술들이 필요하다. 미국 도로교통안전국(NHTSA;
National Highway Traffic Safety Administration)에서는 자율주행
기술 단계를 기준으로, 레벨0(비자동)부터 레벨4(완전자율주행)까지
모두 5단계로 구분하고 있다. 각각 어떠한 단계들인지 구체적으로
살펴보도록 하자.

　레벨1는 '특정 기능의 자동화 단계'다. 이 단계에서 운전자는 특
정 주행조건 아래서 개별 기술의 도움을 받을 수 있게 된다. 현
재 상용화되어 있는 차간 거리 제어기능(ASCC; Advanced Smart

자율주행기술의 수준단계

	레벨0	레벨1	레벨2	레벨3	레벨4
특징	운전자에 의해 완벽하게 제어되는 차량	1개 이상의 특정 제어기능을 갖춘 자동화 시스템	2개 이상의 특정 제어기능을 갖춘 자동화 시스템	가속·주행·제동 모두 자동으로 수행하는 자동화 시스템 (필요시 운전자 개입)	100% 자율주행
운전자 역할	직접 운전	직접 운전 (운전 보조장치)	주행상황 항상 주시	자동운전 결정	목적지 입력
대표 기능		크루즈컨트롤, 전자식 안정화 컨트롤, 차선인식 등	장애물 회피, 브레이크 제어, 주차보조기능 등	교통혼잡시에 자동차 스스로 저속주행, 운전자 조작 없이 고속로로 주행, 자동 차선변경 등	

자료: NHTSA(미국 도로교통안전국)

Cruise Control), 차선유지 지원 시스템(LKAS; Lane Keeping Assist System) 등의 개별 기술이 이 단계에 속하며, 이미 레벨1은 상당부분 구현되어 있다고 볼 수 있다.

레벨2는 '기존의 자율주행 기술들이 통합되어 기능하는 단계'다. 차간 거리 제어기능, 차선유지 지원 시스템이 결합해 고속도로 주행 시 차량과 차선을 인식함으로써 앞차와의 간격을 유지하고 자동으로 조향하는 것이 이 단계에 해당된다. 레벨2 기능까지 적용된 특정 차종들 역시 도로에서 볼 수 있다.

레벨3은 '부분 자율주행 단계'다. 이 단계에서는 운전자의 조작 없이도 목적지 경로상 일정 부분의 자율주행이 가능하게 된다. 즉 도심에서는 교차로나 신호등, 횡단보도 등을 인식해 자동으로 차량을 제어하고, 고속도로에서는 일정 구간의 교통흐름을 고려해 자동으로 차선을 변경하고 끼어드는 등의 부분적인 자율주행이 이루어진다고 볼 수 있다. 현재 자율주행 기술을 개발하는 다수의 기업들이 시험중인 단계다.

레벨4는 '도어 투 도어(Door to Door)가 가능한 통합 자율주행 단계'다. 이 단계에서는 처음 시동을 켠 후 목적지에 도착해 주차가 완료되는 시점까지 완전한 자율주행이 가능하게 된다. 특히 이 단계에서는 V2X(Vehicle to Everything, 차량·사물통신)가 실현되어 차량과 차량, 차량과 인프라 간 통신으로 보다 넓은 지역의 정보를 수집하고 이를 통해 최적의 경로로 주행하는 것이 가능해진다. 비로소 완전 자율주행차로 거듭나는 마지막 단계다.

현재 GM·포드·도요타·벤츠·BMW 등 주요 자동차회사가 판매하고 있는 자율주행 차량의 경우 운전자가 운전대를 잡고 주행을 상시 감독하는 수준의 부분 자율주행(레벨2)에 그치고 있지만, 2018년 아우디가 세계 최초로 사람 대신 자동차가 운전을 담당하는 자율주행차량(레벨3)인 신형 럭셔리 세단 A8을 출시한다. A8은 차량에 탑재된 인공지능이 6대의 카메라와 레이저 스캐너를 활용해 자동으로 차선을 변경하거나 장애물을 피한다. 중앙 분리대가 있는 고속도로를 시속 60km 이하 속도로 탑승자가 운전대에서 손을 떼고 주행할 수 있다. 구글과 테슬라 등이 레벨3 이상의 자동차 기술을 연구중이며 일본 도요타와 혼다도 2020년 레벨3 자율주행차를 상용화한다는 목표를 내걸었다. 이렇듯 주요 자동차회사들은 자율주행단계 연구와 상용화에 가속을 올리고 있다.

자율주행차에
필요한 기술들

자율주행차를 구현하기 위해서는 다양한 종류의 기술이 필요하다. 주변환경 인식(레이더·레이다·카메라 등의 센서), 위치인식 및 맵핑·판단·제어·상호작용 등으로 분류되며, 인공지능 관련 연구를 할 수 있는 기반인 하드웨어(HW)와 소프트웨어(SW)가 빠르게 발전하면서 자율주행 기술도 함께 진화해왔다.

현재 상용화되고 있는 기술을 통칭해서 'ADAS(Advanced Driving Assist System, 지능형운전자보조장치)'라 부르고 있다. ADAS는 센서와 인공지능 소프트웨어를 결합한 기술로, 레이더·라이다·카메라·GPS장치 등의 감지기기와 이를 제어하는 CPU·GPU 명령을 실행하는 엑츄에이터(액셀레이터·브레이크·조향핸들 등)로 구성된다.

레이더(radar)는 물체에 전자기파를 발사하고 반사되는 신호를 분석해서 거리·높이·방향·소도 등 주변정보를 획득한다. 전파를 이용하므로 날씨와 시간대의 제한을 극복할 수 있지만 카메라 같이 물체의 종류를 판별하는 형태인식이 불가능하며 가격이 다소 고가다.

라이다(lidar)는 물체에 반사되어 돌아오는 레이저 빔의 시간을 측정해 거리정보를 획득한다. 레이저가 직진성이 강해 장거리까지 정밀한 물체관측 및 거리측정 등이 가능하다. 3차원 정보수집을 지원하지만 다양한 종류의 노이즈로 인한 간섭문제 같은 제약들과 가격이 매우 고가인 단점이 있다.

카메라는 대상 물체에 대한 정확한 형태인식을 제고하는 기술로, 차선·주차선·도로표지판·신호 등 판독이 가능하지만 라이더·레이더에 비해 정밀도가 낮고, 날씨·시간에 영향을 받는 단점이 있다.

V2X는 자동차가 주행하는 동안 도로 인프라 및 다른 차량과 통신하면서 교통정보나 위험정보 등을 교환하거나 공유하는 차세대 통신기술이다. 기존 교통시스템과 연계해 개별차량에 대한 실시간 교통정보를 제공함으로써 교통 트래픽을 효율적으로 제어하고, 위급상황에 대한 사고예방을 지원해 안전성을 제고할 수 있는 차세대 지능형 교통관리 시스템에 활용이 가능하다.

HVI기술은 운전자와 자율주행차 간 상호작용을 위한 인터페이스다. 자율주행시 운전자가 파악해야 할 데이터의 양과 복잡성이 증가함에 따라 운전자의 상태를 고려해 필요한 정보를 즉시 제공하는 HVI의 역할이 높아진다.

고밀도 디지털지도는 자율주행에 영향을 주는 도로의 모든 정적 정보를 고정밀 3차원 지도로 나타낸다. 또한 도로 내 고정된 물체의 위치 및 형태 정보를 통해 커브·교차로·합류로·교통신호 등에 미리 대응할 수 있도록 도와준다.

인공지능은 다양한 센서들과 V2X를 통해 교통정보·위급상황·돌발상황 등과 같은 외부정보를 수집 및 분석한 후 차량 스스로 물체 형태 식별, 근거리 및 원거리 주변물체의 거리, 물체 부피 측정, 대상 물체와의 정확한 거리 등 추정된 정보를 활용해 차량을 제어하며, 최종적으로 운전자의 관여를 배제한 완전 자율주행을 지원한다.

완전 자율주행차는 대상들이 늘어남에 따라 분석하는 정보도 급격히 증가하므로 인공지능과 더불어 빅데이터, 클라우드 등과의 연계가 필요하다.

NVIDIA·인텔·퀄컴 등을 중심으로
자율주행 협업

자동차 제조업체는 단계적으로 부분 자율주행에서 완전 자율주행으로 기술수준을 진화해 기존 자동차시장을 지키면서 기술수준을 제고하는 전략을 가지고 있다. 하지만 IT업체는 완전 자율주행차를 개발해 자동차 산업에 진입할 계획을 가지고 있다.

자율주행차시장이 빠르게 성장하면서 완성차기업과 IT기업들은 독자적인 기술 개발에 그치지 않고 자율주행 관련 기업들과 빠르게 얼라이언스(alliance)를 구성해 협력을 도모하기 시작했다. 특히 이러한 협업은 자율주행에서 절대 빠질 수 없는 분야 중 하나인 반도체를 이끌고 있는 NVIDIA·인텔·퀄컴을 중심으로 이루어지고 있다.

NVIDIA는 다른 경쟁자와 달리 자율주행시 GPU를 사용하는 전략을 내세워 플랫폼을 발전시키고, 자율주행 분야의 경쟁을 가속화하기 위해 벤츠·아우디·바이두·젠린·히어 등과 기술협약을 맺었다.

인텔은 기존 PC시장을 선점하고 있는 반면 모바일·자율주행 등 차세대 성장동력에서는 타 기업보다 낮은 경쟁력을 갖고 있다. 이를 개선하기 위해 BMW와 더불어 자율주행차 부품업체인 모빌아이와 협력해 자율주행기술 개발을 진행해왔다. 이러한 가운데 2017년 자율주행 분야에서 독보적인 기술력을 가진 모빌아이를 153억 달러 규모에 인수했다. 모빌아이는 카메라 센서 기반의 첨단 운전자지원시스템(ADAS)을 사용하는 영상신호 처리용 하드웨어와 소프트웨어 개발기업이다. 이번 인수를 통해 자율주행 반도체 기술력의 후발주자인 인텔이 기존 역량과 시너지를 발휘할 자율주행차시장의 선도기업으로 부상할 것이며, BMW뿐만 아니라 타 기업과 추가적인 협력을 맺을 것으로 예상된다.

퀄컴은 2016년 차량용 반도체시장의 강자인 네덜란드 NXP를 470억 달러에 인수하기로 합의하면서 자율주행차시장에서 크게 주목받기 시작했다. NXP는 자동차 내 인포테인먼트 시스템과 에어백, 근거리무선통신(NFC)과 교통카드 등 다양한 부문에 반도체를 공급하고 있다. 이 인수를 통해 퀄컴은 모바일시장은 물론 자율주행차시장으로 사업을 확대할 수 있는 발판을 마련했다.

자동차시장의 진화와 자율주행 플랫폼

고령화·도심화·1인 가구 증대 등 사회구조가 변모함에 따라 자동차 개념도 소유에서 공유로 변화될 가능성이 높으며, 자동차시장도 제품판매 중심에서 서비스제공 중심으로 진화될 것으로 예상된다. 이러한 자동차시장의 진화는 기존 자동차업체보다는 오랜 기간 IT 플랫폼을 구축한 경험이 있는 구글·애플·우버 등 IT업계가 보다 유리할 것으로 예상된다.

현재 자동차 플랫폼은 주로 내비게이션·문자서비스·음악감상·검색 등 인포테인먼트를 제공하는 역할을 한다. 반면 자율주행 플랫폼은 각종 센서 데이터 수집·분석·제어 같이 차량의 전체 프로세스를 담당하기 위해 인공지능·빅데이터·클라우드·V2X 등 기술 연계를 통한 다양한 콘텐츠와 서비스를 소비할 수 있는 스마트홈 같은 또 하나의 ICT 플랫폼이 될 것으로 예상된다. 또한 스마트폰과 마찬가지로 실제로 자율주행 플랫폼을 선도하는 업체가 추후 개발될 서비스에 대한 주도권을 가질 것으로 전망된다.

전기차 패러다임이
근본적으로 바뀌고 있다

전기차는 스마트카 성장의 기본 전제 조건이기 때문에
스마트카가 활성화되기 위해서는 전기차 대중화가 선행되어야 한다.

시장조사업체인 SNE 리서치에 따르면 전기차(xEV)시장(승용차량 기준)은 2015년 248만 대에서 연평균 32.9% 성장해 2020년에는 1,009만 대에 이를 것으로 전망된다. 이렇게 되면 2020년에 전기차가 1천만 대 출하하는 것으로, 1억만 대 글로벌 자동차시장에서 10%의 점유율을 보일 것으로 예상된다.

특히 순수전기차인 EV의 경우 2015년 33만 5천 대에서 연평균 66.5% 성장해 2020년에는 433만 대에 이를 것으로 전망된다. 자동차 주요시장인 미국과 유럽에서 2015~2020년 사이에 자동차 연비 및 배기가스와 관련된 규제가 대폭 강화됨에 따라 전기차시장 성장의 원동력이 될 것이다. 즉 그동안 전기차시장은 경제성 등을 이유로 하이브리드(HEV)가 성장을 주도해왔으나 환경규제 강화시 순수전기차나 플러그인 하이브리드카(PHEV) 생산에 대한 필요성이 높아질 수 있다는 점에서 전기차시장의 흐름이 점차 바뀔 수 있을 것으로 예상된다.

또한 각국 정부의 전기차 보조금정책도 전기차시장 성장에 일조할 것이다. 이와 더불어 전기차 보급 확대를 가로막고 있던 짧은 주행거리, 높은 가격 등을 극복하는 동시에 구글·애플 등 신규업체의 진입 등으로 인해 전기차시장은 성장할 것으로 예상된다.

전기차 대중화가
선행되어야 한다

한편 전기차의 경우 동력은 배터리가 대신하고 파워트레인은 모터만 있으면 되기 때문에 자동차 생산의 핵심기술인 엔진 생산능력과 파워트레인기술이 상대적으로 중요하지 않다. 이런 전기차 부품의 단순화 기술로 인해 소프트웨어와 유기적으로 연결될 수 있다.

커넥티드카 및 자율주행차는 하드웨어적인 기술이 아니라 소프트웨어기술이 중심이다. 전기차의 경우 소프트웨어 명령을 변환 없이 모터 제어장치에 전달이 가능하기 때문에 더 빠르고 정확하게 소프트웨어에 반응하게 되며, 오류의 발생 가능성도 줄어들게 된다.

따라서 과거의 전기차는 배터리를 이용한 주행이 목적이었지만 현재의 전기차는 소프트웨어를 통한 효율의 극대화가 핵심이다. 즉 과거와 달리 최근 들어 전기차의 중심이 친환경차에서 스마트카로 전환되고, 이에 따른 시장 패러다임이 바뀌기 시작하면서 전기차는 새로운 성장동력을 갖게 되었다.

결론적으로 전기차는 스마트카 성장의 기본 전제조건이기 때문에 스마트카가 활성화되기 위해서는 전기차의 대중화가 선행되어야 한다. 따라서 전기차를 친환경과 연비·신재생에너지 측면뿐만 아니라 스마트카 개념으로까지 확대시킨다면 석유가격과 상관없이 전기차에 대한 수요는 지속적으로 증가할 것이다.

전 세계 친환경차 정책으로
전기차시장의 빅뱅이 다가온다

스웨덴 국민차 브랜드 볼보는 2019년부터 휘발유 차량의 생산을 단계적으로
중단하고 전기차 또는 하이브리드 차량만 생산하겠다고 발표했다.

네덜란드와 노르웨이는 2025년까지 내연기관 차량 판매금지를 추진
중이며, 독일은 2020년까지 전기차 100만 대를 추가로 시장에 투입
하기로 했다. 인도는 2030년까지 시판 차량 대부분을 전기 차량으로
바꾸겠다는 목표를 세웠다. 또한 스웨덴의 국민자동차 브랜드인 볼
보는 2019년부터 휘발유 차량의 생산을 단계적으로 중단하고 전기
차 또는 하이브리드차량만 생산하겠다고 발표했다.

프랑스는 파리협정 목표 달성을 위한 이산화탄소 감축 계획의 일
환으로 2040년부터 이산화탄소를 배출하는 자동차의 판매를 금지한
다고 발표했다. 프랑스는 2016년 200만 대의 자동차를 판매해 유럽

에서 독일과 영국에 이어 3번째 규모의 판매량이었다. 2017년 상반기 판매 차량의 95%가 가솔린·디젤이고, 하이브리드는 3.5%, 순수 전기차는 1.2%에 그쳤다. 하지만 프랑스 정부가 자동차업계 양대 산맥인 르노그룹과 푸조 시트로엥(PSA)그룹의 대주주이기 때문에 민관협력 전략으로 수월하게 전기차로 전환할 것으로 전망된다.

한편 그동안 중국정부는 신에너지 전기차 분야를 차세대 성장산업 분야로 선정하고 보조금을 지급하며 판매를 지원했지만 업체 난립 등의 이유로 2017년부터 보조금을 20% 줄이면서 전기차 판매증가량도 둔화하는 추세로, 2020년까지 전기차 판매 보조금을 전면 폐지할 방침이다. 이에 대해 중국 정부는 전기차 의무판매제도를 2019년에 도입하기로 결정했다. 중국에서 자동차 3만 대 이상을 생산·판매하거나 수입하는 업체의 경우 전체물량 중 2019년, 2020년 전기차 생산량 비중이 각각 10%, 12% 등으로 채워져야 하며, 전기차 업체들이 생산 쿼터를 채우지 못할 경우 크레딧(전기차 판매시마다 부여되는 포인트) 여분이 있는 회사에 돈을 주고 크레딧을 구입하거나 벌금을 지불해야 한다. 이와 같이 중국 전기차 의무판매제가 도입되면 재차 전기차 성장이 본격화될 것으로 예상된다.

전기차시장 성장으로
2차전지가 본격적인 성장기에 진입

앞서 살펴보았듯이 2015년부터 2020년경까지 세계 전기차 판매량은 연평균 32.9% 내외로 성장할 것으로 추정된다. 반면에 리튬2차

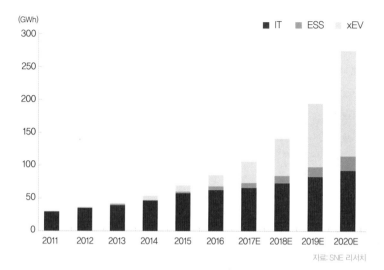

리튬2차전지시장의 규모 추이(용량 기준)

(GWh)

범례: ■ IT ■ ESS ▨ xEV

자료: SNE 리서치

전지 시장은 연평균 31.8% 증가할 것으로 예상되며, 특히 전기차용 리튬2차전지 성장률은 77.6%에 이를 것으로 전망된다.

　이와 같이 전기차용 리튬2차전지시장의 성장 속도가 가파를 것으로 전망하는 이유는 전기차시장 내에서 향후 순수전기차 및 플러그인 하이브리드카의 비중이 확대됨에 따라 대당 배터리 사용량이 증가하기 때문이다.

　따라서 향후 리튬2차전지 전체시장에서 IT인 소형전지 부문 성장은 미미할 것이나 전기차 등에 힘입어 중대형전지시장은 본격적인 성장기로 진입할 것으로 예상된다. 더군다나 현재 각 배터리 제조사들이 라인 증설에 나서고 있으나, 현재의 모든 전기차용 배터리 신·증설 계획을 감안하더라도 2019년부터는 전기차용 배터리의 공급부

전기차 배터리 수요와 공급 추이

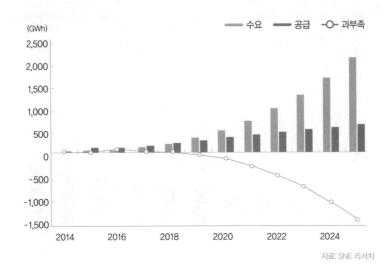

자료: SNE 리서치

족 현상이 일어날 것으로 전망된다.

이러한 전기차 관련 중대형 2차전지 성장 등으로 인해 세계 리튬 2차전지 시장규모는 더욱 더 확대될 것이다. 이에 따라 2차전지 소재 및 설비관련시장 규모도 향후 큰 폭으로 성장할 것이다.

수소혁명을 이끌게 될
수소연료전지차란 무엇일까?

수소연료전지차는 수소를 공기 중의 산소와 반응시켜
직접 전기를 만들고 모터를 활용해 동력을 전달하는 차량이다.

세계적인 미래학자 제러미 리프킨은 2002년 그의 저서 『수소경제(The Hydrogen Economy)』에서 수소에너지가 기존의 경제·정치·사회를 근본적으로 바꿀 것이라는 수소혁명을 예고했다. 여기에서 수소경제란 수소를 에너지원으로 사용하며 기존의 화석연료인 석탄·가솔린·가스 등을 대체하는 것을 의미하는데, 아직까지 수소의 대부분은 화석연료로부터 생산되지만 신재생에너지 기반 수소생산 기술의 향상과 수소 이용을 위한 연료전지의 고효율화로 기존의 탄소 기반 경제체제에서 지속 가능한 수소경제사회로의 진입에 대한 기대감이 확대될 것이다.

수소는 화석연료 및 바이오매스로부터의 메탄가스 등을 개질해 얻거나 정유 및 제철 공장 등의 부생수소 활용, 신재생에너지를 활용한 물의 전기분해 등 다양한 방식을 통해 생산이 가능하다. 지금까지 수소에너지는 생산·저장·운송 및 사용상의 높은 비용에 따른 경제성 결여로 보급 및 확대에 어려움을 겪어왔다. 그럼에도 불구하고 수소가 공기 중에 산소와 결합해 연소하는 경우 물이 되기 때문에 배기가스 등의 공해물질이 거의 생성되지 않아 환경오염의 염려를 줄일 수 있다.

수소경제사회로의 진입, 기대감은 커지고 있다

다양한 방식으로 생산된 수소에너지는 기체·액체·고체의 다양한 형태로 대규모 저장 및 운반이 가능해 연료전지를 이용해서 가정·산업, 수송, 발전용 기기 등 모든 소비부문의 에너지원으로 이용된다.

그 중에서 수송용인 수소연료전지차는 연료전지로부터 생산된 전기로 구동되는 차량이다. 모터에서부터 바퀴에 이르는 구조는 전기차와 같으나 전기차와 달리 저장된 전기를 사용하는 것이 아니라 수소를 공기 중의 산소와 반응시켜 직접 전기를 만들어 모터를 활용, 동력을 전달하는 차량이다. 이와 같이 연료전지를 거친 전기로 모터를 돌리는 만큼 수증기만 나올 뿐이고 유해가스는 전혀 배출되지 않는다.

수소연료전지차의 내부 구조는 전기를 생성하는 연료전지, 수소를 저장하는 수소탱크, 차량 구동에 필요한 주변장치들로 구성되어 있다. 연료전지는 내부 스택(수소와 산소가 만나서 전기를 발생시키는 장치)의 에너지 효율에 의해 차량 연비를 결정하며, 자체 충·방전 가능 횟수에 따라 차량 내구성과 관련된 성능이 좌우된다. 또한 운전장치는 연료전지에 필요한 수소 및 공기 공급 역할을 담당할 뿐만 아니라 연료전지의 효율적 구동에 영향을 주며, 수소탱크는 고압화를 통한 수소 저장 부피 확대를 통해 차량 주행거리를 결정한다. 이와 같은 주요 부품들이 수소연료전지차 가격의 상당부분을 차지하며, 현재 수소연료전지차의 높은 가격을 형성하는 주요 요인으로 작용한다. 향후 해당 부품들에 대한 큰 폭의 원가절감 달성 여부에 따라 수소연료전지차 보급이 활성화될 것으로 전망된다.

수소 충전은 주유소에서 기름 넣을 때와 비슷하게 3~5분 정도 소요되고, 한 번 주유하면 400~500km를 달린다. 이용 행태는 내연기관 자동차와 비슷한데, 수소 충전소 인프라 구축으로 안전성 확보나 비용 등 해결해야 할 문제가 많다.

미래형 공장인
스마트팩토리는 어떤 것일까?

생산성 향상, 에너지 절감 및 인간중심의 작업환경이 구현되고,
개인맞춤형 제조 등이 가능한 미래형 공장이 스마트팩토리다.

글로벌 경제의 저성장 기조와 더불어 생산성 하락으로 인해 신성장 동력이 필요한 가운데 주요국의 정부 및 기업들은 제4차 산업혁명 대응 및 산업경쟁력 강화를 위한 스마트팩토리에 대한 관심을 모으고 있다.

스마트팩토리는 제품의 기획·설계·제조·공정·유통·판매 등 전 과정이 하나의 공장처럼 실시간으로 연동·통합됨으로써 생산성 향상, 에너지 절감 및 인간중심의 작업환경이 구현되고, 개인맞춤형 제조 등이 가능한 미래형 공장을 의미한다. 즉 전통 제조업에 ICT를 결합해 개별 공장 설비·장비·공정이 지능화되어 모든 생산 데이터와 정

보가 실시간으로 공유되는 '최적화된 생산이 가능한 공장'을 말한다.

스마트팩토리는 공장 자동화가 진화한 형태로 ICT와 제조업기술이 융합해 사물인터넷·빅데이터·클라우드 컴퓨팅·CPS(Cyber Physical System) 등을 통해 공장 내의 장비와 부품들이 연결 및 상호 소통하는 생산체계다. 따라서 최소비용과 최소시간으로 고객맞춤형 제품뿐만 아니라 다품종 복합(대량·소량)생산이 가능한 유연한 생산체계가 구현될 수 있다. 또한 제조 현장의 생산 관리자가 공장 전체의 운영 효율성이나 생산설비효율에 대해 빠르게 파악하고, 빠른 의사 결정이 가능할 뿐만 아니라 시장 출시시간 단축, 전체 자산활용 개선, 빠른 수익 창출, 전체 기업의 리스크를 관리하면서 극대화된 생산성과 글로벌 경쟁력을 확보할 수 있다.

독일의 인더스트리 4.0은 제조업이 직면한 사회·기술·경제·정치 등 모든 부문의 변화에 ICT를 이용해 총력적으로 대응하겠다는 전략이다. 즉 사물인터넷과 기업용 소프트웨어·위치정보·보안·클라우드·빅데이터·가상현실 등 ICT 관련기술들을 적극 활용하는 스마트팩토리 구현을 위해 공장과 공장, 기업과 기업 간 시스템 연결에 주안점을 두고 참여를 독려하는 정책을 펴고 있다.

스스로 커뮤니케이션 할 수 있는 지능형 팩토리 구축

스마트팩토리는 사람의 노동력을 기계로 대체하는 공장자동화를 포함하는 개념이지만 그것이 전부가 아니다. 스마트팩토리에서 무엇보

스마트팩토리의 도입 배경

장기 경제 침체	세계 제조업 성장 한계 봉착	독일·미국 등 제조 강국으로 미래형 공장 모델개발 집중	제품 가치사슬과 연계된 전체 프로세스를 정보통신 기술로 통합	최소비용 시간으로 고객맞춤형 제품 생산·제조 환경 구현
노동원가, 원자재 비용 상승				
해외 진출 공장의 리쇼어링 (Reshoring) 확산			사이버 물리시스템을 통해 인터넷상의 생산·재고관리· 고객관리 등의 서비스 스마트화 추진	

자료: 국가기술표준원

스마트팩토리의 특징

스마트사물인터넷 기술기반		모든 단계의 자동화, 정보화(디지털화)
가치사슬 전 과정 (기획·설계· 생산·유통·판매 등)	스마트팩토리 개념의 구성요소	최소비용과 시간
공장 안 모든 요소가 유기적 연결		고객맞춤형 제품 생산
생산성 향상		에너지 절감

자료: 국가기술표준원

다 중요한 것은 센서·최첨단 공정·데이터 등을 축적하는 디지털화, 사물인터넷를 통한 네트워크 연결화, 수집된 데이터 분석을 통한 문제점 발견 및 의사결정을 내리는 스마트화 등이다. 이러한 디지털화, 네트워크 연결화, 스마트화 등을 통해 수집된 데이터를 분석하고 이상 징후를 사전에 파악할 뿐만 아니라 재고·주문량에 따라 생산 스케줄을 유연하게 조정함으로써 생산성의 최적화를 이루게 되고, 이는 곧 비용절감과 생산성 제고로 이어지면서 경쟁력을 강화하게 될 것이다.

결국에는 디지털화, 네트워크 연결화, 스마트화 등을 통해 각각의 디바이스 간에 스스로 커뮤니케이션 할 수 있는 지능형 팩토리를 구축하는 것이다.

스마트팩토리의 4단계와 밸류체인

스마트팩토리가 성공하기 위해서는 독립적인 공장 하나의 시스템만이 중요한 것이 아니라 그 공장에 부품과 재료를 제공하는 공급업체들까지도 서로 연결이 최적화되어야 한다.

스마트팩토리는 기술 적용에 따라 크게 4가지 단계로 분류할 수 있다. 'ICT 미적용단계'에서는 생산설비, 물류 등의 모니터링 관리가 수작업으로 이루어지고 종이문서에 의해 운영된다. '기초 단계'에서는 생산설비, 물류 정보를 바코드를 통해 정보를 수집해서 생산관리를 운영한다. '중간 단계'는 센서와 사물인터넷·빅데이터를 활용해

스마트팩토리 밸류체인의 주요 주체

분류	정의	응용분야
애플리케이션	• 스마트팩토리 IT솔루션의 최상위 소프트웨어 시스템으로 MES(Manufacturing Execution System), ERP(Enterprise Resource Planning), PLM(Product Lifecycle Management), SCM(Supply Chain Management) 등의 플랫폼상에서 각종 제조 실행을 수행하는 애플리케이션 • 애플리케이션은 디바이스에 의해 수집된 데이터를 가시화 및 분석할 수 있는 시스템으로 구성	공정설계, 제조실행분석, 품질분석, 설비보전, 안전·증감작업, 유통·조달·고객대응
플랫폼	• 스마트팩토리 IT솔루션의 하위 디바이스에서 입수한 정보를 최상위 애플리케이션에 전달하는 중간 소프트웨어 시스템. 디바이스에 의해 수집된 데이터를 분석하고 모델링 및 가상 물리 시뮬레이션을 통해 최적화 정보를 제공 • 각종 생산 프로세스를 제어·관리해 상위 애플리케이션과 연계할 수 있는 시스템으로 구성	생산 빅데이터 애널리틱스, 사이버 물리기술, 클라우드기술, Factory-Thing 자원관리
디바이스	• 스마트팩토리 IT솔루션의 최하위 하드웨어 시스템으로 스마트팩토리의 모든 기초 정보를 감지·제어하는 단계. 컨트롤 기술, 네트워크 기술, 센싱 기술 등이 중요 • 스마트센서를 통해 위치·환경·에너지를 감지하고 로봇을 통해 작업자·공작물의 위치를 인식해 데이터를 플랫폼으로 전송할 수 있는 시스템으로 구성	컨트롤러, 로봇, 센서 등 물리적인 컴포넌트

자료: 국가기술표준원

자동화 설비를 구축하고 실시간으로 제조상황이 파악 가능한 공장이다. '고도화단계'는 실제와 가상이 결합된 고도화된 ICT를 접목한 생산시설로 완전한 자동화 시스템이다.

스마트팩토리는 기존 제조기술에 IT를 접목해 센서·정밀제어·네트워크·데이터 수집 및 분석 등 다양한 기술이 융합되어 서비스를 구성한다. 따라서 크게 센서 디바이스 및 정밀제어기기, 네트워크 플랫폼, 제조환경 애플리케이션으로 구분된다.

센서 디바이스 및 정밀제어기기의 경우 스마트팩토리의 생산환경

변화, 제품 및 제고 현황 등 제조·생산과 관련된 정보를 감지한다. 이를 애플리케이션에 전달해 분석하고 판단 결과를 제조현장에 반영해 수행한다. 네트워크 플랫폼은 센서 디바이스 및 정밀제어기기와 애플리케이션을 이어주는 역할로 효율적인 데이터 채널을 제공한다. 또한 제조환경 애플리케이션은 제조 실행에 직접적으로 관여하거나 현장 디바이스로부터 수집된 데이터를 분석하고 정해진 규칙에 따라 판단할 수 있는 시스템이다.

스마트팩토리와 관련한 애플리케이션 및 플랫폼은 수평적·수직적 통합을, 스마트 디바이스는 기기 간의 연결이 주된 이슈이며, 전 세계적으로 시스템 공급업체들을 중심으로 요소기술의 혁신 및 통합이 이루어지고 있다. 또한 생산 시스템의 부가가치를 극대화하기 위해서 기존 장비(공작기계) 위주의 생산 시스템 공급을 탈피해 하드웨어와 소프트웨어가 결합된 ICT 융합형 기계·장비 및 생산 시스템 패키지 공급이 확대되고 있다.

한편 스마트팩토리가 성공하기 위해서는 독립적인 공장 하나의 시스템만이 중요한 것이 아니라 그 공장에 부품과 재료를 제공하는 공급업체들까지도 서로 연결이 최적화되어야 한다. 즉 스마트팩토리의 핵심은 연결화(Connectivity)다. 이를 위해 산업용 사물인터넷 기술이 요구되고 있다. 사물인터넷 기술의 핵심은 다양한 데이터를 수집해 표준화된 포맷으로 타 시스템에 전달하는 것이다. 제조공장의 설비를 다양한 물건이나 서비스와 연결해야 하기 때문에 인터페이스 표준화와 데이터 저장 및 변환기술이 필요하다. 기존에는 수집된 데이터들을 종이에 기록했다면, 이제는 가상의 데이터센터인 클라우드를 활용하는 시대가 되었다.

스마트팩토리와 관련된
각국 정책에는 어떤 것들이 있을까?

독일·미국·일본·중국 등 각국 정부는 스마트팩토리를
국가 신성장동력으로 여기고 제조업의 새로운 도약을 모색하고 있다.

독일 정부는 현재 직면하고 있는 국가적 과제를 해결하기 위해 '인더스트리 4.0'이라는 민·관·학 프로젝트를 추진하고 있다. 또한 통신 네트워크를 통해 공장 안팎의 사물과 서비스들을 연계해 새로운 가치를 창출하고, 비즈니스 모델을 구축하고자 한다. 자동차·기계 등 제조업에 ICT를 접목해 모든 생산 공정, 조달·물류, 서비스까지 통합적으로 관리하는 '스마트팩토리 구축'이 목표로, 사물인터넷·CPS·센서 등의 기반 기술개발 및 생태계 확산에 집중하고 있다. 독일의 대표적인 스마트팩토리는 지멘스·아디다스·노빌리아 등을 들 수 있다.

지멘스의 암베르크 공장은 세계 최고의 지능형 생산공장이다. 축구장 1.5배 규모의 공장에는 수십 개의 컨베이어벨트에서 로봇들이 움직여 제품을 생산하며, 공장 전체 공정에서 75%를 기계가 스스로 판단하고 조정한다. 또한 IT와 융합한 기계와 수만 개의 센서를 통해 얻은 5천만 개 이상의 빅데이터를 실시간으로 분석하고 의미 및 활용 방안을 도출한 후 의사결정이 이루어지기 때문에 불량률이나 생산주기가 감소할 뿐만 아니라 변화에 대한 유연성 또한 증가한다. 데이터를 통해 생산라인을 최적으로 운용할 수 있고, 가치 있는 전략도 수립할 수 있는 기반이 된다.

대표적인 노동집약산업으로 언제나 생산기지를 인건비가 저렴한 지역에 지었던 아디다스는 독일에 신발 공장을 지었다. 독일의 소도시 안스바흐에 지어진 완전 자동화 공장 '스피드팩토리'는 독일의 인더스트리 4.0 정책의 지원을 받는 사업이다. 이 스피드팩토리는 3D 프린터와 로봇을 활용한 자동화를 통해 인건비 절감과 생산과정의 유연성을 얻었다. 아디다스는 제조기지와 소비자 전 공정이 본사 서버와 인터넷으로 연결되어 있어서 실시간 공정관리는 물론, 고객 트렌드와 수요를 반영하는 주문형 생산공장을 구축했다. 따라서 SNS 상에서 관심사로 떠오른 디자인이나 이슈가 되는 인물 또는 사건·이벤트가 발생하면 이를 실시간으로 반영한 디자인의 신발과 의류들을 바로 생산해 판매한다. 이처럼 아디다스는 장기적으로 소비자들이 원하는 제품을 3D 프린팅할 수 있는 제조 환경을 구축해 진정한 고객 맞춤형 생산을 실현할 예정이다.

독일 주방가구 브랜드인 노빌리아의 경우 매일 2,600세트, 연간 58만 세트의 고객맞춤형 주문사양의 부엌가구를 세계 약 70개국에 제공하고 있다. 노빌리아의 경쟁력은 'Manufacturing by Wire'라 불리는 자동생산방식에 있다. 생산공정을 전공정과 후공정으로 나누고 각 공정에 고도의 ICT를 접목해 부품이 고객이 주문한 제품 어디에 어떻게 들어가야 하는지, 그리고 언제 어디에 배송해야 하는지 등의 다양한 정보를 제공한다. 또한 조립공정의 최적화는 물론 고객의 불편사항 발생시 개별적 부품의 문제를 찾는 데도 활용한다. 전공정에서는 부품이나 다양한 조립품의 구멍 위치를 오라클로 모두 작동하는 데이터웨어하우스로 관리하고 있으며, 후공정에서는 주문시 필요한 가공완료 부품을 ERP나 MES가 선정하게 하고, 포장부품에 RFID태그 또는 바코드를 부착해 각 부품에 개별적으로 식별 가능한 ID(Identity)를 부여한다.

미국은 GE와 테슬라가
대표적인 스마트팩토리

미국 정부는 지난 2006년부터 CPS 프로젝트 진행을 통해 물리적 시스템이었던 기존 공정과정과 ICT의 가상적 시스템을 하나로 융합해 초연결 시스템을 구축하고자 했다. 스마트팩토리뿐만 아니라 운송·전력망·의료 및 헬스케어·국방 등에 이르기까지 광범위한 분야에 걸쳐 시스템 개발이 진행 중이다. 미국의 대표적인 스마트팩토리는 GE와 테슬라 등을 들 수 있다.

전통적인 제조업체였던 GE는 이제 소프트웨어 회사로 변신을 시도하고 있다. 새로운 제조업 플랫폼인 스마트팩토리 구현을 위해서는 다양한 설비와 센서를 인터넷으로 연결하는 사물인터넷과 이를 통해 수집한 방대하고 다양한 데이터를 다루는 빅데이터 분석 기술이 필요하다. 따라서 GE는 400여 개의 생산시설을 사물인터넷 기술로 연결해 혁신을 이루어내겠다는 목표로 공장 프로젝트를 시작했다. 즉 엔지니어링 팀에서 설계한 제품을 디지털기술로 생산 시설과 연결하고, 파트너와 서비스 운영부서까지 연결을 확대함으로써 더 정확한 의사결정과 생산성 향상을 이루겠다는 것이다.

인도 멀티모달 공장은 GE의 대표적인 스마트팩토리로, 항공·파워·오일앤가스·운송 등의 영역에서 요구되는 제품을 모두 생산한다. 이곳에서는 시설과 컴퓨터가 사물인터넷을 통해 연결되어 정보를 공유·제조하고, 품질을 유지해 돌발적인 장애를 예방하는 시스템이 구현되고 있다. 나아가 공급망·서비스·유통망과 인터넷을 통해 연결되어 최적의 생산 효율이 유지되도록 하고 있다.

GE는 이와 더불어 스마트팩토리를 기반으로 한 다양한 파일럿 프로젝트를 진행해 다양한 산업 인터넷의 가능성을 모색하고 있다. 예를 들면 터보머신사업부문에서는 생산부서와 엔지니어링 부서를 연결했다. 이로써 엔지니어링 팀에서의 부품을 개발하는 즉시 생산부서와 연결되어 설계의 실제 생산 가능성을 점검하고, 즉각적인 피드백이 이루어지도록 해 설계 오류와 생산, 설계의 불협화음으로 발생하는 비효율을 제거하고자 했다. 이러한 경험을 바탕으로 사물인터넷을 각 산업에 맞춤화해 제공하는 산업 특화 클라우드 서비스인 '프레딕스'를 발표해 비즈니스 영역을 확대하고 있다. 이는 산업용 사물인터넷 분야에서 전통적인 IT기업과 경쟁하는 애플리케이션 서비스 영역에 진출한 것으로, 사물인터넷 기반의 생산성 향상을 넘어 새로운 시장까지 개척하는 것이다.

테슬라의 경우, 리프트로 차체를 들어 올려 이동시키는 일반적인 자동차 조립공장과는 다르게 이러한 작업을 모두 로봇이 담당하고 있다. 즉 테슬라 공장에는 컨베이어벨트가 없는 대신에 조립 로봇 160대가 차체를 들어 작업자에게 운반해 조립을 돕는다. 새로운 차종도 같은 속도로 작업할 수 있도록 로봇의 데이터는 스마트폰 애플리케이션처럼 정기적으로 업데이트된다. 또한 테슬라의 자동차는 네트워크 연결성을 가지고 있으므로, 생산된 자동차에 발생되는 단순한 차량 주행정보뿐만 아니라 운전자의 개인 이력 데이터까지 실시간으로 수집한다. 그리고 이 데이터를 소프트웨어 업데이트와 차량 기능 개선에도 활용한다.

우리나라 정부가 추진중인
제조혁신 3.0 전략

일본은 디플레이션 탈피와 경제 재건을 위한 '아베노믹스 3대 전략'의 하나로 산업재흥플랜에 기반을 둔 과학기술혁신 정책을 전개하고 있다. 기존에 발표된 '신성장전략(2010)', '일본재생전략(2012)' 등과 달리 문제점 해결을 위한 세부전략과 구체적인 목표를 제시하고, 첨단 설비투자 촉진과 과학기술혁신 추진을 핵심과제로 선정했다. 제조업 경쟁력 강화를 위한 설비투자지원, 도전적 R&D 투자 강화 등을 통해 향후 5년 이내에 기술력 순위를 1위로 하는 목표를 제시했다. 일본의 대표적인 스마트팩토리는 미쓰비시전기 등을 들 수 있다.

중국은 제조업 전체를 아우르고, 5년 단위로 수립된 과거의 규획들과 달리 10년 앞을 내다본 '중국제조 2025 규획'을 제정했다. 본 규획에서 앞으로 10년(2015~2025년) 안에 전 세계 제조업 2부 리그에 들어가고, 그 다음 10년(2025~2035년)에는 1부 리그 진입, 그 뒤 10년 기간(2035~2045년)에 1부 리그의 선두로 발돋움하겠다는 전략을 제시했다. 제조업 전반에 대해 톱다운 방식의 전략적 대응과 상황 변화에 유연한 대응을 할 수 있는 전략과 함께 차세대 IT기술, 첨단 CNS 공작기계 및 로봇 등의 10대 육성 전략을 세우고 있다.

우리나라 정부가 추진중인 '제조혁신 3.0 전략'을 살펴보자. 개인 맞춤형 유연생산을 위한 스마트팩토리 고도화와 더불어 융합신제품 생산에 필요한 8대 스마트 제조기술(CPS·에너지절감·스마트센서·3D 프린팅·IoT·클라우드·빅데이터·홀로그램)의 개발을 추진하는 것으로 2022년까지 스마트팩토리 2만 개 구축을 목표로 하고 있다.

포스코는 지난 2015년 5월 광양제철소 후판(선박 등을 만드는 데 주로 쓰는 두께 6mm 이상의 철판)공장을 스마트팩토리 시범공장으로 선정하고 이를 추진하기 위한 태스크포스를 구성했다. 스마트화 선언 직후 포스코는 광양제철소 후판공장 곳곳에 사물인터넷 센서와 카메라를 설치해 스마트팩토리의 근간이 되는 데이터를 모으기 시작했다. 고로에서 만든 쇳물 불순물을 없애는 제강 공정과정에서는 하루에 데이터 500만 개가 생성되며, 액체 상태인 용강을 고체로 만드는 연주 공정과정에서는 7천만 개, 고체 상태인 반제품을 강판으로 만드는 압연 공정에서는 무려 300억 개의 데이터가 모인다. 이렇게 축적한 데이터를 자체 개발 플랫폼 포스프레임(posframe)을 이용해 저장하고 분석해 불량품이 나왔을 때 그 원인을 빠르고 정확하게 파악하며 재발도 방지할 수 있다.

SK이노베이션은 국내 화학업계 최초로 ICT를 융합한 스마트팩토리를 도입할 예정이다. 일례로 유해가스 실시간 감지 시스템을 통해 사람이 아니라 설비에 부착한 기기로 밀폐공간의 유해가스를 측정해 필요하면 작업을 중단하거나 대피 등의 조치를 취할 수 있다. 또한 진동이나 온도에 민감하게 반응하는 압축기 상태를 실시간으로 살펴보고, 사고 사례를 스스로 학습하는 머신러닝 기술을 접목해 사고를 예방한다.

5장

제4차 산업혁명에서의
통신 인프라, 블록체인,
가상화폐

제4차 산업혁명의 지능화에는 초연결성(hyper-connectivity) 실현이 반드시 필요하므로, 이에 대한 기반이 되는 인프라로서의 통신 네트워크 발전은 무엇보다 중요하다. 사물인터넷을 통한 데이터 확보·교환과 더불어 클라우드 기반의 빅데이터 활용을 통해 언제 어디서나 맞춤형 서비스를 제공받게 된다. 또한 재난·응급·안전·보안 등 공공서비스 및 스마트시티나 스마트팩토리 등 산업 전반의 전 영역으로 확대될 것이기 때문에 초고화질·초실감형·몰입형 콘텐츠의 일상화를 위해서는 트래픽 전송 속도 및 네트워크 용량의 획기적인 증대가 꼭 필요하다.

블록체인은 개인 간(P2P) 분산 네트워크를 기반으로 거래정보를 분산시켜 보관하고 거래 참가자 모두가 그 정보를 공유하는 분산형 디지털 장부이다. 생성된 순서대로 정보 저장 단위인 블록을 연결하는 과정에서 유효성을 검증함으로써 정보의 위·변조를 방지할 수 있다. 블록체인 기술의 핵심은 신뢰기관 없는 P2P 신뢰 네트워크 구축이며 현재 지속적으로 발전하고 진행중에 있다. 가상화폐의 경우도 이러한 블록체인 기술 기반 위에서 성장하고 있다.

제4차 산업혁명에서
통신 인프라 구축은 기본이다

제4차 산업혁명의 지능화에는 초연결성 실현이 반드시
필요하므로, 인프라로서의 통신 네트워크 발전은 무엇보다 중요하다.

제4차 산업혁명의 경우 정보통신의 융합을 통해 이미 시작되고 있다. 여러가지 사물들이 지능화되고 더 나아가 네트워크 연결을 통해 보다 높은 수준의 지능화로 발전하면서 새로운 패러다임의 산업화 및 산업구조 변화를 초래할 것으로 예상된다.

제4차 산업혁명의 지능화에는 초연결성(hyper-connectivity) 실현이 반드시 필요하므로, 이에 대한 기반이 되는 인프라로서의 통신 네트워크 발전은 무엇보다 중요하다. 즉 사물인터넷을 통한 데이터 확보·교환과 더불어 클라우드 기반의 빅데이터 활용을 통해 언제 어디서나 맞춤형 서비스를 제공받게 되며, 개별 통신서비스의 영역에서 재난·응급·안전·보안 등 공공서비스 및 스마트시티·스마트팩토리 등 산업 전반의 전 영역으로 확대될 것이기 때문에 초고화질·초실감형·몰입형 콘텐츠의 일상화를 위해서는 트래픽 전송속도 및 네트워크 용량의 획기적인 증대가 반드시 필요하다.

이에 따라 이동통신은 초고용량의 콘텐츠 전송, 자율주행 등 초저지연 서비스를 가능하게 하는 기술로서 차세대 네트워크의 중심축을 담당할 것이다. 그 뿐만 아니라 사물인터넷시장의 성장을 대비해 이동통신 기반의 NB-IoT가 상용화되는 등 이동통신 기반의 네트워크 기술로서도 확장성을 모색중이다. 5G가 가능한 모든 서비스를 단일 네트워크에서 구현하면서 제4차 산업혁명시대에 이동통신을 넘어 차세대 네트워크의 핵심 인프라로 자리매김할 가능성이 매우 높다.

5G이동통신이 핵심이다

이를 위해 5G이동통신이 2020년경 상용화를 목표로 초다중연결 등의 속성을 포함한 표준 규격을 개발하고 있다. 또한 수많은 연결을 통해 발생되는 천문학적 데이터를 전송하기 위해 현재보다 수십 배 빠른 초고속의 네트워크 속도가 요구된다. 따라서 유선 네트워크에서는 기가 인터넷을 넘어 beyond 기가속도를 제공하는 기술개발이 진행되고 있으며, 5G이동통신에서는 단말기별 1Gbps 제공 및 1ms 이하의 초저지연을 목표로 기술개발이 추진되고 있다.

초연결이 가능한 네트워크를 통해 도시의 수많은 ICT 인프라가 연결되어 도시 관리의 효율성과 생태환경이 개선되는 스마트시티 등이 실현될 것이다. 또한 초고속·초저지연 네트워크를 통해 수술부위에 대한 다각도의 초고화질·초실감형 영상이 현장에서와 같은 인지속도로 제공되어 원격 로봇제어에 의한 의료 수술이 가능하게 될 것이다. 또한 도로의 수많은 차량과 주변상황의 데이터를 수집·분석한 정보를 초저지연으로 전달받아 자율주행이 가능한 자동차도 도래할 것이다.

초연결성과 관련된
다양한 서비스가 가능해진다

5G이동통신으로 초고용량 실감형 데이터 서비스, 초실시간 처리 서비스,
증강 현실 서비스, 초연결 통신 서비스가 가능할 것으로 예상된다.

모바일의 이동 서비스는 10년 주기로 새롭게 나타났다. 즉 2G이동통신이 상업적으로 사용되기 시작한 시기는 1992년이었으며, 3G이동통신은 2001년, 4G이동통신은 2011년이었다. 5G이동통신이 상업적으로 사용될 것이라고 예상하는 시기도 2020년이다.

2G이동통신은 음성 위주의 서비스를, 3G이동통신은 데이터 서비스의 시작점을 제공했다. 이와는 다르게 4G이동통신에서는 데이터 서비스가 중심이 되는 시대를 열었다. 즉 동영상을 포함한 멀티미디어·인터넷 등의 서비스가 모바일 환경에서도 주된 콘텐츠로 자리잡게 되었다. 이는 무선 네트워크가 3G에서 4G로 진화함으로써 전송

이동통신 서비스의 진화

서비스의 발전

우리나라 이동통신은 1984년 1세대(1G) 서비스 이후
10년 단위의 기술변화를 거쳐, 오는 2020년 5G서비스로 진화 발전 전망

자료: 미래창조과학부

속도가 급속도로 향상되었기 때문이다.

바야흐로 제4차 산업혁명시대를 맞이해 새로운 5G이동통신에 대한 논의가 국내외에서 본격적으로 진행되고 있다. 5G의 전송 속도는 4G보다 20배 빠른 20Gbps로 25GB 용량의 4K UHD 영상을 10초에 내려 받을 수 있을 뿐만 아니라 1km²내에 있는 100만 개의 사물인터넷 적용 기기에 서비스를 제공할 수 있다.

ITU(International Telecommunication Union, 국제전기통신연합)는 2020년까지 5G의 상용화를 목표로 2017년부터 5G후보기술을 표준화해 2020년 완료할 예정이다. 이러한 5G이동통신으로 초고용량 실감형 데이터 서비스, 초실시간 처리 서비스, 증강 현실 서비

ITU의 5G 표준화 일정

5G 표준화 일정	비전수립	요구사항 정리	표준개발	표준개선	상용화, 시스템 구현
IMT주파수	▲		▲ 주파수 분배		

2014 2015 2016 2017 2018 2019 2020

자료: ITU(국제전기통신연합)

4G와 5G의 핵심 성능 비교

	4G	5G
최대 전송속도	1Gbps	20Gbps
이용자 체감 전송속도	10Mbps	100~1000Mbps
주파수 효율성	–	4G 대비 3배
고속 이동성	350Km/h	500Km/h
전송지연	10ms	1ms
최대 기기 연결수	10만/Km^2	100만/Km^2
에너지 효율성	–	4G 대비 100배
면적당 데이터 처리용량	0.1Mbps/m^2	10Mbps/m^2

자료: 미래창조과학부

스, 초연결 통신 서비스가 가능할 것으로 예상된다.

먼저 대폭 증대된 전송속도로 인해 HD 해상도의 4배에 해당하는 4K-UHD 등의 초고용량 영상 콘텐츠가 보편화될 것으로 예상되며, 장기적으로는 3D 영상 또는 홀로그램 서비스로 확대될 것으로 전망된다.

또한 네트워크의 지연 시간이 수 ms로 줄어들게 되면서 사용자가 생각하는 순간에 반응하는 양방향 초실시간 서비스가 실현될 것으로 예상되며, 현실에 가까운 실감환경을 제공하는 AR·VR 서비스가 가능하게 될 것이다. 무엇보다 사물인터넷, 커넥티드카, 각종 센서 및 다양한 사물인터넷 디바이스에 대한 실시간 통신 및 제어 서비스가 가능하게 될 것으로 예상된다.

세계 각국의
5G서비스 추진 현황

우리나라의 경우 KT는 평창올림픽 시범 서비스 제공을 위해 2015년 9월 평창 5G - SIG(5G 규격 협의체)를 출범했으며, 2016년 11월 KT 5G 공통규격을 공개하고 필드 테스트를 마쳤다. 2017년 11월까지 평창올림픽 경기장을 중심으로 시범망 구축을 완료했고, 2018년 2월 평창올림픽 기간 동안 시범 서비스를 제공할 예정이다. 2018년 6월 3.5GHz와 28GHz대역 대상으로 세계 첫 5G 주파수를 경매할 것이며, 2019년 3월에 세계 최초로 5G를 상용화할 예정으로 2022년에는 전국망 구축을 목표로 두고 있다.

미국의 경우 AT&T와 Verizon은 5G로드맵을 발표하고, 2017년 하반기에서 2018년에 pre-5G 또는 모바일 5G서비스를 제공할 계획으로 사전 테스트중이다.

일본은 NTT도코모가 2020년 5G상용화를 위해 2016년 3월부터 기초기술을 검토하고 있으며, 2017년 5월부터 철도·방송·자동차 등 다양한 분야의 파트너들과 협력해 5G이동통신을 위한 시범사업을 실시하고 있다.

중국 차이나 모바일 또한 2020년 상용화를 목표로 2017년 5G 기술 테스트를 실시하고, 2020년까지 약 1만 개의 기지국을 구축한다는 계획을 발표했다.

양자정보통신은 보안부문에서
중요한 역할을 한다

양자정보통신은 차세대 정보통신기술로 양자암호통신(보안),
양자컴퓨터(연산), 양자응용계측(초정밀계측) 등이 있다.

20세기 초 정립된 양자역학은 삼라만상의 구성원리를 설명하는 물리학의 근본 이론이다. 그동안 이론에 머물렀던 양자기술이 빠른 속도로 발전해 수년 내 상용화가 이루어질 것으로 기대하고 있다. 이에 따라 향후 양자기술이 제4차 산업혁명시대의 중요한 기술 인프라로 사물인터넷·빅데이터·인공지능·클라우드 기반 지능정보기술을 더욱 촉진시킬 수 있을 뿐만 아니라 초연결성·초지능화시대의 보안부문에서 중요한 역할을 할 것이다.

양자(quantum)란 더 이상 작게 나눌 수 없는 에너지의 최소단위를 가지는 입자로 광자(光子, photon), 전자(電子, electron), 원자(原

子, atom) 등이 있다. 이러한 양자의 특성으로는 복제할 수 없는 성질(복제불가), 여러 상태가 확률적으로 하나의 양자에 동시에 존재하며 측정하기 전까지 정확한 양자상태를 알 수 없는 성질(중첩성), 양자 상태에 있는 2개 이상의 입자는 독립적으로 표현될 수 없다는 성질(얽힘현상), 어떤 입자의 정확한 운동량과 위치를 동시에 파악하는 것이 불가능(불확정성), 측정이후 원래의 상태로 환원이 불가능(비가역성) 등이 있다.

양자정보통신은 양자의 물리학적 특성을 정보통신기술에 적용해 정보통신 인프라를 보호하고 초고속 대용량 연산이 가능하며 초정밀 계측을 실현할 수 있는 차세대 정보통신기술로 양자암호통신(보안), 양자컴퓨터(연산), 양자응용계측(초정밀계측) 등이 있다. 특히 양자암호통신은 양자의 특성(중첩성)을 이용해서 송·수신자간 원거리통신 시 비밀키를 안전하게 전송할 수 있는 암호통신기술로, 정보통신 분야에 응용하면 도·감청이나 해킹을 원천 차단하는 새로운 통신 인프라 구축이 가능하다.

정보 전달 과정에서 누군가 이를 가로채더라도 어떤 정보인지 알아볼 수 없도록 하기 위해서 디지털로 전송되는 정보는 암호화 과정이 필수인데, 현재의 통신 방식은 통신 과정에 누군가 개입하더라도 이를 알아채기가 어렵다. 그러나 양자는 관측하기 전에는 통계적인 상태값만 갖고 있다가 관측하는 순간 최종 상태가 결정되는 특성을 갖기 때문에 송신자와 수신자만의 유일한 암호화 키로 사용하기에 적합하다. 이와 같이 양자암호통신이 상용화되면 통신 과정에 개입해 정보를 탈취하거나 위·변조를 시도하는 중간자 공격 문제가 해결될 수 있다.

양자정보통신은
제4차 산업혁명시대의 핵심기술

현재 통신 체계에서도 암호화 키를 만드는 데 사용되는 임의의 난수 생성시 양자의 특성을 적용하게 되면 보안을 강화할 수 있다. 다시 말해 양자역학의 비결정론적인 특징을 이용해 만들어지는 난수 생성기(QRNG; Quantum Random Number Generator)로 모든 IT기기에 적용할 수 있다면 해킹 불가능한 암호 체계를 구현할 수 있을 것이다. 일상생활의 다양한 기기들이 인터넷에 연결되어 정보를 주고받는 사물인터넷시대가 다가옴에 따라 보안 위협도 높아지고 있는 만큼 관련 시장의 성장 가능성도 높아질 것으로 예상된다.

둘째로 양자컴퓨터는 기술적으로는 양자의 중첩성과 얽힘 현상을 이용해 다수의 정보를 동시에 연산할 수 있도록 구현된 것으로, 특정 연산에 최적화된 초고속 대용량 계산 기술이다. 즉 기존 컴퓨터가 0과 1의 2진법을 기반으로 비트(bit) 단위로 연산을 수행했다면 양자컴퓨터는 0이면서 동시에 1인 상태를 나타낼 수 있는 양자의 중첩 원리를 이용한 큐비트(qubit)라는 단위를 갖는데, 이러한 큐비트가 늘어날수록 상태를 나타낼 수 있는 경우의 수가 많아져 연산 처리량도 기하급수적으로 늘어난다.

특히 빅데이터 및 인공지능 등을 활용해 머신러닝 등의 중요성이 높아지게 된다. 자율주행차 등도 자체적으로 생산하는 운행 데이터 및 주변에 있는 사물들에 대한 정보를 실시간으로 수집해 처리해야 하는데, 보다 빠른 계산 능력을 지능정보 시스템에 접목하게 하는 양자컴퓨팅의 활용성이 높아질 수 있을 것이다.

셋째로 양자응용계측은 양자의 상태변화를 이용해서 초정밀 계측을 가능하게 하는 기술인데, 기존센서대비 정밀도가 10~1000배이므로 기존의 광학현미경과 자기공명장치(MRI)를 보완하거나 대체하게 될 것이다.

미국을 필두로 유럽 각국과 중국, 일본 정부가 투자를 이어왔으며, 최근 인텔, IBM, 구글 등 글로벌 IT기업들도 양자컴퓨터 연구에 착수했다. 중국 또한 인공위성을 이용한 양자통신에 성공했다. 우리나라에서도 과학기술정보통신부가 제안한 양자정보통신기술의 산업화를 목적으로 하는 대규모 사업에 대한 논의가 활발하다.

아직 우리나라가 양자암호통신에 대해서는 걸음마 단계지만 SK텔레콤이 양자정보통신을 이용한 암호화 기술 개발에 나서고 있다. SK텔레콤은 2011년 국내에서 처음으로 양자기술연구소(퀀텀테크랩)을 만든 뒤 7년 만에 세계에서 가장 작은(손톱보다 작은 크기의) 초소형 양자난수생성 칩 개발에 성공했으며, 양자암호통신 관련 칩과 중계기, 광전송 장비 등을 개발하고 있는 것과 동시에 이미 총 5개 구간의 국가시험망을 구축해 운영하고 있다.

정부에서는 양자암호통신 장비 등 핵심기술을 개발하고 주요 국가통신망에 시범 적용하기 위해 암호모듈인증제도(K-CMVP)를 2019년까지 정비할 예정이며, 보안이 절대적으로 필요한 국가 핵심시설이나 데이터센터 등에 2020년까지 양자암호통신을 시범적용한다.

기존 정보통신의 한계를 극복할 수 있는 차세대 정보통신기술인 양자정보통신은 ICT와 양자의 융합을 통해 신부가가치를 창출할 수 있는 신산업으로 기대가 증폭되고 있다. 정보통신산업뿐만 아니라 정보보안이 중요한 국방이나 금융 산업을 비롯해 정밀분석이 필요한 제약·의료산업에도 유용하게 활용될 수 있다. 양자 기반 빅데이터 분석 등 양자정보통신은 제4차 산업혁명시대의 핵심기술로, 다양한 분야로 그 응용범위가 확대될 것으로 기대된다.

블록체인은 제4차 산업혁명의 핵심기술이다

블록체인은 개인 간(P2P) 분산 네트워크를 기반으로
거래 참가자 모두가 그 정보를 공유하는 분산형 디지털 장부다.

제4차 산업혁명이 도래하고 있는 가운데 전 세계가 점차 초연결사회 (hyper-connected society)로 진입하고 있다. 초연결사회는 디지털기술을 통해 사람과 사람, 사람과 사물, 사물과 사물이 다수 대 다수로 온라인과 오프라인을 넘나들며 긴밀하게 연결되는 세상을 의미하는 것으로, 정부나 기업을 포함한 어떤 주체도 독자적인 생존이 어렵기 때문에 협업·투명성·지식공유·권한분산 등을 통한 개방에 의해서만 경쟁력을 제고시킬 수 있다.

금융거래 등의 정보를 중앙 서버에 기록하고 보관하는 중앙 집중형 네트워크 방식과 달리, 블록체인은 개인 간(P2P) 분산 네트워크를

기존 전자금융거래 vs. 블록체인 기반 전자금융거래

기존 전자금융거래	구분	블록체인 기반 전자금융거래
	구조	
• 중앙집중형 구조 • 중앙서버가 거래 공증 및 관리 • 개인과 '제3자 신뢰기관(은행·정부 등)'의 거래	개념	• 분산형 구조 • 거래내역이 모든 네트워크 참여자에게 공유 및 보관 • 모든 거래 참여자가 거래 내역을 확인하는 공증 및 관리
• 장점: 빠른 거래 속도 • 단점: 해킹에 취약, 중앙 시스템 보안 위험 및 관리 비용 높음	특징	• 장점: 거래 정보의 투명성, 적은 시스템 구축 및 유지보수 비용, 해킹 공격 불가능 • 단점: 상대적으로 느린 거래 속도, 제어의 복잡성

자료: 금융보안원

블록체인을 통한 거래 프로세스

① A가 B에게 송금 희망

② 거래정보가 '블록'으로 온라인에서 생성

③ 해당 블록을 네트워크상의 모든 참여자에게 전송

④ 참여자들은 거래정보의 유효성을 상호 검증

⑤ 거래정보 검증이 완료된 블록은 체인에 등록

⑥ A는 B에게 송금 완료

자료: 금융보안원

기반으로 거래정보를 분산시켜 보관하고 거래 참가자 모두가 그 정보를 공유하는 분산형 디지털 장부로 2009년 초 가상화폐인 비트코인의 등장과 함께 세상에 알려졌다. 즉 거래정보는 블록에 저장되고 여기에 사용자의 공개키 서명 값을 첨부해서 하나의 블록을 구성해해시 결과를 연결고리로 한다. 각 블록이 이전 블록의 정보를 갖고 서로 연관되는 구조다.

블록체인이
초연결사회를 부른다

블록체인은 데이터 공유에 대한 패러다임을 전환하고 금융을 혁신할 인공지능 못지 않은 제4차 산업혁명의 핵심기술로 여겨진다. 따라서 블록체인 혁명은 생산자와 소비자를 직접 연결해 가격을 낮추고 속도를 높이며 범위를 확장한 인터넷 혁명과 맞닿아있다. 예를 들어 금융거래에서 투자자가 은행, 보험사, 증권사 등을 거치지 않고 직접 대출자를 연결하는 금융직거래 플랫폼으로 가격을 낮추고 속도를 높이고 범위를 확장할 수 있을 뿐만 아니라 새로운 비즈니스가 일어나는 플랫폼으로 활용할 수 있을 것이다.

따라서 제4차 산업혁명인 초연결사회에서는 반드시 블록체인이 필요할 것이기 때문에 블록체인은 미래를 바꿀 혁신 기술로서 그 파급력에 대한 관심이 증대되고 있을 뿐만 아니라 향후 인터넷에 버금가는 변혁을 주도할 것으로 예상된다.

블록체인은 사회 모든 영역에
막강한 영향을 미칠 것이다

블록체인은 민간부문과 공공부문 등
사회 전 영역에 걸쳐 큰 영향을 미칠 것으로 예상된다.

블록체인은 생성된 순서대로 정보 저장 단위인 블록을 연결하는 과정에서 유효성을 검증함으로써 정보의 위·변조를 방지할 수 있다. 블록체인 기술의 핵심은 신뢰기관 없는 개인 간(P2P) 신뢰 네트워크 구축이며, 현재 지속적으로 발전하고 있다.

블록체인 구조에서는 정보가 분산되어 있기 때문에 중앙 서버에 모든 것을 보관하는 것보다 상대적으로 높은 보안성 유지가 가능할 뿐만 아니라 모든 참여자들이 정보를 공유하기 때문에 기본적으로 모든 거래기록이 개방되어 투명하다. 또한 거래의 승인 기록이 다수 참여자로 인해 자동으로 실행될 뿐만 아니라 제3자의 공증이 없어지기 때문에 불필요한 수수료가 들지 않으며, 시스템 통합에 따른 복잡한 프로세스와 인프라 비용이 급감하게 된다.

블록체인은 기술 발달과 함께 여러 차례 변화를 겪었다. 비트코인은 블록체인 1세대 기술로서 약 4천 개의 거래 정보를 담을 수 있는 1MB의 블록이 10분에 하나씩 생성되고, 모든 참여자가 비트코인(bitcoin)으로 거래된 정보를 나누어 갖는다. 이 모든 과정이 블록들을 연결시켜 은행이나 증권사 같은 외부기관의 개입 없이 신뢰를 유지할 수 있다.

블록체인 2세대 기술은 2015년에 탄생한 새로운 가상화폐인 이더리움이다. 이더리움은 블록 생성 속도가 분 단위 이하로 더 짧아짐에 따라 스마트 계약 기능이 추가되었다. 여기서 스마트 계약이란 블록체인을 통해 서로 합의된 조건을 만족하면 자동적으로 거래를 가능하게 만든 것인데, 계약 이행을 촉구하기 위한 추가적인 관리 비용이나 시간이 절약되고 계약 불이행의 위험도 원천 배제되어 경제적이다. 블록체인 3세대 기술은 블록체인의 확장성을 극대화해 전 사회영역에 신뢰 인프라를 확산하려는 스마트 P2P 플랫폼 등이다.

블록체인이 몰고 올
엄청난 혁신들

블록체인은 기존 산업의 모습을 크게 변화시킬 것으로 예상될 뿐만아니라 민간부문과 공공부문 등 사회 전 영역에 걸쳐 영향을 미칠 것으로 예상된다. 현재 가장 활발히 확산·적용되고 있는 곳은 금융서비

블록체인기술이 가져올 금융 서비스의 변화

블록체인 등 첨단기술	지급결제	실시간 국제 송금, 환전 서비스, 새로운 소액 결제 시스템 등
금융산업의 블록체인 활용효과 • 운영절차 간소화 • 규제의 효율성 향상 • 거래상대방 위험 감소 • 청산 및 결제시간 단축 • 유동성·자본효율성 개선 • 부정거래 발생 최소화	보험계약	스마트계약을 통한 자동화된 손해보험 청구, 심사 시스템 등
	예금대출	직접적인 수출·수입 무역금융, 실시간 신디케이트 론 서비스 등
	자본조달	데이터에 기반한 조건부 전환 증권발행을 통한 자금조달 등
	자산관리	실시간 데이터 업데이트 및 반영, 종합 자산 평가 심사 자동화 등

자료: 세계경제포럼, 삼정KPMG 재인용

스 분야다. 즉 분산화 원장 기술을 사용해 높은 보안성, 거래내역의 투명성, 비용절감, 빠른 처리 속도 등의 장점으로 블록체인은 금융시스템의 새로운 패러다임으로 급부상 중에 있다.

국내 금융권에서는 처음으로 주요 증권사를 중심으로 블록체인 인증 서비스 시범사업이 2017년 10월 31일에 시작되었다. 블록체인 인증 서비스는 공인인증서를 새로 발급받거나 등록하는 번거로움을 줄일 수 있다는 점에서 투자자들의 편의성을 높일 것으로 기대되는데, 투자자들은 기존의 공인인증서와 블록체인 공인인증서 가운데 더 편리한 것을 선택해 사용하면 된다. 증권사를 시작으로 은행, 보험 등 범 금융권과도 블록체인 인증 서비스를 공유할 계획으로 유료 범용인증서를 사용해야만 가능한 금융업권 간 금융거래도 개선될 전망이다.

이와 같은 블록체인 인증 서비스를 시작으로 2018년에는 개인정보 노출자 사고예방 시스템, 문서부인방지 및 의심·혐의거래 등 정보

공유, 금융투자상품 청산결제 업무 자동화 등으로 블록체인 기술을 확대해 적용할 계획일 뿐만 아니라 오는 2020년에는 채권, 장외파생상품 거래까지 저변을 늘릴 방침이다.

또한 제조 및 유통부문에서의 블록체인 활용 가능성도 확대되고 있다. 특히 블록체인기술이 실시간으로 정보의 흐름을 제공해 주는 사물인터넷기술과 결합될 경우 전혀 새로운 형태의 공급망이 등장할 수 있으며, 공공부문에서도 블록체인을 활용해 토지대장 관리, 전자시민권 발급, 표결 관리를 추진하는 등 변화의 모습이 나타나고 있다.

일례로 중국 월마트는 2016년 11월 돼지고기 유통 시스템을 블록체인 방식으로 구축해 돼지고기가 사육과 도축 단계를 거쳐 슈퍼마켓 매대에 오를 때까지의 각종 유통 정보를 블록체인에 자동으로 기록되도록 했다. 한번 기록되면 조작이 불가능한 블록체인의 비가역성을 이용해 원산지나 유통기한 조작을 못 하도록 한 것이다. 모든 거래 정보가 디지털화되어 돼지고기 유통 과정 추적에 걸리는 기간도 수개월에서 단 몇 분으로 크게 단축됐다.

2017년 3월에 세계 최대 해운사인 덴마크 머스크라인은 IBM과 제휴해 자사 물류체계를 블록체인 방식으로 개편한다고 예고했다. 화물 운송을 맡긴 화주, 해운사, 항만 관리소, 세관 등에 모든 해운거래 계약과 선적량이 통보되고 실시간으로 공유된다. 머스크라인은 통관 절차 단축과 화물선적 효율 증대로 연간 수십 억 달러 비용이 감축될 것으로 내다보았다.

무엇보다 블록체인의 확장성을 높여주는 핵심 기능은 바로 스마트 계약이다. 스마트 계약을 통한 거래가 확산되면 금융은 물론 정부 행정·법률·부동산 등 거의 모든 영역에서 중개업을 담당하는 전문가나

기관의 힘이 축소되고, 절차나 비용도 간소해질 것으로 기대된다.

가령 에스크로 서비스의 경우 지금은 판매자와 구매자 간 중개 역할을 하는 신뢰할 만한 제3자 기관이 필요하지만 스마트 계약 조건으로 구매자 입금을 설정하고 블록체인이 이를 충족했다고 판단하면 상품이나 서비스 제공이 자동으로 이행된다. 또한 공공부문에서는 토지대장 관리, 전자시민권 발급, 표결 관리 등을, 자동차 업계에서는 차량공유, 리스, 포인트 제공 등을, 음원 등 콘텐츠 산업에서는 음원 유통과 로열티 분배 등을 스마트 계약으로 진행할 수 있다.

두바이는 2020년까지 모든 공문서를 블록체인으로 관리하도록 할 방침이다. 온두라스 정부도 부정부패와 탈세를 막기 위해 블록체인을 이용한 부동산 등기 시범 시스템을 구축했다.

국내 비금융권에서도 블록체인 기술 도입이 속속 이루어지고 있다. 삼성에스디에스의 경우 블록체인 사업을 본격적으로 전개하기 위해 자체 개발한 블록체인 플랫폼 넥스레저를 공개하고, 블록체인 기반 신분증 관리와 지급 결제 서비스를 상용화했다. 또한 SK C&C는 국내외 선사들을 위한 블록체인 물류 서비스를 개발해 선주, 육상 운송업자, 화주 등 물류 관계자가 P2P 네트워크로 물류정보를 공유 및 관리할 수 있는 서비스를 제공하고 있다.

가상화폐인
비트코인이란 무엇인가?

정부 및 금융기관의 개입이 없는 화폐시스템이 대두되기 시작했는데,
이러한 환경하에서 네트워크형 가상 화폐의 일종인 비트코인이 등장했다.

화폐는 일반적인 교환수단이며 가치를 나타내는 표준단위로서 재
화·용역의 교환수단, 이들 사이의 가치 관계를 표현하는 가치척도,
부의 가치 저장수단, 채무 변제를 위한 지급수단 등의 기능을 갖는
다. 원천적으로 세계 각국의 중앙은행이 자국의 화폐 발행권을 독점
하면서 공급량을 조절한다.

인터넷 출현 및 스마트폰 등이 보급되면서 언제 어디서나 은행 업
무가 가능해지면서 전자화폐 활용의 인프라가 구축되었다. 전자화폐
는 기존의 지폐나 주화를 대체하는 새로운 개념의 전자적 결제 수단
으로 돈의 액수를 디지털 정보로 바꾸고, 이를 다른 사람이 이용하지

못하도록 암호화해 IC 형태의 카드로 만들어 휴대하거나 자신의 컴퓨터 속에 보관하고 이를 네트워크상에서 이용하는 것을 말한다. 또한 가상화폐는 컴퓨터 등에 정보 형태로 남아 실물 없이 사이버상으로만 거래되는 전자화폐의 일종으로, 화폐 발행에 따른 생산비용이 전혀 들지 않고 이체비용 등 거래비용을 대폭 절감할 수 있을 뿐만 아니라 컴퓨터 하드디스크 등에 저장되기 때문에 보관비용이 들지 않고, 도난·분실의 우려가 없기 때문에 가치저장수단으로서의 기능도 뛰어나다는 장점을 가지고 있다.

정부 및 금융기관의 개입이 없는 권력 분산뿐만 아니라 누구나 편리하게 사용할 수 있는 화폐시스템이 대두되기 시작했는데, 이러한 환경하에서 네트워크형 가상 화폐의 일종인 비트코인이 등장했다.

비트코인이
가상화폐의 대세다

비트코인은 2009년 초에 정체불명의 프로그래머 사토시 나카모토(Satoshi Nakamoto)에 의해 만들어진 세계 최초의 P2P 네트워크 기반의 전자 금융거래 시스템이자 새로운 화폐다. 디지털 정보량 기본 단위인 비트(bit)와 동전을 의미하는 코인(coin)이 합쳐져 탄생한 비트코인은 컴퓨터로 암호를 풀어냄으로써 생성할 수 있는데, 특정 개인이나 회사가 발행하는 것이 아니라 P2P에 사용되는 방식이기 때문에 비트코인을 만들고 거래하고 현금으로 바꾸는 사람 모두가 비트코인 발행주가 되는 형태를 띠고 있다. 이러한 비트코인은 암호

기술을 통해 화폐를 암호화하고 분산합의기술을 통해 은행 같은 중개자 없이 결제하고 송금할 수 있는 블록체인의 또다른 이름이기도 하다.

비트코인의 거래 형태는 다음과 같다. '1) 송금자가 비트코인을 수신자에게 보냄(이체신청), 2) 비트코인 거래가 10분에 한번씩 블록에 입력, 3) 블록이 모든 네트워크 참여자에게 전달, 4) 네트워크가 거래를 확인하고 합의를 도출, 5) 확인이 되면 이전의 블록과 연결(이체확인), 6) 수신자가 비트코인을 받음으로써 거래완료(이체확정)'로 이루어진다.

비트코인을 보내는 사람은 거래내역을 자신의 개인키(인터넷의 패스워드와 같은 역할)로 암호화된 디지털 서명을 비트코인을 받는 사람에게 보낸다. 이후 비트코인을 받는 사람은 보내는 사람의 공개키(인터넷의 아이디와 같은 역할)로 디지털 서명을 해독해 전송 과정에서 위·변조가 없는지 확인한다.

다음은 은행 없이 거래원장을 기록하는 것인데, 이 장부는 위조할 수 있어서도 안 되고 해킹이 발생해서도 안 된다. 비트코인은 장부를 만들 때 입출금 기록 한 줄 한 줄에 해당하는 트랜잭션들을 모아 블록으로 만드는데, 여러 줄의 트랜잭션이 써진 장부 한 장이 블록이 되는 것이다. 비트코인은 10분 동안 발생한 트랜잭션을 묶어 블록 하나를 만들고, 이 블록들을 쭉 연결해 전체 블록체인으로 만든다.

이때 거래원장의 위조·해킹을 막기 위해 사용되는 암호화 기술이 바로 해시함수다. 해시는 블록들을 연결할 때 사용되는 디지털 지문으로서 블록체인에서 체인역할을 함에 따라 직전 블록과 해당 블록의 해시 값이 일치할 때 체인으로 연결한다. 그런데 이 해시함수라는 암호화 기술은 2가지 특징이 있는데, 조금만 다르게 입력해도 규칙 없이 완전히 다른 값을 출력하기 때문에 해시를 대조해 입력 값 변형 여부를 쉽게 알 수 있다. 또한 해시함수는 그 역함수가 존재하지 않기 때문에 결과 값에서 입력 값을 추론할 수 없다. 즉 해독을 고려하지 않은 암호방식인 것이다.

남은 문제는 은행 대신 누가 거래원장을 기록하느냐다. 비트코인은 누구나 장부 조회를 할 수 있지만 장부 기록은 제한을 둔다. 10분 동안 이루어진 거래내역을 모아 검증작업을 한 사람, 즉 거래원장에 삽입하기 위해 해당 블록의 해시를 찾은 사람들에게 기록할 권한을 준다. 이와 같이 거래내역을 모아 검증하는 작업과정을 작업증명이라고 한다.

해시함수는 해독을 고려하지 않은 암호화 방식이기 때문에 블록의 해시를 구하기 위해서는 컴퓨터를 돌리는 반복 작업을 해야 한다. 비트코인에서는 이러한 작업증명 과정을 채굴이라고 하는데, 엄청난 작업으로 거래내역을 검증했음을 증명했기 때문에 채굴자에게 비트코인 12.5개를 준다. 결국에는 블록의 원문 거래내역 해시 값을 구하고 직전 블록과 해당 블록의 해시 값이 일치하면 불록체인으로 연결되는 것이다.

따라서 이들 채굴자들은 장부를 기록하는 역할과 함께 비트코인을 발행하는 사람이기 때문에 비트코인은 화폐의 제조권한을 중앙은행이 독점하는 것이 아니라 여러 채굴자들에게 분산되었다고 말할 수 있다.

비트코인 생태계를
구성하는 주체는 누구인가?

비트코인 생태계를 구성하는 주체는 개발자, 채굴자, 소유자 등이 있다. 개발자는 탈중앙화 가치를 공유하며 프로그램 개발 및 관리를 하고, 채굴자는 전기료를 부담하며 작업증명 및 신규 통화를 공급하고, 소유자는 투자 혹은 거래 목적으로 비트코인 수요 및 가격을 형성시킨다.

비트코인 거래절차를 짚어보자. 비트코인을 다른 사람에게 송금하면 거래내역이 블록에 입력되고, 채굴자들이 거래내역을 모아 검증(작업증명)한 후 이전 블록에 연결한 후 수신자가 비트코인을 받으면서 거래가 종료된다. 그런데 사용자가 늘어나고 처리 용량은 제한되면서 문제가 발생했다. 원래 비트코인 블록 크기를 1MB로 제한했는데, 이는 10분 동안 2,100건 정도의 거래를 수용할 수 있는 용량이다. 하지만 사용자가 늘어나면서 송금을 해도 블록에 입력되지 못하는 대기거래가 급증하는 것이다.

이러한 문제들을 해결하기 위해서 블록 사이즈를 확대하는 중국계 비트메인 연합이 2017년 8월 1일 비트코인 캐시로 분리해 나오게 되었다. 이렇게 분리하는 과정을 하드포크라고 한다. 암호화폐는 프로그래밍의 결과이기 때문에 업그레이드를 해야 하는데 이를 포크(fork)라고 한다. 소프트 포크는 체인 분리가 일어나지 않는 업그레이드로 포크 이전과 호환성이 유지되는 반면, 하드 포크는 체인 분리가 일어나는 업그레이드로 호환성이 단절되며 새로운 코인(알트코인)이 탄생하는 것이다.

한편 알트코인(altcoin)은 비트코인을 제외한 가상화폐를 전부 일컫는 편의상의 용어로 이더리움(ethereum), 리플(ripple), 라이트코인(litecoin) 등이 대표적이다. 이 중에서도 이더리움은 러시아 이민자 출신 캐나다인 비탈리크 부테린(Vitalik Buterin)이 2014년 개발한 가상화폐로, 그 안에서 애플리케이션을 만들고 스마트 계약 등이 적용될 수 있어 각광을 받고 있다.

가상화폐인 비트코인의
미래는 어떻게 될까?

결국에는 사용자들의 가치 향상에 얼마나 기여할 것인가가
비트코인의 미래를 결정짓는 관건이 될 것이다.

2017년 초 1천 달러를 밑돌던 비트코인 가격이 2018년 2월 9일 기준으로 8천 달러를 넘어 수익률이 700%가 넘는다. 가상화폐 시장의 경우 미국 달러화처럼 비트코인이 중심통화 지위를 굳혀가고 있다.

이러한 환경에서 전 세계는 최근 비트코인 등 가상화폐 도입을 적극적으로 검토하고 있다. 일본은 2017년 4월 가상화폐를 지불수단으로 인정해 거래를 허용하고 있을 뿐만 아니라, 가상화폐를 살 때 부과하는 소비세를 폐지했고, 거래로 발생하는 차익에 대해서는 세금을 부과하고 있다.

미국은 가상화폐를 화폐나 지급수단이 아닌 일반상품(commodity)

으로 규정하고 있으며, 독일은 가상화폐를 2016년 5월 은행법상 금융상품으로서 사적 통화의 일종인 계좌의 단위(unit of account)로 규정했다.

가상화폐 거래를 불법으로 규정했던 러시아는 합법화를 추진한다고 밝힌 상태고, 가상화폐를 법적으로 허용하지 않았던 베트남도 가상화폐 이용 상거래를 합법화하는 법안을 통과시켰다.

반면에 중국은 ICO(가상화폐를 이용한 자금조달)를 불법으로 규정하고, 중국 내 가상화폐거래소 BTCC의 거래 중단을 선언했다. 이는 가상화폐를 이용한 투기와 자본유출 확산을 우려한 조치로, 규제를 지속하고 있다.

비트코인,
뜨겁게 달아오르다

우리나라는 가상화폐가 정의되지 않은 상태에서 가상화폐의 실체를 인정할 수 없어 공식적 입장을 회피해오고 있다. 이 밖에 여러 나라는 가상화폐와 법정화폐 간 환전 서비스 제공업자의 인허가·등록요건과 자금세탁·테러자금 조달방지 의무 등을 부과하고 있다.

가상화폐의 세금적인 측면에서는 독일은 이를 상품으로 보고 물물교환에 대한 부가가치세를 부과하고 있다. 그러나 유럽사법재판소가 비트코인에 대한 부가세 면제 결정을 내렸다. 미국, 영국, 일본에서는 가상화폐를 지급수단으로 보아 부가가치세 대신 양도세를 부과하고 있다. 우리나라도 암호화폐 거래의 시세차익에 대한 양도소득세나

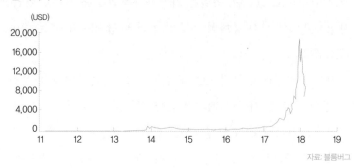

비트코인 가격 추이

(USD)

20,000
16,000
12,000
8,000
4,000
0

11 12 13 14 15 16 17 18 19

자료: 블룸버그

개별 거래에 대한 거래세 부과를 검토하고 있다.

　무엇보다 2017년 12월 18일 세계 최대 파생상품 거래소인 시카고 상품거래소(CME)에서 비트코인 선물거래를 개시했다. 이에 따라 개인들도 비트코인 선물 거래가 가능해지는 등 신규 투자자가 대거 유입되고 비트코인 상장지수펀드(ETF) 등 간접 상품이 출시될 것으로 전망됨에 따라 비트코인이 드디어 제도권으로 진입하는 것이다.

　그동안 주요 은행들은 비트코인이 돈세탁과 불법 거래에 이용되고 있는 점을 이유로 합법 자산으로 인정하지 않았지만 이번 선물 상품 도입을 통해 가상화폐가 금이나 원유 등과 같은 주요 자산 파생 상품의 반열에 오를 수도 있을 것이다.

　세상에 없었던 것이 새로 생겨 났을 때는 버블이 생기게 마련이다. 비트코인도 여기에 해당될 수도 있으며, 완전한 투자자산의 인정 유무 및 속도에 따라서 가격 등락이 있을 것이다. 결국에는 사용자들의 가치 향상에 얼마나 기여할 것인가에 따라 최종적으로 판가름이 날 것이다.

6장

제4차 산업혁명에서의
스마트 헬스케어

제4차 산업혁명 시대의 헬스케어 산업은 지능정보기술(사물인터넷 (IoT)·빅데이터(big data)·인공지능(AI)·클라우드(cloud))와 의학의 결합을 통해 질병의 이해, 예방, 치료 방법의 영역을 확대할 뿐만 아니라 효율성 증대로 경험 기반이 데이터 기반으로, 범용에서 맞춤형으로 진화하고 있다.

또한 의료용 로봇의 경우 환자에게는 수술시간 단축과 더불어 출혈 및 전염 가능성 감소 등의 효과를 주고, 의사에게는 피로감과 수술시 떨림 현상을 줄여주는 등 긍정적인 요소가 많기 때문에 향후 크게 성장할 것으로 예상된다.

제4차 산업혁명으로
스마트 헬스케어 시대가 다가온다

ICT 또는 바이오기술을 활용해 헬스케어 데이터를 생성하고 수집한 후,
인공지능으로 분석하는 등 새로운 의약품 및 의료 서비스를 개발한다.

출산율 감소 환경하에서 기대수명 증가로 인한 인구 고령화가 경제
저성장 추이와 맞물려 개인 의료비 지출 및 국가재정 부담이 심화되
는 추세에 있다. 또한 건강수명 연장을 통한 삶의 질 개선 등도 대두
되고 있다. 이에 대한 근본적인 해결방안은 제4차 산업혁명을 통한
스마트 헬스케어 패러다임 변화로 효율성을 개선시키는 것이다.

제4차 산업혁명으로 인해 스마트 헬스케어 시대가 도래하고 있
다. 스마트 헬스케어는 지능정보기술[사물인터넷(IoT), 빅데이터(big
data), 인공지능(AI), 클라우드(cloud)]과 헬스케어를 융합한 것이다.
ICT 또는 바이오 기술을 활용해서 헬스케어 데이터를 생성하고 수

집한 이후 클라우드로 전송 및 저장하고 인공지능으로 분석해서 새로운 의약품 및 의료 서비스를 개발하는 데 활용하고 있다. 따라서 스마트 헬스케어 생태계는 웨어러블·하드웨어 기기를 생산하는 제조업, 헬스케어 애플리케이션·정보 플랫폼 등 분석 비즈니스 모델에 초점을 맞춘 소프트웨어기업, 통신사·병원 등을 중심으로 건강 관리 및 의료 서비스를 제공하는 서비스기업 등 다양하다.

지능형 의료기기로
진화될 것

스마트 헬스케어를 통해 질병의 이해, 예방, 치료 방법의 영역을 확대할 뿐만 아니라 효율성 증대로 경험 기반이 데이터 기반으로, 범용에서 맞춤형으로 진화중에 있다. 즉 의료인 개개인의 지식과 경험 기반에서 진료·유전·라이프로그(심박수, 혈압, 혈당, 운동량, 수면시간 등 일상생활에서 측정되는 생체정보) 등의 데이터를 기반으로 변하게 될 뿐만 아니라 지속적인 데이터 수집 및 분석을 통해 질병의 사전 예방, 정확한 진단 및 치료, 사후 관리 서비스까지 제공한다. 또한 2003년 완성된 인간게놈프로젝트를 빠르고 저렴한 유전체 분석 기술이 개발되면서 치료 및 건강관리에 활용할 수 있는 헬스케어 데이터가 급증하고 있다. 이렇게 개인 데이터를 누적해 분석함으로써 맞춤형으로 처방을 내릴 수 있게 된다.

이와 같이 개인별 특성에 따른 맞춤형 의약품으로 기존의 질환에 따른 범용 의약품보다 치료 효과는 높이고, 사용량은 줄이는 것이다.

환경 변화와 기술 발전에 따른 헬스케어 패러다임 변화

환경변화	사회 니즈	기술발전	패러다임 변화
− 인구 고령화 − 생활수준 향상 − 만성질환 증가 − 예방중심 건강 강화	− 건강 증진 (건강수명 연장) ↑ ↑ − 의료비 절감	− 사물인터넷 − 클라우드컴퓨팅 − 빅데이터, 인공지능 − 모바일, 웨어러블, 로봇 − 유전공학기술	− 일상 관리화 − 개인 맞춤화 − 기능 향상 − 건강인 중심

자료: 보험연구원

이는 곧 급속한 고령화, 만성질환 증가에 따라 늘어나는 개인 의료비 등에 대해 새로운 해결책을 제시한다.

이와 발맞추어 의료기기의 경우도 지능정보기술을 기반으로 4P(예측(predictive), 예방(preventive), 개인맞춤(personalized), 참여(participatory)) 중심적으로 개발되거나 상용화되고 있다. 국내기업도 세계적 추세에 발맞추어 새로운 개념의 의료기기 개발이 활발하게 진행중에 있으며, 글로벌 경쟁력을 확보한 IT 기술력을 바탕으로 인공지능 진단기기, 로봇수술기 등의 기술개발을 확대중에 있다. 결국에는 기존 의료기기에 인공지능 등의 기술을 융합해서 질병 분석, 진단 보조가 가능한 지능형 의료기기로 진화될 것이다.

스마트 헬스케어에서
빅데이터는 어떤 역할을 할까?

스마트 헬스케어에서 빅데이터 분석은 고비용의 의료 환경 문제를
해결할 수 있는 새로운 전략적 도구 역할을 수행할 것이다.

스마트 헬스케어 데이터는 개인건강정보(PHR; Personal Health Record), 유전체 정보, 전자의무기록(EMR; Electronic Medical Record)으로 구분할 수 있는데, ICT와 헬스케어 기술의 혁신으로 데이터의 종류, 양, 생성속도가 급증하고 있다. 먼저 웨어러블 디바이스 등 스마트기기의 보급확산으로 개인이 스스로 자신의 식사 습관, 혈압, 운동, 활동량 등 다양한 데이터를 수집할 수 있게 될 뿐만 아니라 지속적으로 모니터링해 건강 상태를 분석하는 데 유용하게 사용될 수 있게 되었다. 이와 같은 개인건강정보 등은 헬스케어 서비스가 환자에서 일반인으로 확대되는 것일 뿐만 아니라 헬스케어 관련 정

보를 생성하는 곳이 병원 중심에서 개인 일상생활로 확장되는 것이 기 때문에 활용 가능한 데이터의 양과 다양성이 기하급수적으로 증가하고 있다.

따라서 개인건강정보 등 스마트 헬스케어 데이터가 질병이 발생하면 치료하는 치료기관·병원 공급자 중심에서 탈피해서 스스로 건강관리를 통해 예방하는 소비자 등 수요자 중심으로 의료서비스 페러다임이 변하는 데 있어 핵심 역할을 하면서 스마트 헬스케어가 지속적으로 성장할 것으로 예상된다.

다음으로 유전학은 유전자 분석 비용 및 시간 감소로 인해 활용성이 더욱 증대되고 있다. 합성생물학 기술은 DNA 데이터를 기록해서 유기체를 제작할 수 있어 심장병, 암 등 난치병 치료를 위한 의학 분야에 직접적인 영향을 줄 수 있을 뿐만 아니라 유전공학의 발달은 경제적이고 효율적인 작물을 키워내는 것부터 인간의 세포를 편집해 병증을 미연에 방지하는 것까지 광범위하게 우리의 삶과 직결되어 있다.

유전체란 우리 몸을 구성하고 생명을 유지하는 필수 유전물질로서 기본단위는 DNA다. 유전체 정보의 경우 한 사람당 약 30억 개, 1 테라바이트(TB)에 달하는 유전체 염기쌍의 서열로서, 정밀 의료(precision medicine), 개인 맞춤형 신약 개발, 유전자 편집, 합성 생물학을 구현할 핵심 열쇠다.

기존에는 유전자 분석비용이 높아 유전자 변이를 확인할 비교 데이터가 부족하고, 대량의 데이터를 저장하고 분석할 수 있는 ICT기술이 없었지만 2010년 이후 차세대 염기서열 분석 기술(NGS; Next Generation Sequencing)의 발전으로 인해 서비스 비용과 소요시간이 크게 감소해 데이터가 늘어나고, 머신러닝 등으로 빅데이터 분석이 가능해지고 있다.

치료 효과와
비용 효율이 높다

유전체 정보를 활용해서 질병의 세부특성을 구분하고 맞춤형 치료법이나 약물을 제시하는 정밀의료 구현이 가능해지면서 예방 및 맞춤형 의학이 가능해진다. 가령 할리우드 배우 안젤리나 졸리가 유전체 분석으로 유방암 발병 위험이 높다는 결과를 얻었듯이 개인 유전체 분석으로 걸릴 가능성이 높은 질병을 미리 알 수 있으며, 개인 유전자에 따라 암 발병 원인과 항암제 효능이 다르므로 개인 유전체 분석을 통해 향후 맞춤형 암 치료제가 나올 수 있을 것이다.

의학용뿐만 아니라 미용과 건강관리 등에도 유전체 정보가 활용될 수 있을 것이다. 즉 피부·비만·탈모 등 미용과 관련한 유전자를 분석해 개인 맞춤형 서비스를 제공해줄 수 있을 뿐만 아니라 개인 유전체 정보·운동·신체 정보 등을 결합해서 맞춤형 건강관리 서비스를 제공할 수 있을 것이다.

또한 유전체 정보 활용이 늘어날수록 유전자 가위 및 합성생물학도 주목받을 수 있을 것이다. 유전자 가위는 기존의 의학적 방법으로는 치료가 어려운 난치성 질환에 대해 문제가 되는 유전자를 제거하거나 삽입해서 편집하는 것이다. 가위 역할을 하는 단백질과 재단자 역할을 하는 폴리뉴클레오타이드가 특정 유전자에 대해 염기서

열을 제거하거나 삽입해 궁극적으로 표적이 되는 유전자 활성을 없애거나 원하는 유전자를 추가해 교정한다. 유전 질환뿐만 아니라 암·감염증·대사질환·자가면역 질환 등 치료에 활용될 것으로 기대된다. 이와 더불어 합성생물학은 생명체의 유전자를 변형해 새로운 물질을 개발하는 연구 분야로서 생명체의 물질 합성 과정을 재편하는 것이다. 이를 통해 새로운 치료약을 개발할 수도 있을 뿐만 아니라 종전과는 완전히 다른 새 생명체를 만들어낼 수도 있을 것이다.

마지막으로 전자의무기록은 의료기관에서 종이차트에 기록했던 인적사항, 병력, 건강상태를 비롯해서 처방정보, 처방결과 등을 전산화한 형태를 말한다. 유전체 정보와 개인건강 정보가 건강 개선, 질환 치료 및 예방 등의 구체적인 임상적 가치와 연결되기 위해서는 전자의무기록을 바탕으로 데이터가 분석되어야 하므로 전 세계적으로 의무기록의 디지털화 추세가 가속화되고 있어 활용성이 더욱 제고될 것으로 기대된다.

이러한 기반하에서 의료용 데이터 등을 클라우드로 저장하게 되면 데이터 분석 도구로 활용함에 있어 편리해진다. 이에 따라 미국의 경우 대부분의 병원이 기존 시스템을 버리고 클라우드 환경으로 전환했다.

결국에는 스마트 헬스케어에서 빅데이터 분석은 고비용의 의료 환경 문제를 해결할 수 있는 새로운 전략적 도구 역할을 수행할 것이다. 특히 임상분야에서 특정 증상의 여러 치료법을 비교하고 분석해서 치료 효과와 비용 효율이 가장 높을 것으로 예상된다.

스마트 헬스케어에서
인공지능은 어떤 역할을 할까?

유전자 정보를 스스로 분석하고 학습해 질환 발현시기를 예측하거나,
개인 맞춤형 진단 및 생활습관 정보 제공을 통해 질병 발현 예방에 도움을 줄 것이다.

클라우딩 기술을 통한 빅데이터 수집과 분석이 용이해지고 컴퓨터
처리속도와 성능향상으로 인공지능 기술 발전이 가속화되고 있다.
전 세계적으로 고령화에 따른 의료비 부담 증가로 보다 신속하고 저
렴한 의료 서비스가 요구되기 때문에 인공지능 기술이 헬스케어시장
에 새로운 가치를 창출할 것으로 기대되고 있다.

진료시 의사와 환자 간의 대화가 음성인식 시스템을 통해 자동으
로 컴퓨터에 입력되고, 저장된 의료차트 및 의학정보 빅데이터를 통
해 질병 진단정보를 제공하거나, 컴퓨터 스스로가 환자의 의료 영상
이미지를 분석하고 학습해 암 등의 질환에 대한 진단정보를 제공해

서 의사의 진단을 도울 수 있다. 또한 인공지능 기술은 빠른 시간 안에 습득이 불가능한 의학 잡지, 논문 데이터, 임상 의료 데이터 등을 분석하고 수십만 건에 달하는 의학적 근거를 학습함으로써 진단의 효율성을 높일 수 있을 것이다.

가령 IBM의 왓슨 포 온콜로지(Watson for Oncology)는 암 진단 및 치료를 돕는 인공지능 소프트웨어로 데이터베이스에 종양학과 관련된 전문지식, 의학 학술지 300개, 의학서 200개 등 1,500만 쪽 분량의 의료 정보가 구축되어 있어 의사가 환자의 정보를 입력하면 빅데이터를 바탕으로 가장 성공률이 높은 치료법을 제안하는데, 전 세계 각국의 의료기관에서 진단보조로 활용되고 있다. 또한 암을 비롯한 여러 의료분야에서 사용될 수 있도록 기능을 지속적으로 개선중에 있다.

의료 서비스가
혁신적으로 좋아진다

방대한 양의 유전자 정보를 스스로 분석하고 학습해 질환 발현시기를 예측하거나, 개인 맞춤형 진단 및 생활습관 정보 제공을 통해 질병 발현 예방에 도움을 줄 수 있을 것으로 기대된다. 이와 더불어 의학생물학 관련 빅데이터를 통해 신약 분자모양을 모델링하거나 예상되는 결과를 예측해서 임상 실험을 설계하고 신약 개발의 주기를 단축시켜 신약 개발 비용을 절감시킬 수도 있다. 즉 인공지능을 통해 방대한 데이터를 취합하고 분석함으로써 임상시험을 최적화시키고 부작용이나 작용기전을 예측하고 분석하는 등 신약 개발에서 필요한 과정을 단축시킬 수 있다.

한편 인공지능 기술의 발전은 시간과 공간의 제약을 극복하고 만성질환자에게 적시의 의료서비스를 제공받을 수 있게 해준다. 즉 웨어러블 기기를 통해 24시간 모니터링해서 데이터를 수집하고 인공지능기술을 활용해 다른 데이터와 연계·분석해 이상신호를 판단하는 경우 적시에 전문 의료서비스를 받을 수 있도록 요청할 수 있고, 전문의에게 필요한 정보를 함께 전달함에 따라 응급의료의 효율도 증가시킨다.

가령 인공지능 기술이 탑재된 웨어러블 스마트수트를 입은 사람의 심박동 수를 실시간으로 감지하고, 이상 징후 발견시 의사와의 원격진료를 통해 빠른 진단과 처방을 내려 실시간 심장병 치료를 가능하게 할 수도 있다. 또한 웨어러블 스마트기기가 개개인의 건강상태를 실시간으로 체크하고 의료비용이 저렴한 병원으로 환자를 안내할 수도 있을 뿐만 아니라 개인 맞춤형 데이터를 통해 개인별 약물의 부작용을 미리 예측해서 처방에 도움을 주는 등 좀 더 빠르고 정확하게 환자를 치료할 수도 있게 된다. 또한 인공지능기술이 탑재된 수술로봇은 수술중에 실시간으로 영상을 분석하고 학습해서 수술 집도중인 의사에게 가이드라인을 제시할 수도 있다.

스마트 헬스케어 시대,
의료용 로봇은 어떤 역할을 할까?

부족한 의료진 문제를 해결하고 시간적·공간적 제약을
극복할 수 있게 할 뿐만 아니라 보다 정확하고 안정된 시술을 돕는다.

국제로봇연맹(IFR)은 로봇산업을 크게 제조용 로봇과 서비스용 로봇 시장으로 분류하며, 의료용 로봇은 서비스용 로봇 중에서 전문 서비스 로봇에 포함되어 있다. 의료용 로봇은 의료현장의 다양한 분야에 로봇기술을 융합해 보다 안전하고 편리한 의료 서비스를 제공하는 시스템으로 진단 시스템, 로봇수술과 치료, 재활 시스템, 기타 의료로봇으로 구성되어 있다.

최근 생명연장과 질병치료, 고령화 사회에 접어들면서 건강에 대한 관심이 증대되고 있다. 따라서 양질의 의료 서비스에 대한 요구와 함께 의료용 로봇에 대한 관심도 커지고 있다. 의료용 로봇은 환자에게는 수술시간 단축과 더불어 출혈·전염 가능성 감소 등의 효과를 주고, 의사에게는 피로감과 수술시 떨림 현상을 줄여주는 등 긍정적인 요소가 많다. 또한 병원 입장에서도 환자의 병원 잔류 기간이 감소하므로 더 적은 시간에 더 많은 환자를 치료할 수 있을 뿐만 아니라 최소 침습 수술 덕에 치료결과도 더 좋은 것으로 인식되고 있다. 이에 따라 많은 병원에서 의료용 로봇의 도입을 준비중이므로 의료용 로봇산업이 크게 성장할 것으로 예상된다.

시장조사 기관인 마켓앤드마켓(Marketandmarkets)에 따르면 의료용 로봇시장은 2016년 49억 달러에서 연평균 21.1% 성장해 2021년 128억 달러 규모가 될 것으로 전망된다. 이 중 수술용 로봇이 전체 의료용 로봇시장의 60%에 달할 것으로 예상된다. 이는 로봇 시스템의 확장, 영상 플랫폼과의 결합, 캡슐 로봇 시스템 등의 기술진보뿐만 아니라 인구 고령화, 신경 및 정형외과 장애 발생률 상승, 원격진료 수요증가 등으로 수술용 로봇시장의 성장이 클 것으로 기대되기 때문이다. 또한 글로벌 컨설팅기업인 프로스트앤드설리번(Frost & Sullivan)에 따르면 우리나라 수술용 로봇시장도 연평균 45.1%로 성장하면서 2018년까지 4,910만 달러에 이를 것으로 예상된다.

의료용 로봇시장의
성장이 가속화

의료용 로봇은 다시 수술용 로봇과 수술용 보조로봇으로 분류할 수 있다. 수술용 로봇은 수술의 전 과정 또는 일부에 대해 의사를 대신하거나 의사와 함께 작업하는 로봇으로, 의사의 조작이나 미리 작성된 수술 예비 계획 시스템에 의해 직접 수술을 수행하게 된다. 반면에 수술용 보조로봇은 수술자의 보조를 위한 각종 기능적·정보적 보조 기능을 수행한다. 정형외과 수술로봇 같이 동작의 정밀도 확보를 보조하거나, 복강경 수술로봇처럼 수술자의 동작을 보조하거나, 뇌수술 및 생검(biopsy) 보조로봇 같이 영상정보 등 수술 부위의 기하학적 정보를 보조하는 등 수술의 정밀도·정확도·편의도 등을 제공하고 있다.

의료용 로봇의 시작은 1985년 산업용 로봇인 PUMA560을 뇌수술에 사용하면서 열렸다. 이때 의료용 로봇의 가능성을 확인한 후, 의료현장에서 로봇을 활용한 다양한 연구와 제품들이 개발되었다. 특히 2000년 수술용 로봇으로서 세계 최초로 FDA 승인을 받은 다빈치(da Vinci) 수술로봇 시스템의 등장은 본격적인 로봇수술시대를 열며 로봇수술의 대중화와 관련 기술의 발전을 촉진시켰다. 현재는 수술뿐만 아니라 진단·치료·재활·간호보조 등을 포함한 의료 전반에 걸쳐 로봇이 활용되고 있다.

현재 출시되고 있는 로봇의료기기는 대표적으로 수술로봇과 재활로봇으로 크게 나누어 사례를 들 수 있다. 수술로봇 제품들은 신경과, 안과, 심장학, 정형외과, 모발이식 등 점차 활용 범위가 확대되고 있으며, 미국 인튜이티브 서지컬사(Intuitive Surgical)의 다빈치가 가장 많이 판매되고 있다.

재활로봇은 노인 및 신체 활동이 불편한 사람을 대상으로 생활을 보조하고 신체적·활동력 회복에 기여할 수 있는 새로운 대안으로 주목받고 있다. 또한 재활로봇은 사람과 달리 지치지 않아 설정한 치료를 지속적이고 일관되게 제공할 수 있고, 센서를 이용해서 객관적인 회복량에 대한 데이터 수집이 가능하다. 인간이 수행하던 재활치료를 보완하고 대체해 인력 부족 문제를 해결할 뿐만 아니라 보다 정교하고 지속적인 치료를 통한 재활의 질적 향상까지 도모가 가능하다는 측면에서 수요가 확대되는 추세다.

향후 의료용 로봇의 경우 부족한 의료진 문제를 해결하고, 시간적·공간적 제약을 극복할 수 있게 할 뿐만 아니라 의사의 숙련도에 의존하지 않은 보다 정확하고 안정된 시술이 가능하므로 성장이 가속화될 것으로 예상된다.

7장

제4차 산업혁명시대에
주식투자로 돈 버는 방법

기술적 혁신에 의한 산업혁명은 기존에 없었던 것이 새로 출현해서 사회 및 경제에 지대한 영향을 미쳤기 때문에 이와 관련된 주식들은 상승을 넘어 항상 버블까지도 조성되었다. 다시 말해서 혁신동인이 증기기관인 제1차 산업혁명에서는 철도버블을, 전기발명인 제2차 산업혁명에서는 자동차 등 다우산업지수버블을, 컴퓨터와 인터넷 등이 등장한 제3차 산업혁명에서는 닷컴버블을 촉발시켰다.

제4차 산업혁명의 경우도 사물인터넷(IoT), 로봇공학, 3D 프린팅, 빅데이터(big data), 인공지능(AI) 등의 주요 기술로 인한 ICT 기반 융합 서비스의 잠재가치 등이 선반영되면서 버블이 나타날 가능성이 높아질 것이다. 특히 제4차 산업혁명의 무수히 많은 신기술과 패러다임을 융합해 고객가치 향상에 이바지할 것으로 예상되는 기업의 주가 상승률이 높을 것이다.

제1차·2차·3차 산업혁명과
주식투자의 기회

제1차 산업혁명에서는 철도버블을, 제2차 산업혁명에서는 다우산업지수버블을,
제3차 산업혁명에서는 닷컴버블을 촉발시켰다.

기술적 혁신에 의한 산업혁명은 기존에 없었던 것이 새로 출현해 사회 및 경제에 지대한 영향을 미쳤기 때문에 이와 관련된 주식들은 상승을 넘어 항상 버블까지도 조성되었다. 또한 기업 입장에서는 새로운 기술의 출현이 후발자가 기존 강자를 뛰어넘을 수 있는 일종의 기회로 활용되었다.

다시 말해서 혁신동인이 증기기관인 제1차 산업혁명에서는 철도버블을, 전기 발명인 제2차 산업혁명에서는 자동차 등 다우산업지수버블을, 컴퓨터와 인터넷 등이 등장한 제3차 산업혁명에서는 닷컴버블을 촉발시켰다.

제4차 산업혁명은 제3차 산업혁명에서 등장한 디지털기술의 고도화와 적용범위 확장을 통해 제품과 서비스의 혁신, 일자리, 복지 등 사회구조의 변화까지도 발생한다는 것이다. 이와 관련해 다른 산업혁명과 같이 버블이 촉발될 수도 있을 것으로 판단된다.

제1차 산업혁명으로 일어난
철도버블

제1차 산업혁명 시기에 철도는 기술적으로는 궤도와 견인력의 혁신 결과로서 나타난 것으로, 영국에서는 최대 산업의 하나로 성장했다. 이에 따라 다수의 철도회사들이 설립되는 과정에서 철도회사 주식에 대한 투자열풍이 불기 시작했으며, 철도를 건설하겠다는 계획만을 발표하는 것만으로도 엄청난 자금이 몰려들면서 주가가 상승했다.

그러나 철도기업 신설과 철도 건설계획이 잇달아 발표되면서 철도기업 수익성에 대한 회의가 생겨나기 시작했다. 이러한 환경에서 철도 건설이 본격화되자 철도회사들은 납입되지 않은 주식대금을 청구함에 따라 투자자들이 주식대금을 납입하기 위해 주식을 팔기 시작했고, 이자율 상승 부담 등으로 인해 주식 매도가 가속화되면서 주가는 폭락하였다.

이와 같은 버블에도 긍정적인 효과가 발생했는데, 영국 경제가 심각한 불황을 겪고 있던 1840년대에 철도 건설의 붐이 일자 50만 명의 노동자들이 철도 건설현장에 투입되면서 고용이 창출되었다. 또한 이와 같은 철도 건설이 경제발전에 밑거름이 되는 사회간접자본

확충에 기여를 했을 뿐만 아니라 다른 산업부문에도 엄청난 파급효과를 미쳤다.

제2차 산업혁명으로 일어난 다우산업지수버블

제1차 세계대전(1914~1918년)이 끝나고 미국은 엄청난 호황을 맞이한다. 1920년대에는 자동차 보급 등 새로운 산업 등이 출현하면서 성장에 대한 기대감으로 다우산업지수의 경우 1920년부터 1929년 9월까지 216% 상승했다. 특히 1886년 자동차 발명 이후 1900년경 처음 상업화로 창업붐이 일어나기 시작함에 따라 자동차산업의 급격한 성장이 보급률 확대로 이어지면서 GM 주가 등이 상승했다.

1920년부터 1929년 9월까지 다우산업지수 216% 상승

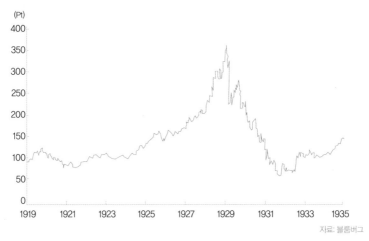

자료: 블룸버그

그러나 1929년 9월과 10월에 주식 가격이 하락하기 시작했으며, 10월 24일 목요일에 대폭락했고, 그 다음주 월요일과 화요일에도 폭락세는 이어져 주식시장은 완전히 붕괴되었다. 이러한 주가폭락은 1930년대 경제 대공황과 디플레이션으로 이어졌으며, 역사적인 뉴딜 정책을 불러왔다. 루즈벨트 정부는 뉴딜 정책의 기치 아래 새로운 금융 인프라를 정립했고, 그 결과로 미국 연방예금보험공사(FDIC; Federal Deposit Insurance Corporation)와 미국 증권거래위원회(SEC; Securities and Exchange Commission) 등이 생겨남으로써 신용이 주도하는 경제의 초석이 마련되었다.

제3차 산업혁명으로 일어난 닷컴버블

초고속망 보급 및 각종 인터넷 서비스 등은 인터넷 대중화의 촉매제가 되었으며, 그 파급효과의 기대치 상승으로 닷컴기업 등의 버블을 형성했다. 1990년부터 2000년 3월까지 나스닥 지수는 990%, 1999년 2월 24일에서 2000년 3월 10일까지 코스닥 지수는 300% 가까이 급등했다. 1990년부터 업종별 강세 흐름은 반도체에서 시작해서 인터넷 및 통신으로 이어진 후 바이오테크를 끝으로 종료되었다.

이와 같은 닷컴버블에도 긍정적인 측면이 있었는데, 수십 년은 걸렸어야 할 광섬유 인프라가 단 수년 만에 깔리게 됨에 따라 인터넷의 인프라 확충이 보다 빨리 되었다는 점이다. 더 나아가 인터넷은 저렴한 가격으로 이용할 수 있는 다양한 비즈니스 모델을 가능하게 만들

닷컴버블로 인한 나스닥지수 급등(1990~2000년)

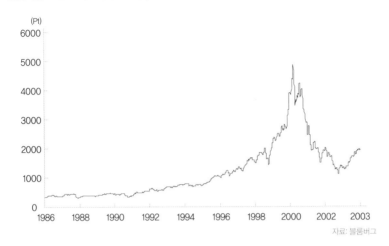

자료: 블룸버그

닷컴버블로 인한 코스닥지수 급등(1999~2000년)

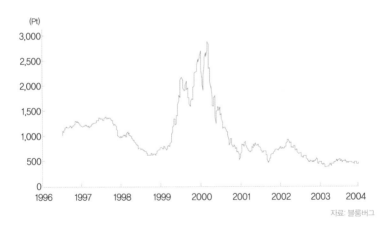

자료: 블룸버그

었다. 또한 이들의 부침에 힘입어 어찌 보면 새로운 형태의 기업들이 탄생했고, 살아남은 기업들은 같은 실수를 반복하지 않을 수 있는 경험이 쌓여 성장하게 되는 밑거름을 과거의 실패에서 얻게 되었다.

제4차 산업혁명시대,
이런 주식에 투자해야 돈 번다

기술적 혁신에 의해 등장하는 제품 및 서비스들에 관여하거나 지역적인 한계가
파괴되어 시장크기를 극대화할 수 있는 주식들의 수익률이 좋은 것이다.

사물인터넷·빅데이터·인공지능 등 디지털 기술이 발전하면서 사람
과 사람 간의 연결뿐만 아니라 사물과도 연결이 쉬워지면서 네트워
크가 확대되고 있다. 이런 네트워크는 속성상 어느 일정 시점에 도달
하게 되면 승수효과가 발생하게 되는데, 특히 모든 기기와 장소, 사
람까지도 연결된 네트워크 효과의 가치는 급격히 증가할 수 있을 것
이다. 제4차 산업혁명시대에는 이러한 네트워크 효과의 잠재적 가치
증가로 인해 기업의 가치가 상승하는 것이다.

더군다나 기존 산업 간의 경계가 모호해지고 전통산업 간의 장벽
이 무너지는 산업 간 융합으로 인해 기업들의 인수·합병이 활발하게

진행중에 있다. 즉 기술 및 새로운 비즈니스를 M&A 등을 통해 획득함으로써 시너지 효과로 인한 기업가치가 창출될 수 있을 것이다. 따라서 기존 제조산업이 IT산업에 기업을, IT산업이 기존 산업에 기업을 M&A하게 됨에 따라 기존 기업가치의 잣대가 아닌 인수하는 기업의 시너지 효과에 따라서 기업가치가 달라질 수 있는 것도 기업가치를 상승시키는 요인이 될 수 있을 것이다.

또한 사물인터넷·빅데이터·인공지능 등 혁신적인 기술의 발전은 소비자의 행동방식을 변화시키고 이에 따라 신규시장이 출현하거나 산업이 진화함에 따라 산업은 플랫폼 비즈니스와 서비스업으로 재편되고 있다. 이와 같은 혁신은 단순한 생산성 증대를 의미하는 것이 아니라 많은 물건을 적은 인력으로 빨리 만들어서 고객의 가치를 증진시키는 것을 의미하며, 이는 곧 기업가치 상승으로 이어질 것이다. 결국에는 제4차 산업혁명 관련주의 경우 융합 비즈니스 모델, 네트워크 효과의 잠재적 가치 증가 및 높아진 M&A 수요뿐만 아니라 고객의 가치 증진 가능성 등으로 인해 높은 밸류에이션 적용이 가능할 것이므로 관련 종목들의 주가 상승이 예상된다.

한편 지난 2011년 독일 정부가 인더스트리 4.0 정책을 추진하기 위해 제4차 산업혁명과 관련된 개념이 사용되었는데, 이를 2016년에 세계경제포럼의 클라우스 슈밥 회장이 '제4차 산업혁명'이라 명명하면서 본격적인 화두를 던졌다. 지난 2016~2017년은 제4차 산업혁명 개념을 이해하는 데 상당 시간을 할애했다면 2018년은 보다 더 구체적인 비즈니스 모델 및 정부정책들이 가시화될 것이다.

이보다 더 중요한 점은 성장주가 상승을 넘어 버블이 일어날 수 있느냐에 대한 판단 기준인데, 이는 곧 거론되는 신기술들이 혁신에 의해 향후 사회·경제에 지대한 영향을 미쳐서 혁명까지도 일으킬 수 있느냐에 대한 판단여부와 직결된다. 현재 전 세계 기업들이 거액을 주고서라도 신기술들을 가지고 있는 스타트업기업을 인수하고 있거나 FANG[미국 IT업계를 선도하는 기업으로 페이스북(Facebook), 아마존(Amazon), 넷플릭스(Netflix), 구글(Google) 등을 가리킴] 등 소프트웨어 관련 성장주 및 소프트웨어인 비트코인 가격 상승 등은 기술적 혁신에 의해 혁명까지도 일어날 수 있다는 것에 대해 전 세계 투자자들이 베팅하는 것이다.

제4차 산업혁명을 맞아 돈 되는 주식은 따로 있다

제4차 산업혁명의 본질은 모든 사물에 센서, 통신칩을 집어 넣어서 정보를 받아들이고 내보내는 역할을 할 수 있게 하는 '모든 사물의 지능화'다. 현재보다는 정보를 더 많이 얻을 수 있을 뿐만 아니라 인공지능으로 인해 단지 정보만 쌓이는 쓰레기 같은 정보가 아닌 내게 딱 들어맞는 맞춤형 정보 획득을 가능하게 해 사전적이든 사후적이든 인류 삶의 질을 향상시키는 데 있다. 즉 인구가 줄어들면서 수요자는 감소할 수밖에 없기 때문에 양이 중점이 되는 하드웨어시대가 점차 지나가고 있는 환경에서는 공급자·수요자·정부 등도 효율화로 인한 부가가치 창출을 위해서 소프트웨어화로 인한 맞춤정보가 필요하기 때문이다.

그러면 이제부터 어떤 주식에 투자해야 할까? 가치가 상승하는 곳으로 돈이 이동하기 마련이다. 제4차 산업혁명의 성장주로 돈이 이동해서 가치가 상승하게 된다면 이것은 미래 기대치를 높게 평가해 베팅하는 것이다. 여태까지의 제1차 산업혁명(철도버블), 제2차 산업혁명(다우산업지수버블), 제3차 산업혁명(닷컴버블)에서 공통적으로 미래 기대치를 높게 평가했던 요소는 향후 제4차 산업혁명에서도 똑같이 적용될 것이다. 그 요소는 공급자 측면에서는 기술적 혁신에 의해 새로이 등장하는 제품 및 서비스들에 관여하거나 그동안의 지역적인 한계가 파괴되어 판매 및 서비스가 가능해지면서 시장 크기를 극대화할 수 있느냐와 더불어 수요자 측면에서는 기술혁신이 편리성 향상보다는 비용 절약을 극대화할 수 있는지가 중요하다. 이와 더불어 우호적인 정부정책도 미래 기대치를 높게 평가하는 데 큰 영향을 미쳤다. 따라서 제4차 산업혁명의 경우도 이런 요소들이 극대화될 수 있는 성장주에 투자해야 한다.

제4차 산업혁명시대,
주가 상승에도 순서가 있다

주가가 상승할 수 있는 타자는 통신인프라, 콘텐츠, 융합빅데이터 플랫폼,
제4차 산업혁명 관련 기술 보유 업체 등이 될 것이다.

제4차 산업혁명 관련 주가들의 상승에도 단계별 순서가 있다. 가령 게임, 사물인터넷, 빅데이터, 인공지능, 자율주행, 가상현실(VR) 등 제4차 산업혁명 관련 성장으로 인해 반도체 수요가 급증할 것으로 예상됨에 따라 그동안 반도체 관련 업체들의 주가들이 상승했다. 그 러한 반도체 수요 기반 안에서 5G통신 인프라 투자를 비롯해 고용 량 콘텐츠(게임 등) 및 플랫폼 등의 비즈니스 모델 등이 활발하게 진 행될 것이므로 그 다음으로 주가가 상승할 수 있는 타자는 통신인프 라, 콘텐츠, 융합빅데이터 플랫폼, 제4차 산업혁명 관련 기술 보유 업 체 등이 될 것이다.

높은 밸류에이션을 받고 있는데도 불구하고 지속적으로 아마존 주가가 상승하고 있는 것은 시장파이 및 데이터 축적 효과가 향후 본격적으로 나타날 것으로 기대하기 때문이다. 시장파이 효과의 경우는 단순히 여러 개국의 진출이 아니라 제4차 산업혁명 관련 기술 등을 활용해 진출한 국가들의 시장 지배력 확대가 가능해지면서 그 커지는 시장만큼 밸류에이션을 평가해 주는 것이다.

또한 제4차 산업혁명에서 모든 형태의 새로운 비즈니스 모델 출현은 모두 데이터를 기반으로 할 것이다. 따라서 클라우드 등을 활용한 데이터 축적은 단순히 쓰레기가 아니라 향후 새로운 비즈니스 모델의 원천이 될 수 있기 때문에 무형의 자산가치로서 인식되는 데이터 축적 효과가 발생하면서 높은 밸류에이션을 줄 수 있는데, 아마존의 경우도 여기에 해당한다.

시장의 파이가 커지는 것에 주목하자

우리나라 어떤 기업이 내수주에서 수출주로의 변신으로 높은 밸류에이션을 적용받으면서 주가가 상승하는 것은 다 시장파이 효과 때문이다. 가령 오리온의 초코파이가 중국에 진출하면서 주가가 상승한 것도 시장파이 효과가 적용되었기 때문이다.

이런 것들을 더 확장한 사례로 MMORPG(다중접속역할수행게임)을 들 수 있다. 그동안 MMORPG는 PC에서만 작동했는데, 기기의 발달로 인해 모바일에서도 MMORPG 구현이 가능해졌다. 이와 같

제4차 산업혁명 관련 투자 유망종목

구분	투자 유망 종목
콘텐츠	덱스터, 스튜디오드래곤, SM C&C, 팬엔터테인먼트, YG PLUS, 에스엠, JYP, 게임빌, CJ E&M, 지니뮤직, 펄어비스, 디앤씨미디어 등
지배구조, 융합빅데이터 플랫폼, IP	NAVER, 카카오, 엔씨소프트, 게임빌 등
사물인터넷(IoT)	엔텔스 등
5G 등 통신 인프라	SK텔레콤, KT, LG유플러스, 대한광통신, 오이솔루션, 케이엠더블유, 이노와이어리스, 엔텔스, 쏠리드, RFHIC 등
가상현실(VR)	덱스터 등
클라우드	비트컴퓨터 등
보안	코나아이, 지란지교시큐리티 등
전기차 2차전지	포스코켐텍, 에코프로, 엘앤에프, 일진머티리얼즈, 코센, KG케미칼, 코스모화학, 신흥에스이씨, LG화학, 삼성SDI 등
전기차 부품	삼화콘덴서, LG전자, 아모텍, 우리산업 등
자율주행차	한컴MDS, 유니퀘스트, ISC, 해성디에스, 넥스트칩, 켐트로닉스, 한라홀딩스 등
수소연료전지차	뉴로스 등
블록체인	삼성에스디에스 등
양자정보통신	SK텔레콤 등
마이크로LED	루멘스 등
스마트팩토리	에스피지, 에스엠코어, 포스코ICT, 삼성에스디에스, SK, LS산전, 한신기계, 알에스오토메이션, 베셀 등
에너지 프로슈머	SK디앤디 등
의료용 로봇	고영 등
청소용 로봇	유진로봇 등
지능정보기술 (IoT, 빅데이터, AI)	코나아이, 지란지교시큐리티, 삼성전자, 더존비즈온, NHN한국사이버결제, 효성ITX, 아이콘트롤스, 에스원 등
	SKC코오롱PI, 테크윙, 동운아나텍, 원익QnC, SKC솔믹스, 지니뮤직, 누리텔레콤, 아이앤씨, 싸이맥스 등
바이오헬스	케어젠, 코오롱, 삼성홀딩스, SK케미칼, SK, 오스템임플란트, 비트컴퓨터, 펩트론 등

은 모바일 MMORPG의 출현은 그동안 모바일 게임의 패턴을 완전히 뒤바꾸었으며, 전 세계적으로도 흥행이 되기 시작했다.

무엇보다 제4차 산업혁명의 경우 융합빅데이터 플랫폼 등의 발달로 인해 시장의 크기를 현재보다도 더 크게 만들 수 있는데, 우리나라 기업에게는 기회이거나 리스크가 될 수도 있을 것이다. 어찌 되었든 수출 등을 통해 전 세계로 진출하게 되면 당연히 시장의 파이가 커지는 것이고, 이는 곧 그만큼 밸류에이션을 높게 줄 수 있으므로 수혜가 가능할 것이다.

제4차 산업혁명에서
지능정보기술 관련 유망주

사물인터넷, 인공지능, 클라우드 등이 가치를 향상시키는 동시에
콘텐츠 및 융합빅데이터 플랫폼을 부상시킬 것이다.

사물인터넷 환경에서 생성되는 다양한 데이터를 처리하기 위한 빅데이터 및 클라우드 등이 발달하고 일련의 혁신적인 기술들은 인공지능이 더해지면서 향후 삶의 향상 등을 이끌어낼 것이다. 이러한 생활양식 변화는 노동시간 및 목적적 행위의 감소로 나타나면서 콘텐츠 이용 증가로 이어질 수 있을 것이다.

한편 현재의 플랫폼에는 우리의 생활과 밀접한 온라인과 오프라인의 모든 상황 데이터가 축적되어가고 있으므로, 향후에는 다양한 서비스나 기술들이 모여서 최적의 구조를 가진 융합빅데이터 플랫폼이 부상(浮上)할 것이다.

콘텐츠 및
융합빅데이터 플랫폼

콘텐츠: 덱스터(256560), 스튜디오드래곤(253450), SM C&C(048550), 팬엔터테인먼트(068050), YG PLUS(037270), 에스엠(041510), JYP(035900), 게임빌(063080), CJ E&M(130960), 지니뮤직(043610), 펄어비스(263750), 디앤씨미디어(263720) 등

융합빅데이터 플랫폼: 카카오(035720), NAVER(035420), 엔씨소프트(036570), Amazon(AMZN. US), Alphabet(GOOGL. US), Netflix(NFLX. US) 등

덱스터(206560)

- 영화·게임 등 다양한 콘텐츠 시각효과를 담당하는 VFX 전문기업
- 영화 〈신과 함께〉, 중국, 가상현실(VR) 등 3박자 성장주

덱스터는 영화 〈신과 함께〉 1, 2편 제작에도 참여했지만 일부 투자에도 참여해 사업영역을 확대하고 있다. 영화 〈신과 함께〉 흥행으로 인해 향후 덱스터의 실적 향상을 도모할 수 있을 것이다.

2016년 7월 사드 배치가 확정된 후부터 이에 대한 보복 조치로 한한령(限韓令)이 존재했다. 그러나 2017년 12월 중순 한·중 정상회담 등 관계개선으로 한한령(限韓令)이 해제될 것으로 예상된다.

덱스터의 경우 중국 영화시장 성장으로 인해 중국 매출 비중이 약 70% 정도에 이르렀는데, 한한령(限韓令) 때문에 중국에서의 수주가

미루어지면서 2017년 중국향 매출이 감소했다. 그러나 한한령(限韓令)이 해제되면 중국에서의 수주가 정상화될 수 있으므로 2018년 중국향 매출이 증가하면서 수익성이 개선될 수 있을 것이다.

덱스터는 광저우 완다 테마파크에 491만 달러 규모의 체험형 대형 어트랙션 콘텐츠를 공급하는데, 이는 관람객들이 중국 곳곳의 명소를 마치 실제 비행기를 타고 보는 것처럼 실감나게 즐길 수 있는 가상현실(VR) 콘텐츠이다. 다른 지역의 완다 테마파크, 헝다그룹과도 영상 공급을 논의중에 있다. 이렇듯 덱스터는 스토리텔링으로 무장한 VR 콘텐츠로 2018년에 한 단계 도약할 수 있는 원동력이 될 것이다.

카카오(035720)

- 인터넷 및 모바일 플랫폼 전문업체
- 사업지주회사로서의 역할 증대로 O2O 사업 강화

카카오는 인터넷 및 모바일 플랫폼 전문업체다. 2017년 들어 기존 사업부문의 분사를 통해 사업지주회사로서의 역할을 증대시켰다. 즉 2월과 3월에는 인공지능기술개발과 투자를 전담하는 '카카오브레인'과 공동주문 생산 플랫폼인 '카카오메이커스'를 각각 자회사로 별도 설립했을 뿐만 아니라 4월에는 간편 결제 사업을 담당하는 '카카오페이'와 5월에는 카카오택시를 운영하는 '카카오모빌리티'를 분사했다.

또한 카카오모빌리티는 카카오택시의 법인 전용 서비스 출시 등을 조건으로 세계 5대 PEF 운용사인 텍사스퍼시픽그룹(TPG)이 주도하는 컨소시엄으로부터 5천억 원을 투자 받았으며, 카카오페이는 중국 알리바바 자회사인 앤트파이낸셜로부터 2억 달러를 투자받았다. 이와 같이 카카오모빌리티와 카카오페이 등은 이미 1천만 명 이상의 가입자를 확보한 대형 플랫폼으로, 향후 빠른 의사결정을 통해 사업을 확장하면서 성장성을 높일 수 있을 것이다.

기업 규모가 커질수록 사업부문 분사를 통해 효율적으로 자산을 배분할 수 있을 뿐만 아니라 독립적이고 빠른 의사결정으로 각종 서비스들의 본격적인 수익화가 이루어지면서 카카오는 사업지주회사로서의 성장성이 부각될 수 있을 것이다.

NAVER(035420)

- 인터넷 및 모바일 플랫폼 전문업체
- 기술 플랫폼기업으로서의 성장성

NAVER는 인터넷 및 모바일 플랫폼 전문업체다. 2017년 7월 6일 기준으로 NAVER 주주구성을 살펴보면 국민연금 10.6%를 비롯해 애버딘애셋매니지먼트(aberdeen asset management) 5.0%, 블랙록펀드어드바이저(blackrock fund advisors) 5.0%, 이해진 전 의장 4.6%, 자사주 10.9%, 기타 63.8% 등이다.

자산규모 및 성장성 등에 따라서 지배구조 취약성을 활용해 경영권을 위협할 수 있다. 그동안 NAVER의 자산규모가 괄목상대하게 커졌기 때문에 충분히 경영권을 위협할 수도 있을 것이다. 이에 대한 대안으로 NAVER가 지주회사로 전환할 수 있는 가능성은 여전히 존재한다고 판단한다.

NAVER는 제4차 산업혁명에 대비하기 위해서 클라우드·인공지능·빅데이터 등에 투자를 활발하게 진행중에 있다. 무엇보다 제4차 산업혁명시대에는 대규모 데이터의 빠른 저장과 가공 및 분석 기술이 요구되는데, 클라우드 데이터센터 추가 건립을 통해 NAVER는 기술 플랫폼기업으로 거듭날 수 있을 것이다.

NAVER가 구축하고자 하는 인공지능 플랫폼은 '클로바(clova)'로 음성뿐만 아니라 보고 듣고 말하는 등 오감을 모두 활용할 예정이다. 즉 클로바 인터페이스를 통해 수집된 정보를 클로바 브레인에서 분석하고 판단해, 클로바 플랫폼을 이용하는 기기로 노출하는 것이다.

빅데이터는 사람마다 니즈가 달라서 필요하지 않은 데이터는 쓰레기에 불과하므로 데이터를 가공 및 분석해서 또 다른 가치를 만들어내고, 실생활에 접목시켜서 문제를 해결하는 능력이 중요하다. 직접 데이터를 만들기보다 융합하고 확산·유통시키는 환경을 만들기 위해 데이터랩을 시작했으며, NAVER는 다양한 경로로 생성된 빅데이터를 가공해서 서비스로 구현하고 있다. 따라서 이러한 빅데이터를 기반으로 여러가지 서비스를 확대해 나갈 수 있을 것이다.

엔씨소프트(036570)

- MMORPG 등 온라인 및 모바일 게임 개발 전문업체
- 지배구조 개선 및 자체 IP를 활용한 모바일 게임을 통해 제2의 도약

엔씨소프트는 MMORPG 등 온라인 및 모바일 게임 개발 전문업체다. 2017년 7월 10일 기준으로 엔씨소프트 주주구성을 살펴보면 김택진 사장 12.0%를 비롯해 국민연금 11.8%, 넷마블게임즈 8.9%, 슈로더 인베스트먼트 5.0%, 자사주 3.1%, 기타 59.2% 등이다. 지난 2015년에는 넥슨과의 경영권 분쟁도 겪었을 뿐만 아니라 국민연금이 엔씨소프트 주식을 조금 늘리거나 줄이는 것에 따라 최대주주가 수시로 바뀌는 지배구조의 취약성을 가지고 있다.

자체 IP를 활용한 모바일 게임을 통해 제2의 도약을 맞이한 엔씨소프트에게는 장기성장에 주력할 역량을 확보하기 위해서 어느 때보다 지배구조 개선이 필요한 시기이다.

제4차 산업혁명 시대 콘텐츠 IP(Intellectual Property)를 가지고 있는 기업들의 경우 콘텐츠 활용도 및 확장성 측면에서 승수효과가 발생할 수 있으므로 성장의 발판을 마련할 수 있을 것이다. 즉 엔씨소프트는 짧게는 5년, 길게는 19년씩 지금도 서비스되고 있는 온라인 게임의 IP를 가지고 이를 순차적으로 모바일 게임을 통해 구현하면서 제2의 도약이 가능할 것이다.

특히 모바일 게임의 장르가 처음에는 캐주얼·퍼즐게임 중심으로 인기를 모으다가 이후 RPG 등이 각광을 받았으며, 향후에는 디바이스와 네트워크의 발달 등으로 인해 MMORPG가 인기를 얻을 것으로 전망됨에 따라 엔씨소프트의 모바일 게임 성장성은 더욱 높아질 수 있을 것이다.

Alphbet(GOOGL. US)

- 세계 최대 인터넷기업의 지주회사
- 제4차 산업혁명의 선두주자

세계 최대 인터넷기업의 지주회사다. 현재 검색·지도·지메일·캘린더·번역·안드로이드·구글플레이·드라이브·유튜브 등의 서비스를 전세계 대상으로 제공하고 있으며 인공지능·무인자동차·클라우드·스마트홈·바이오·노화방지·광섬유망 고속인터넷·증강현실·무인비행기·인공위성·로봇 등의 신규 사업을 전개하면서 제4차 산업혁명을 선도하고 있다.

글로벌 플랫폼의 지배력 강화와 더불어 인공지능·자율주행차·사물인터넷·가상현실 등 새로운 플랫폼 및 미래지향적인 신사업에 적극적으로 기술개발을 진행해나가고 있다. 향후 제4차 산업혁명 신기술 등이 다양한 비즈니스에 접목되면서 성장성 등이 부각될 수 있을 것이다.

Amazon(AMZN. US)

- 세계 최대의 온라인 유통회사
- 기술개발 및 융합을 통해 글로벌 유통 플랫폼으로 입지 강화

세계 최대의 온라인 유통회사다. 인터넷 서점을 시작으로 음반·장난감·패션 등 카테고리를 확장해 현재 다수의 상품카테고리를 갖춘 세계 최대 규모의 온라인 유통회사로 성장했으며, 사업 영역을 확장해

유휴 인프라를 활용한 클라우드 서비스인 '아마존 웹' 서비스사업에도 적극적으로 진출하고 있다.

Amazon은 190개국 3억 명 이상의 구매 고객을 보유하고 있는 글로벌 마켓플레이스로, 다수의 브랜드 제조업자들은 Amazon 같은 유통에 의존하는 비중이 점점 더 높아지고 있다. Amazon은 홀푸드를 인수해 홀푸드 보유의 오프라인 매장에 아마존이 보유한 방대한 데이터베이스와 물류관리 서비스를 접목할 예정으로, 기존에 약점으로 일컬어졌던 온라인·오프라인 식료품 배송사업에서도 높은 경쟁력을 보유하게 될 것이다.

향후 Amazon은 스마트데이터·인공지능·클라우드·자율트럭·로봇·드론 등의 제4차 산업혁명 기술들을 개발하고 융합해 강력한 배송 네트워크를 가지고 글로벌 유통 플랫폼으로 입지를 강화할 것으로 예상된다.

Facebook(FB. US)

- 세계 최대 소셜 네트워크 서비스업체
- 인공지능과 가상현실 등을 통해 선도적인 위치 강화

세계 최대 소셜 네트워크 서비스업체다. 높은 광고효과를 보장하는 다양한 광고포맷 등을 통해 전 세계에서 가장 중요한 광고플랫폼 중 하나로 자리를 굳혀가고 있다. 특히 유저의 정보를 활용한 타겟팅의 정교화, 높은 수준의 인공지능 기술력 보유, 플랫폼 간 연동에 따른 경쟁 우위를 확보하면서 개인과 기업 간의 접점을 더욱 넓혀갈 것으로 전망된다.

Facebook의 CEO인 마크 주커버그는 향후 10년간 가장 중요한 이슈를 '동영상과 인공지능, 가상현실'로 꼽았다. 동영상은 향후 모바일과 같은 큰 트렌드가 될 것으로 예상되면서 Facebook 유저들이 손쉽게 동영상을 촬영·공유하기 위한 플랫폼으로 성장시켜 나갈 예정이다. 인공지능을 통해 유저들이 Facebook에 식당 혹은 놀러갈 장소에 대한 제안을 요구하면 이용자의 위치 및 빅데이터를 기반으로 하는 서비스가 출시될 예정이다.

가상현실의 경우 연례 개발자 회의인 F8에서 가상현실을 이용한 커뮤니케이션 플랫폼인 '스페이스'를 공개했으며, 가상현실에 이어 증강현실(AR)에 대한 투자확대를 발표했다. 특히 증강현실과 관련해 개발중인 카메라 효과 플랫폼인 '프레임 스튜디오'와 'AR스튜디오'를 공개했다. 프레임 스튜디오는 Facebook 프로필사진에 적용가능한 프레임(배경화면)을 직접 디자인할 수 있는 편집기이며, AR스튜디오는 증강현실기술을 기반으로 얼굴인식·움직임·주변 환경 등에 반응하는 애니메이션 3D마스크를 제작할 수 있는 프로그램이다.

Facebook은 인공지능 및 가상현실 등을 통해 제4차 산업혁명 플랫폼으로서의 선도적인 위치를 강화하고 있다.

Netflix(NFLX. US)

- 세계 최대의 온라인 동영상 스트리밍 기업
- 제4차 산업혁명의 원유인 빅데이터를 활용해 가입자 기반 확대

세계 최대의 온라인 동영상 스트리밍 기업이다. 월정액으로 운영되는 온라인 동영상 스트리밍 서비스사업자로 190여 개 국가에서 1억 명 이상의 가입자를 보유하고 있다. 자체 제작 오리지널 시리즈·다큐멘터리·영화 등 다양한 엔터테인먼트 콘텐츠들을 모바일·태블릿·노트북·데스크톱 PC를 포함해 인터넷 연결이 가능한 대부분의 스크린 기기를 통해 언제 어디서나 원하는 동영상을 무제한으로 시청할 수 있다. 즉 스마트기기의 발달로 동영상 소비방식이 변화됨에 따라 기존 콘텐츠의 유통구조를 바꾸며 시장을 확대해나갔다.

가입자들의 데이터를 활용해 독자적인 추천 알고리즘을 개발해, 이용자가 선호하는 콘텐츠를 우선적으로 보여주는 맞춤형 서비스가 잘 이루어지고 있다. 또한 오리지널 콘텐츠 등 독점적 콘텐츠를 확보해 자사 플랫폼을 강화하고 있다.

사물인터넷, 빅데이터, 인공지능 관련 유망주

지란지교시큐리티(208350), 삼성전자(005930), 더존비즈온(012510), SKC코오롱PI(178920), 테크윙(089030), 효성ITX(094280), 유비벨록스(089850), 아이콘트롤스(039570), 지니뮤직(043610), 에스원(012750), NHN한국사이버결제(060250), 누리텔레콤(040160), 동운아나텍(094170), 싸이맥스(160980), 아이앤씨(052860), NVIDIA(NVDA. US)

지란지교시큐리티(208350)

　- 보안소프트웨어 전문기업
　- 제4차 산업혁명시대가 원하는 기업

　제4차 산업혁명은 초연결성과 초지능성을 기반으로 맞춤형 체제라는 새로운 생태계를 구축하는 것이다. 그런데 초연결성에는 항상 보안이 취약하다는 문제가 있다. 초연결성과 초지능성에서 나오는 정보들을 유용하게 사용하기 위해서는 반드시 빅데이터 분석이 수반되어야 한다. 따라서 제4차 산업혁명시대에는 보안 및 빅데이터 등의 성장이 가속화될 것으로 예상된다.

　이러한 환경에서 지란지교시큐리티는 메일·문서·모바일 보안 등의 사업을 영위하고 있으므로 향후 성장세는 계속 지속될 것으로 예상된다. 무엇보다 제4차 산업혁명으로 인해 자회사들의 성장성이 기대된다.

　에스에스알은 2010년 설립된 지식정보보안 컨설팅 전문업체로서 국내 최다 화이트 해커를 보유하고 있으면서 전문 컨설턴트를 통한 모의해킹, 웹 취약점 진단 등 기술 컨설팅 및 맞춤보안 서비스를 제공하고 있다. 또한 해킹행위 선제 방어 차원에서 IT 인프라 자산 취약점 진단 솔루션(solidstep)과 웹서버 방어 솔루션(metieye 2.0) 등을 판매하고 있다. 지란지교시큐리티와 에스에스알은 보안 시장이라는 사업 분야가 유사하기 때문에 향후 영업시너지 효과로 고객이 확대되면서 매출성장이 예상된다.

　모비젠은 2000년에 설립되어 빅데이터 실시간 처리 및 분석을 비롯해 빅데이터에 기초한 인공지능 기반의 이상탐지(anomaly detection) 등의 사업을 영위하고 있다. 그동안 SK텔레콤 모바일망 패킷기반분석 시스템, LTE데이터트래픽 통합분석 시스템 사업을 수주했으며 한국정보화진흥원, 한국전력공사의 데이터분석 시스템 구축사업도 수행했다. 특히 5G네트워크가 상용화되면 빅데이터 관련 사업은 무한 성장할 것으로 예상됨에 따라 모비젠의 성장성 등도 극대화될 수 있을 것이다.

삼성전자(005930)

- 반도체·디스플레이·스마트폰·가전 등의 사업을 영위
- 반도체와 디스플레이 등 부품사업의 신규 수요 확대

삼성전자는 사물인터넷·인공지능·전장사업이 부상하는 IT 업계 패러다임 변화가 본격화됨에 따라 반도체와 디스플레이 등 부품사업의 신규 수요가 확대될 것으로 예상된다. 즉 반도체는 빅데이터 처리를 위한 서버용 고용량·고성능 메모리, 전장과 인공지능용 칩셋 수요가 급증할 것으로 전망되며, OLED 분야에서도 스마트폰 혁신 등에 따른 고부가 플렉시블 디스플레이 수요가 크게 확대될 것으로 예상된다.

삼성전자는 전장사업을 본격화하고 오디오 사업을 강화하기 위해 2017년 3월 하만 인수를 완료했다. 하만인수를 통해 연평균 9%의 고속 성장을 하고 있는 커넥티드카용 전장시장에서 글로벌 선두기업으로 도약할 수 있는 기반을 마련했다.

음성비서 서비스가 삼성전자가 제공하고 있는 여러 제품들에 적용되고, 나아가 사물인터넷시대의 다양한 디바이스에 접목되어 하나의 통합된 인공지능 시스템을 만들 것으로 기대된다. 갤럭시 S8에 음성 서비스 빅스비를 탑재했으며, TV·세탁기·에어컨 등 가전제품에도 음성인식기능을 채택하며 시장에 선보이고 있다.

더존비즈온(012510)

- ERP, 그룹웨어 등의 경영정보 솔루션 전문개발업체
- 클라우드 서비스 확대로 성장성 부각

클라우드 서비스는 폭증하는 데이터를 저장·처리하는 핵심기반 인프라 서비스로 초기 투자 없이 이용한 만큼 지불하는 유연성과 최소자원으로 출발해 사용량에 맞추어 동적으로 늘어나는 확장성을 보유하고 있다. 제4차 산업혁명 변화의 동인 지능정보기술인 사물인터넷·빅데이터·인공지능 관련 서비스와 함께 클라우드 서비스가 제공되고 있다.

클라우드 서비스 부문의 경우 ERP 제품을 구매하는 신규고객에게 클라우드 서비스 도입을 유도할 뿐만 아니라 기존고객에게는 클라우드 서비스 사용전환을 유도하고 있어, 가입고객이 지속적으로 증가하면서 실적이 성장하고 있다.

더존비즈온은 클라우드 서비스 확대로 인해 가입자가 증가하는 환경에서 플랫폼 서비스로의 전환을 통해 성장을 모색할 것으로 예상된다.

SKC코오롱PI(178920)

- 글로벌 폴리이미드(PI) 필름 시장 점유율 1위 업체
- 실적호조에 성장성을 더하다

2016년 8월 연산 600톤 규모의 구미 3공장이 가동에 들어가면서 SKC코오롱PI의 폴리이미드(PI) 필름 연간 생산능력이 2,100톤에서 2,700톤으로 증가했다. 이러한 환경에서 전방산업의 수요증가로 인한 실적향상이 예상된다.

또한 스마트폰의 플렉시블(flexible) OLED 시대를 맞이해 OLED 패널의 커버드, 폴더블화로 인한 PI 필름 적용 소재 수요가 급증할 것으로 예상된다. 이에 대해 SKC코오롱PI의 PI 바니시(varnish) 등의 채택 증가시 괄목할 만한 성장이 예상된다.

테크윙(089030)

- 메모리 반도체 테스트 핸들러 시장점유율 세계 1위 업체
- 전방산업 호조 및 자회사 실적 점프업

기존 낸드플래시 제조사들의 현재 진행중인 증설라인 대규모 양산에 따른 추가 투자로 상당한 장비 공급을 기대할 수 있게 되었다. 또한 C.O.K(Change of kit)는 핸들러 내의 검사환경을 조성하는 소모성 키트로 종류가 다른 디바이스를 검사하기 위해서는 교체가 필요하기 때문에 핸들러 누적 설치대수 증가에 따라 C.O.K 매출도 상승하게 된다. 2018년부터는 중국 기업들의 메모리 반도체 투자 본격화

에 따른 반도체 후공정 투자 수혜도 기대된다.

테크윙의 주력 자회사인 이엔씨테크놀로지의 경우 OLED 디스플레이 기업에 모듈 공정용 외관검사장비가 양산·채택되면서 2017년 하반기부터 실적 향상이 본격화될 것으로 예상될 뿐만 아니라 2018년에는 실적의 점프업이 가능할 것이다. 모듈 공정용 외관검사장비(모듈 외관의 파손 및 스크래치 유무확인)는 사람이 육안으로 검사하고 있던 검사 신뢰성 문제로 대체되는 자동검사장비로, 향후 적용 라인 확대가 가능해지면 이엔씨테크놀로지의 수혜가 기대된다.

효성ITX(094280)

- 컨택센터, IT 서비스 등의 사업을 영위하는 효성그룹 계열사
- 빅데이터와 인공지능 기반 서비스 전문기업으로 거듭날 듯

2016년 12월 조석래 전 회장의 장남인 조현준 효성 사장이 회장으로 승진함에 따라 효성그룹은 3세 경영이 본격화되었다. 1~2세 경영에서는 섬유·화학·중공업 같은 전통사업을 성장시켰지만, 3세 경영에서는 제4차 산업혁명 시기에 맞는 기술경영 중시로 IT 서비스 부문을 그룹성장의 원동력으로 삼을 것으로 예상된다. 이러한 효성그룹의 진화 과정에서 효성ITX는 제4차 산업혁명과 관련된 빅데이터, 변전소 자산관리솔루션(AHMS; Asset Health Management Solution), 보안솔루션 등 신규사업으로 그룹성장의 중추적 역할을 할 것으로 기대된다.

효성ITX는 컨택센터 상담사와 고객의 음성 대화를 문자로 자동

변환해 빅데이터 기술로 분석해 관리할 수 있는 인공지능 솔루션인 '익스트림VOC'를 출시했다. 익스트림VOC는 일반기업을 비롯해 고객과의 접점을 확대중인 정부기관과 고객센터 등에 적용될 경우 사업 시너지를 크게 낼 수 있을 뿐만 아니라 산업 전 영역에 특화된 컨설팅을 제공할 수 있을 것이다.

효성ITX는 효성중공업 부문과 함께 사물인터넷 등을 활용한 빅데이터 기반 변전소 자산관리솔루션을 선보였다. 가정이 아닌 공장 및 산업시설 등에 활용되는 산업용 사물인터넷 분야의 하나로 스마트팩토리와도 맞닿아있다. 현재 국내 500여 개 민간 변전소와 300여 개 해외 변전소를 대상으로 영업 활동을 하고 있어서 향후 변전소 자산관리솔루션의 성장성 등이 부각될 수 있을 것이다.

효성그룹의 진화 과정에서 효성ITX가 중추적 역할을 할 것으로 기대되는 환경에서 2018년부터 제4차 산업혁명과 관련된 빅데이터, 변전소 자산관리솔루션, 보안솔루션 등 신규사업이 가시화되면서 성장성 등이 부각될 수 있을 뿐만 아니라 빅데이터와 인공지능 기반 서비스 전문기업으로 거듭날 수 있을 것이라 예상한다.

유비벨록스(089850)

 - 스마트카드 및 스마트모바일 등을 주력 사업으로 영위
 - 사물인터넷 기반의 실내위치 기반 서비스 성장성 부각될 듯

유비벨록스 주력 자회사인 라임아이는 실내위치 기반 서비스 (Indoor Location Based Service) 사업의 핵심인 3D 내비게이션

플랫폼과 통신 단말기인 비콘을 통합 공급하는 회사다. SK텔레콤과 함께 공항·병원·운동장·쇼핑몰·전시장 등에 Indoor LBS 통합 플랫폼을 공급하고 있다.

정부에서는 철도 건설현장 폭발사고를 계기로 유사사고 재발 방지 및 경각심 고취 등을 위해 안전강화 방안을 발표하고 있다. 이에 대해 라임아이는 비콘을 활용해 위급상황시 직원의 위치를 실시간으로 파악해주는 패용형 ID카드, 유독가스 유출 감지·알림 기능과 더불어 착용자의 생체정보까지 측정해 중앙 관제센터로 전송하는 안전밴드, 주변의 가스 농도를 측정해 주는 무선 가스 센서 등의 사물인터넷 기반 Indoor LBS 통합 솔루션을 건설 현장 및 공장 등에 제공하기 시작했다. 사고예방에 초점을 맞춘 안전 통합 솔루션이므로 건설 현장뿐만 아니라 스마트팩토리 등 여러 사이트로 확대되면서 매출성장이 예상된다.

아이콘트롤스(039570)

- 현대산업개발그룹 계열 IT 솔루션 전문업체
- 스마트홈 및 BEMS(Building Energy Management System) 성장성 부각

통화 위주의 홈오토메이션에서 시작되어 홈네트워크로 발전해온 홈네트워크 시장은 초창기 기기 간의 연결을 강조하던 단순 네트워크 개념에서 최근에는 타 산업군과 상호 시너지 효과를 이룰 수 있는 솔루션 연동의 반영으로 스마트홈이라는 거대한 시장으로 확대되었다.

아이콘트롤스는 홈네트워크 시스템과의 유기적인 연동을 통해 동

작되는 주차관제 시스템, 원격검침 시스템, CCTV 시스템, 정보통신 시스템, LED조명 등의 사업 다각화를 추진해 사업 규모를 확대해나 가는 동시에 아이파크 신축 아파트에 모바일 원격감시 및 제어 시스 템 구축을 통한 스마트홈 서비스를 구현중에 있다. 이러한 기술력과 레퍼런스를 바탕으로 향후 스마트홈시장을 선도할 수 있는 경쟁력을 보유하고 있어서 스마트홈시장 성장의 수혜가 예상된다.

지능형 빌딩을 구축하는 IBS(Intelligent Building System) 산업 은 크게 정보통신부문(통합배선, LAN), 영상음향부문(빌딩안내, A/V), 자동제어부문(전력제어, 조명제어), 통합보안부문(CCTV, 출입통제), 시 스템통합부문(BEMS; Building Energy Management System, 통합 관제)으로 구분된다.

아이콘트롤스의 빌딩 에너지 관련 사업은 건물에너지 효율제고를 위한 노후설비 교체를 비롯해, 현장 설비관리 노하우를 ICT기술로 융합한 네트워크 기반의 24시간 건물설비 모니터링 등 성과보증 기 반의 건물 에너지관리 시스템인 BEMS 구축이 중심이 되고 있다. 향 후 관련 정책 강화 및 시장의 요구 확대로 높은 성장이 예상된다.

지니뮤직(043610)

- 지니 플랫폼을 통한 음악 서비스 및 음원·음반 유통사업을 영위
- 제4차 산업혁명 관련 킬러 콘텐츠로 성장성 높아질 듯

기존의 KT외에 LG유플러스가 주주로 참여하면서 다양한 협업을 통해 지니뮤직의 음악 서비스사업이 더욱 활발하게 전개될 것으로

예상된다. 무엇보다 KT 고객에게만 적용되었던 다양한 상품과 혜택을 LG유플러스 고객에게도 확대되면서 매출증가를 도모할 수 있을 것이다.

2017년 1월 KT는 IPTV와 인공지능이 결합된 셋톱박스인 기가지니를 출시해 50만 대 이상을 판매했다. 스마트폰에서 음원 서비스가 킬러 콘텐츠로서 확고하게 자리잡은 것과 마찬가지로 음성인식 기반의 인공지능 서비스의 경우도 손쉽게 적용할 수 있는 음원 서비스가 킬러 콘텐츠로서 자리잡을 가능성이 클 것이다. 이에 대한 연장선상에서 LG유플러스의 경우도 2017년 12월 음성인식 인공지능 스피커 프랜즈플러스를 출시해 지니뮤직에게 수혜가 예상된다. 즉 인공지능 서비스 기기가 증가할수록 지니뮤직 콘텐츠의 활용도는 높아질 것이다.

지니뮤직과 재규어 랜드로버코리아는 차량 인포테인먼트 시스템에서 음악 서비스인 재규어 랜드로버 지니를 도입하기로 결정했다. 이는 곧 지니뮤직이 커넥티드카 산업에 진출하는 것을 의미하는 것으로, 스마트카에서도 음원 서비스가 확실한 킬러 콘텐츠로 자리 잡으면서 성장성을 높일 수 있을 것이다.

에스원(012750)
- 삼성그룹의 보안 시스템 및 건물관리 서비스 전문업체
- 제4차 산업혁명 센서기술의 성장성 가시화

인간은 시각·후각·청각·미각·촉각의 5가지 감각을 이용해 물질이

나 외부의 상태와 변화를 알아차린다. 제4차 산업혁명에서 지능화된 사물의 경우 센서가 이 같은 인간의 오감(五感)에 해당하는 감각기관이다. 에스원은 센서기술을 응용해 여러 가지 보안 관련 시스템에 적용하고 있다.

에스원은 얼굴인식만으로 편리하게 출입을 관리하는 얼굴인식 워크스루 게이트를 개발했다. 별도의 보안카드나 지문인식 없이 자연스럽게 스피드 게이트를 통과하면 보행자의 얼굴을 자동으로 인식해 편리하게 출입관리를 할 수 있는 것이 특징이다. 즉 게이트 내에 센서가 있어 얼굴과 동시에 보행자를 인식해 게이트가 열리도록 설계했다. 향후 삼성그룹 전 계열사에 도입되면 성장성이 가시화될 수 있을 것이다. 또한 1인 가구용 자가방범상품인 세콤이지 홈CCTV에 UWB센서(레이더 기술을 이용한 센서)를 탑재해 침입상황을 정확하게 판별할 수 있다.

빅데이터와 인공지능 기술을 활용해 카메라 1천 대를 동시에 관리할 수 있는 통합 모니터링 시스템(SVMS; Smart Video Management System)의 경우, CCTV 스스로 상황을 인지해 알려주는 기능이 있어 관리자가 비상 상황을 확인하는 데 걸리는 시간 때문에 발생하는 2차 사고의 우려를 차단한다.

전문적인 임대관리사업에 대한 니즈가 높아지는 환경에서 건물관리 부문의 경우 블루에셋 브랜드를 통한 non-captive market 및 사업영역 확대로 인해 에스원의 주력사업으로 거듭날 것으로 기대된다. 또한 인구 및 가구구조 변화는 약 20년 격차를 두고 우리나라가 일본에 후행하면서 나타나고 있기 때문에 보안 시스템부문의 경우 소득수준 향상, 1인 가구 및 고령층 증가, 여성들의 사회진출, 스마트홈 서비스 등을 고려할 때 향후 가정용 가입자가 증가하면서 성장할 것으로 예상된다.

NHN한국사이버결제(060250)

- 전자결제 전문업체
- 간편결제 시장 성장 수혜

NHN한국사이버결제는 전자지급결제대행 서비스(payment gateway), 온·오프라인 VAN(Value Added Network), 간편결제 서비스를 제공하고 있는 전자결제 전문업체다. 스마트폰 등을 통한 전자금융 서비스 규모가 갈수록 확대됨에 따라 NHN한국사이버결제의 전자지급결제대행 서비스의 성장이 지속되고 있다.

PAYCO는 온·오프라인의 다양한 제휴사에서 간편결제와 함께 쿠폰과 포인트 혜택 등을 제공하는 결제플랫폼으로 모회사인 NHN엔터테인먼트의 간편결제 서비스다. 이런 PAYCO의 가입자와 결제금액이 증가하고 있어서 NHN한국사이버결제의 경우 온·오프라인 간편결제 시장 성장 수혜가 예상된다.

NVIDIA(NVDA. US)

- GPU(Graphic Processing Unit)를 설계하는 반도체기업
- 제4차 산업혁명시대 최대 수혜자

지금까지 데이터 처리는 CPU(Central Processing Unit)가 주로 담당했고, GPU(Graphic Processing Unit)는 그래픽 관련 데이터 처리를 주로 담당했다. 하지만 사물인터넷·빅데이터·인공지능 관련 서비스 등이 나타나면서 많은 양의 데이터를 동시에 처리하는 병렬 처리 능력이 뛰어난 GPU 수요가 급증하고 있다. GPU의 용도가 컴퓨터 화상 처리에서 연산처리 고속화로 넓혀지면서 NVIDIA의 사업 영역도 게임에서 고성능 컴퓨터, 인공지능, 자율주행으로 확대되었고, 실적이 빠르게 성장하고 있다.

NVIDIA GPU는 자율주행차 분야에서 두각을 나타내고 있다. 그뿐만 아니라 구글·아마존·IBM 등이 데이터센터에 투자를 확대하면서 데이터센터용 GPU가 급성장하고 있다. 향후 가상현실용 GPU 시장도 커질 것으로 전망된다.

에너지 프로슈머
관련 유망주

SK디앤디(210980)
- 비주거 시장에 특화된 부동산 디벨로퍼 전문기업
- 에너지 프로슈머 핵심 에너지 저장장치의 다크호스

에너지저장장치(ESS; Energy Storage System)는 전력 사용량이 적은 시간에 전기를 배터리 등 저장장치에 저장했다가 사용량이 많은 시간에 공급해 에너지 효율을 높이는 설비다. 전력 피크를 감축할 수 있고, 안정적인 전력 공급을 할 수 있을 뿐만 아니라 비축해둔 전력을 판매하는 등 다양한 서비스에 활용할 수 있어서 향후 에너지 신산업의 기반재로서 활발하게 활용될 것으로 예상된다. 특히 출력이 일정하지 않은 풍력이나 태양광 같은 신재생에너지는 에너지저장장치를 통해 전력을 안정적으로 공급할 수 있다.

이렇듯 에너지저장장치는 에너지 신산업 거의 모든 분야에서 활용될 뿐만 아니라 에너지 프로슈머 시장을 활성화하기 위한 핵심 요소이므로 다양한 지원정책을 집중 실시하고 있다. 즉 산업통상자원부에서는 산업시설 에너지저장장치 활성화를 위해 에너지저장장치를 활용한 피크감축량을 3배 인정해 기본요금을 최대 3배까지 절감해 줄 뿐만 아니라 경부하 시간대 에너지저장장치 충전요금에 대한 할인율도 50%로 전기 사용 요금을 감소시켜준다. 이에 따라 피크 저감용 에너지저장장치 설치 확대 및 수요가 증가할 것으로 예상된다.

이러한 환경에서 SK디앤디의 경우 2017년 3월 정기주주총회에서 사업목적에 지능형 전력망 사업을 추가해 향후 공장 등 산업시설에 에너지저장장치 등을 설치 및 운영하는 사업 등을 본격화할 것으로 기대된다. 2017년 경우 SK디앤디는 우선 산업시설 등에 60MW이상의 에너지저장장치를 설치할 것이라 밝혔고, 2018년에는 그룹사와의 시너지 효과 및 고객사 확대 등으로 인해 에너지저장장치 설치 규모가 몇 배수로 확대 가능할 것이다. 무엇보다 전력 비용 절감액에 대해 고객사와 배분하는 형식이기 때문에 수익성 향상으로 에너지저장장치 관련 사업에 대한 SK디앤디의 이익 기여도가 높아질 것이다.

문재인 정부의 신재생에너지 정책은 미세먼지 또는 방사능 위험이 있는 석탄과 원자력 발전을 줄이는 대신 부족분을 태양광·풍력 등

친환경 에너지 발전으로 채우겠다는 구상으로 2030년 전력 공급량 가운데 신재생에너지 비중을 20%까지 올릴 계획이다. 이러한 환경에서 SK디앤디의 경우 1,600억원 규모의 울진풍력(60MW) 건설이 현재 진행중에 있을 뿐만 아니라, 300MW에 이르는 5개의 풍력발전 프로젝트가 추진중에 있으므로 순차적으로 착공에 들어갈 것으로 예상된다.

따라서 신재생에너지 부문이 SK디앤디의 또 다른 성장축으로 자리매김하는 동시에 에너지저장장치와 연계된 사업 등도 전개할 수 있을 것이다.

스마트카 및 스마트팩토리
관련 유망주

전기차 부품, 2차전지 소재, 자율주행차 관련 업체와 함께
스마트팩토리시장 성장에 따른 수혜기업을 눈여겨보자.

전기차 부품, 2차전지 소재,
자율주행차 관련 업체

리튬이온전지는 양극(cathode)과 음극(anode) 사이에 유기 전해질을 넣어 충전과 방전을 반복하게 하는 원리로, 플러스극의 리튬이온이 중간의 전해액을 지나 마이너스 쪽으로 이동하면서 전기를 발생시킨다. 리튬이온전지의 핵심소재로는 충전시 리튬이온을 제공하는 양극, 리튬이온을 받아들이는 음극, 양극과 음극에서 발생한 전자가 외부회로를 통해 일을 할 수 있도록 내부 단락을 방지하는 분리막

(separator), 리튬이온이 이동할 수 있는 공간과 환경을 제공하는 전해액(electrolyte) 등이 있다.

리튬이온전지의 제조원가 중 소재비는 45~50%에 이르고 있는데, 여기에서 4대 핵심소재인 양극재·음극재·분리막·전해액 등의 비중은 70~75%이다.

전기차 관련 중대형 2차전지 성장 등으로 인해 세계 리튬2차전지 시장규모는 더욱 확대될 것이며, 이에 따라 2차전지 소재 시장규모도 향후 큰 폭으로 성장할 것으로 예상된다.

특히 2017년부터 한 번 충전에 최대 300km 이상을 주행하는 전기차 출시가 대중화되기 시작할 것으로 예상됨에 따라 향후에는 고출력과 관련된 소재업체들이 수혜를 받을 수 있을 것이다. 또한 현재 투자가 진행되는 업체의 경우도 시장규모 확대로 가동률이 상승하면서 수혜가 가능할 것이다.

한편 스마트카 세부 산업인 배터리·차체·안전·인포테인먼트·보안장치·통신·첨단자동주행보조장치 등이 급성장할 것으로 예상된다. 특히 자율주행차의 경우 소프트웨어가 핵심이기 때문에 IT기업들의 수혜가 기대된다.

스스로 움직이는 물체의 예상경로를 예측·회피하는 자율주행차의 핵심기능 구현을 위해서는 다수의 메모리(D램·낸드플래시) 및 비메모리(센서·프로세서) 반도체가 필요하다. 즉 차량용 반도체는 각종 센서로부터 받은 정보를 처리하는 전자제어 장치에 활용되는데 데이터 처리를 위한 프로세서부터 네트워크 연결을 위한 모뎀, 데이터 버퍼를 위한 D램, 데이터 저장을 위한 낸드플래시 등이 있다. 따라서 자율주행차에 수천 개에 달하는 반도체가 탑재될 뿐만 아니라 인포테

2차전지 가치사슬과 관련 종목들

출차: 업계자료

286

차량용 반도체시장 전망

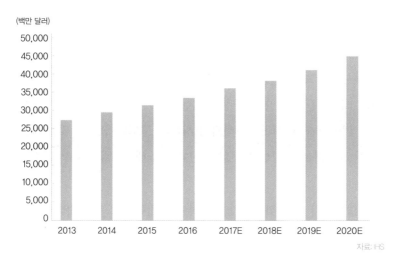

(백만 달러)

자료: IHS

인먼트 등 파생시장의 성장도 가져오는 만큼 차량용 반도체시장의 성장이 예상된다.

스마트팩토리시장 성장에 따른 수혜기업

스마트팩토리의 세계시장 규모는 2015년 1,937억 달러에서 2020년까지 2,845억 달러로 성장할 것으로 예상되며, 특히 중국의 스마트팩토리 확대정책으로 2019년 미주시장을 추월할 것으로 전망된다. 또한 2014년 공장자동화(FA; Factory Automation)기기와 시스템 세계시장 규모는 23조 3,200억 원이었으며, 2020년에는 45조 2,100억 원으로 성장할 것으로 예상된다. 우리나라의 경우도 스마트팩토리의 시장 규모가 2015년 32.1억 달러에서 2020년까지 54.7억 달러로 성장할 것으로 예상된다.

스마트팩토리의 원동력은 센서와 데이터다. 단순히 기계에서 발생되는 데이터를 기반으로 공정을 자동화시키는 것이 아니라 대내외 모든 데이터가 통합되고 분석되어 시장과 고객의 요구에 맞는 새로운 제품을 빠르게 생산하기 위해 신속하게 데이터를 업데이트할 수 있어야 한다.

해외기업의 경우 전통적인 전문분야를 기반으로 하드웨어는 상위 응용영역까지, 소프트웨어는 사물인터넷과 클라우드 등을 접목한 신규 비즈니스영역으로 확장하는 추세이며, 글로벌 시장지배력을 무기로 해서 선도 기업들의 독점이 강화되는 추세다.

또한 국내의 경우에는 대기업을 중심으로 ICT를 적용하는 등 제조현장 혁신을 위한 시도가 일부 진행되고는 있다. 그러나 외산 솔루션에 대한 의존도가 높고, 국내 기술의 한계로 인해 민간투자는 아직 시작 단계다.

제4차 산업혁명을 맞이해 스마트팩토리시장의 성장은 가속화될 것으로 예상된다. 스마트팩토리 관련 기업중 SK와 에스엠코어는 SW와 HW의 시너지 효과로 인해 향후 시장 진출이 가속화될 것으로 예상되며, LS산전은 정부 추진의 스마트팩토리 수혜가 기대된다. 또한 포스코ICT는 포스코의 스마트팩토리 및 데이터센터 구축 확대에 따른 수혜가 예상된다.

2차전지 소재
관련주

에코프로(086520), 엘앤에프(066970), 일진머티리얼즈(020150), 포스코켐텍(003670), KG케미칼(001390) 등

에코프로(086520)
- 2차전지용 NCA 소재 양극활물질 전문 제조 및 환경사업 영위
- 전기차 고출력 NCA 수요 성장으로 실적 점프업

2015년 출하량 기준으로 NCA(니켈·코발트·알루미늄) 시장점유율을 살펴보면 스미토모 63%, 에코프로 26%, 토다 6%, 일본화학 5% 등으로 과점시장 구조다. 양극활물질 중 에너지밀도가 가장 높은 NCA는 고용량이면서 고출력이기 때문에 주로 전동공구와 전기자전거 등에 사용되고 있는데, 향후에는 전기차 등 중대형 2차전지에 적용비중이 확대될 것으로 예상된다.

에코프로는 현재 NCA 소재 양극활물질 대부분 전동공구 및 전기자전거용으로 삼성SDI·소니 등에 공급하고 있다. 향후 전기차의 경우도 300km 이상 주행가능한 고출력 배터리 수요가 증가하면서 NCA 소재 양극활물질 성장이 가속화될 것이다. 따라서 에코프로의 수혜가 가능할 것이다.

에코프로는 현재 NCA 소재 양극활물질에 대한 증설이 단계적으로 이루어지고 있다. 즉 2015년 10월 제3공장 증설 완료로 인해 CAPA가 월 210톤에서 월 350톤으로 늘어났으며, 2016년 10월에

도 제3공장의 부분적인 증설로 인해 CAPA가 월 470톤으로 증가했다. 또한 제4공장에서는 새롭게 월 450톤 증설을 진행해 2017년 2분기에는 총 CAPA가 월 920톤에 이르게 되었다.

전방산업 수요증가로 인해 에코프로의 CAPA 증설이 빠르게 가동률을 상승시키면서 해를 거듭할수록 매출증가로 인한 실적 턴어라운드가 가속화될 것으로 예상된다. 또한 환경사업부문의 경우 고객사의 설비투자 등으로 인해 수주 가능성이 높아지면서 수익성 개선에 긍정적인 영향을 미칠 것이다.

엘앤에프(066970)

- 2차전지용 양극활물질 전문 제조업체
- 전기차도 실적도 고출력

그동안 엘앤에프는 부진한 실적을 기록했는데, 2016년 2분기부터 가동률 상승 및 신규 거래처 확대로 인해 매 분기 이익이 증가하면서 괄목할 만한 흑자전환에 성공했다. 지난 2015년 10월 신규 공장 건설을 마치고 2016년 3월부터 본격적으로 생산량을 늘리면서 공장 가동률이 상승했을 뿐만 아니라 중국 기업 등으로 신규 거래처가 확대되면서 매출이 증가해 흑자전환을 달성했다. 또한 고부가가치인 NCM(니켈코발트망간 산화물)소재 양극활물질 매출증가 등도 수익성 개선에 일조했다.

엘앤에프는 현재 양극활물질에 대한 증설이 단계적으로 이루어지고 있다. 2015년 신규공장 증설 완료로 인해 총 CAPA(생산능력)가

1만 톤으로 늘어났으며, 2016년에도 2천 톤의 추가 증설이 이루어져 총 CAPA가 1만 2천 톤으로 증가했다. 또한 2017년에도 2천 톤 증설이 완료되어 총 CAPA가 1만 4천 톤에 이르게 된다. 이에 따라 연간 판매량이 2014년 8천 톤, 2015년 9천 톤, 2016년에는 1만 1천 톤을 상회하는 등 지속적으로 증가하고 있다.

특히 엘앤에프는 현재 NCM 소재 양극활물질을 전동공구 및 전기차용 등에 공급하면서 매출비중이 약 45%으로 상승했는데, 향후 전기차용 고출력 배터리 수요가 증가하면서 NCM 소재 양극활물질 성장이 가속화할 것으로 예상된다. 이에 따라 CAPA 증설 효과와 더불어 NCM 소재 양극활물질 매출 증가로 인해 해를 거듭할수록 실적 턴어라운드가 가속화할 것이다.

일진머티리얼즈(020150)

- 일렉포일 전문 제조업체
- 실적 개선세 지속

2015년 말 기준으로 일진머티리얼즈의 CAPA는 ICS(PCB용 일렉포일) 연 1만 4,160톤, I2B(2차전지용 일렉포일) 연 1만 800톤이었다. ICS의 경우 그동안 적자가 지속되고 있는 반면에 I2B는 수익성이 가장 좋을 뿐만 아니라 전기차 등 중대형 2차전지 수요 증가로 인해 지속적으로 물량이 확대되고 있다. 이에 따라 CAPA 측면에서 ICS를 감소시키는 대신에 I2B를 확대하는 설비전환을 한 결과 2016년 5월 기준으로 ICS 연 7천 톤, I2B 연 1만 6천 톤이 되었다.

또한 2017년 7월 5일 일진머티리얼즈는 1,584억 원 규모의 유상 증자 계획을 발표했다. 시설자금 1,200억원은 모두 I2B CAPA 확대에 사용될 전망으로 연간 1만 톤을 추가하는 규모다. 그 동안 FULL CAPA로 증설에 대한 필요성이 제기되었는데, 이번 증설을 계기로 전기차시장 성장이 매출증가로 이어지면서 성장성이 부각될 수 있다.

일진머티리얼즈의 전기차 등 중대형 2차전지용 일렉포일의 주요 매출처는 삼성SDI·BYD·LG화학 등이다. BYD의 경우 중국 정부의 보조금 축소로 성장폭이 다소 둔화되었으나 향후 중국 전기차 의무 판매제가 도입되면 재차 성장이 본격화될 것으로 예상된다. 또한 삼성SDI의 2차전지가 채택된 BMW의 경우 i3 업그레이드 모델 등 신규제품의 출시효과 및 전기차시장 성장 등으로 인해 판매 증가가 예상된다.

ICS의 경우 대부분의 기업들이 CAPA를 축소하거나 사업을 철수하면서 구조조정이 이루어짐에 따라 수급이 타이트해지면서 가격이 인상되고 있다. 이에 따라 2016년 4분기에 이어 2017년 수익성 개선이 지속될 수 있을 것으로 예상된다.

2017년 일진머티리얼즈 실적은 ICS 부문의 흑자전환 및 전기차시장 성장 등으로 인해 턴어라운드가 가속화될 것으로 예상된다.

포스코켐텍(003670)

　- 국내 유일의 천연 흑연 음주재 제조업체

　- 성장성 및 실적호전 모멘텀

포스코켐텍은 국내 유일의 천연 흑연 음극재 제조업체로서 내화물·생석회·화성품 제조 및 판매 등 철강 관련 사업과 국내 유일의 천연 흑연 음극재 제조 등 소재사업으로 구성되어 있다. 2017년 2월 총 3,060억원 규모로 LG화학과 중단기 2차전지 음극재 공급계약을 체결했다. 연도별 예상 공급규모를 살펴보면 2017년 310억 원, 2018년 510억 원, 2019년 912억 원, 2020년 1,328억 원으로 안정적인 매출처를 확보하는 동시에 성장성이 가시화될 것이다. 이번 계약으로 인해 2017년부터 매출성장이 본격화될 뿐만 아니라 2020년에는 포스코켐텍 매출의 10% 이상 비중을 차지하면서 신성장동력으로 자리매김할 수 있을 것이다.

한편 포스코켐텍은 지난 2010년부터 설비증설을 단계적으로 한 결과 현재 연 6천 톤의 생산능력을 갖게 되었으며, 2017년에는 2천 톤이 추가되어 연 8천 톤의 생산능력이 예상된다. 뿐만 아니라 향후에도 지속적인 설비증설로 연 2만 톤 이상까지 확대될 것으로 전망된다.

케미칼부문의 경우 2015년 대규모 적자가 발생했는데, 2016년 2분기부터 포스코와 콜타르 구매를 전분기 판매가격과 연동하는 구조로 변경함에 따라 흑자전환되었다. 뿐만 아니라 2017년의 경우 이익의 안정성도 강화될 것이다.

피엠씨텍(지분법대상)의 경우 2016년 3월부터 본격적으로 가동되었으나 유가약세 및 철강경기 부진 등으로 인해 2016년 대규모 적자가 발생했다. 하지만 2017년 흑연 전극가격 급등으로 인해 침상코크스 관련 이익이 급증할 것으로 예상되면서 실적 턴어라운드가 가속화할 것으로 기대된다.

KG케미칼(001390)

- KG그룹의 사업지주회사
- 공급자 우위 시장인 황산니켈의 성장성

2017년 3월 인수한 2차전지 소재 제조사 KG에너켐의 주주는 KG케미칼 60%를 비롯해 한국광물자원공사 17%, 에너텍 18%, 산업은행 5% 등으로 분포되어 있다. KG에너켐은 2차전지 핵심 원재료인 고순도 황산니켈 상업생산 시설을 국내 최초로 갖춘 기업으로, 연산 1만 2천 톤 규모의 생산 능력을 갖추고 있다.

기존에는 황산니켈이 니켈 도금 용도로 국한되었지만 2차전지 양극활물질로 사용되면서 향후 폭발적인 수요증가가 예상된다. 사실상 현재도 공급이 부족한 공급자 우위 시장이기 때문에 수요증가가 더욱 기대된다. 또한 최근 황산코발트 가격이 급등하고 있어 2차전지 업체들이 상대적으로 저렴한 황산니켈 사용량을 늘리고 있다.

국내 황산니켈은 수입에 의존하고 있는 상황으로 주요 수입국은 러시아(NORILSK), 벨기에(UMICORE), 대만(ZENITH 외), 인도(NICOMET) 등이며, 2016년에는 2만 6천 톤을 해외에서 전량수입했다. 따라서 KG에너켐은 황산니켈 기준 연산 1만 2천 톤 생산 규모의 공장이기 때문에 일정 부분 수입대체 효과가 있을 것이다.

KG에너켐의 경우 가동률을 높여 2018년에는 풀 가동되면서 KG케미칼의 영업이익 기여도가 높아질 것이다. 또한 2018년 풀 가동에 따른 CAPA 증설도 이루어질 것으로 예상됨에 따라 공급자 우위 시장 환경에서 해를 거듭할수록 매출증가에 따른 이익증가가 가속화할 것으로 기대된다.

2차전지
관련 유망주

LG화학(051910), 삼성SDI(006400)

LG화학(051910)

- 기초소재, 2차전지·정보전자소재, 생명과학 등의 사업 영위
- 해를 거듭할수록 전기차 2차전지 매출 성장

현대기아차·GM·포드·크라이슬러·아우디·다임러·르노·볼보·상하이자동차·디이(第一)자동차·창안(長安)자동차·창청(長城)자동차·난징진룽(南京金龍)·둥펑(東風)상용차·체리(奇瑞)자동차 등의 전기차 2차전지 수주금액을 바탕으로 2020년에는 전기차 2차전지 분야 매출 7조 원 달성을 목표로 하고 있다. 따라서 해를 거듭할수록 전기차 2차전지 매출이 증가하면서 2차전지사업의 가치상승이 예상되므로, LG화학의 이익증가로 가속화할 것으로 기대된다.

삼성SDI(006400)

- 2차전지와 전자재료 사업 영위
- 전기차시장 성장의 수혜

현재 독일 BMW·폭스바겐·아우디 등과 전기차용 2차전지 공급계

약을 맺고 있으며, 유럽 고객들 기반 신규 프로젝트와 함께 고성장세가 예상된다. 전기차 라인업 강화에 따른 프로젝트당 수주 규모가 기하급수적으로 증가하고 있는 상황이므로 향후 수익성 개선에 대한 기대감이 커지고 있다. 전기차시장의 성장으로 인해 전기차용 2차전지 매출이 증가하면서 실적 턴어라운드가 예상된다.

전기차 부품
관련 유망주

아모텍(052710), 삼화콘덴서(001820), 우리산업(215360), LG(003550) 등

아모텍 (052710)
- 전기전자소재 부품업체
- 스마트카 전장부품 성장성

자동차향 세라믹 칩과 안테나 부품 등 자동차 전장 부품 관련 매출이 해를 거듭할수록 증가하고 있어서 전체 매출의 성장 기여도가 높아지고 있다. 또한 BLDC 모터의 경우 자동차 전장화 확대 등으로 인해 성장 가능성이 높아질 것으로 예상된다.

삼화콘덴서(001820)

- 종합 콘덴서 전문 제조업체
- 전기차 전장부품으로 기업가치 레벨업

친환경차 및 신재생에너지 성장, 자동차 전장부품 증가, 전자기기 고기능화 및 초소형화로 인해 콘덴서의 수요 확대가 예상된다. 특히 전기차시장 성장 환경에서 삼화콘덴서의 DC-Link Capacitor(전력변환콘덴서)는 현대차·기아차뿐만 아니라 델파이나 중국업체 등으로 매출처가 확대되면서 매출이 증가할 것으로 전망된다.

삼화콘덴서의 매출 비중이 가장 큰 MLCC(적층형세라믹콘덴서)는 2010~2011년 캐파증설에 따른 감가상각비 등 고정비 증가 및 IT 전방산업 부진 등으로 인해 그 동안 실적이 저조했다. 그러나 자동차 전장용 MLCC의 경우 LG전자 VC(Vehicle Components)사업부 및 LG이노텍 등에 인포테인먼트 관련 매출이 확대됨에 따라 삼화콘덴서 MLCC 매출이 지속적으로 증가할 것이다. 따라서 내용연수 완료에 따른 감가상각비 감소가 발생되는 환경에서 자동차 전장용 MLCC 매출이 증가하면서 실적 턴어라운드가 가속화할 것으로 기대된다.

우리산업(215360)

- 차량용 공조 액츄에이터 및 PTC히터 제조업체
- PTC히터 고성장 기대

PTC히터는 차량 내 유입된 공기를 직접 가열해 내부를 예열시키는 보조 난방장치로, 예열이 늦은 디젤차량과 내연기관이 없는 전기차에 필수 부품으로 적용되고 있다. 글로벌 업체의 고객다변화 및 수요증가로 인해 해를 거듭할수록 PTC히터의 매출증가가 예상된다.

자율주행차
관련 유망주

한컴MDS(086960), 해성디에스(195870), 유니퀘스트(077500), 한라홀딩스(060980), 넥스트칩(092600), ISC(095340) 등

한컴MDS(086960)
- 임베디드 솔루션 전문기업
- 스마트카 시장 확대로 전성시대 도래

스마트카 시대가 도래함에 따라 자동차 전장화가 빠르게 진행되고 있을 뿐만 아니라 부품의 지능화·첨단화가 필수요소로 인식되면서 임베디드 시스템의 적용범위가 확대되고 있다. 이와 같이 자동차 전장화로 인해 한컴MDS의 자동차 부문 매출은 성장하고 있으며, 전장 개발과 관련해 기존 고객인 현대차그룹과 LG전자 외에 삼성그룹 등이 고객사로 추가되었다.

우리나라는 매년 방위산업에 많은 예산을 편성하고 있으며, 고가

의 무기를 수입하고 있다. 이러한 무기에 들어가는 소프트웨어의 국산화율은 5%에도 미치지 못하고 있기 때문에 향후 무기체계개발 프로젝트에는 소프트웨어의 국산화율을 높일 것으로 예상된다. 이에 따라 국방·항공 분야에 임베디드 시스템의 비중과 역할이 증대되고 있다.

한컴MDS는 K2 전차 차량제어컴퓨터, FA-50 한국형 임무컴퓨터, 유도무기와 원자력 등과 같이 고신뢰 제어 분야 대형 프로젝트에 참여하고 있다. 또한 국방·항공용 실시간 운영체제(NEOS RTOS)와 실시간 통신 미들웨어(NeoDDS)의 적용사례 확대와 다양한 개발 솔루션을 공급하고 있다. 지난 2013년에는 국방·항공 임베디드 전문회사인 유니맥스를 인수해 임베디드 하드웨어 분야에서도 매출이 증가하고 있다. 향후 국방·항공 산업에서의 국산화율 증가로 인해 한컴MDS는 해를 거듭할수록 성장할 것으로 기대된다.

해성디에스(195870)

- 반도체용 substrate(반도체의 재료가 되는 얇은 원판) 전문 제조업체
- 성장 본격화

IHS에 따르면 차량용 반도체시장 규모는 2015년 291억 달러에서 2019년 374억 달러까지 성장할 것으로 예상하고 있다. 이는 차량용 반도체가 각종 센서로부터 받은 정보를 처리하는 전자제어장치에 활용되는데, 전기차 보급이 늘고 자율주행차 상용화 진전 등 자동차 전장화 추세로 인해 반도체 수요가 증가되기 때문이다. 이러한 환경에

서 현재 해성디에스는 NXP·인피니온·ST마이크로 등 글로벌 차량용 반도체 업체에 리드프레임을 공급하고 있다. 따라서 차량용 반도체시장 규모 증가로 인해 해성디에스의 리드프레임 부문 매출이 성장할 것으로 기대된다.

패키지 substrate의 경우 기존 1Layer, 2Layer BGA 등의 제품 라인업을 보다 다각화하기 위해 3Layer 이상의 다층 substrate 시장에 진입할 계획으로, 현재 설비투자중에 있다. 다층 BGA substrate 설비투자는 Reel to Reel(자동연속생산)을 채택해 기존의 sheet 방식보다 원가경쟁력을 갖출 수 있을 것으로 판단된다. 2017년 하반기부터 모바일 D램 등 스마트폰 및 IT기기용 주력인 다층 패키지 substrate 관련 제품을 출시할 예정으로, 원가경쟁력을 바탕으로 2018년부터 성장을 가속화할 것으로 기대된다.

유니퀘스트(077500)
- 비메모리 반도체 유통업체
- 자회사들의 성장 본격화 예상

주요 자회사로는 드림텍(지분율 43%, 스마트폰용 모듈, 차량용 LED 모듈 제조 업체), PLK테크놀러지(56%, 차량용 ADAS 솔루션 업체) 등이 있다. PLK테크놀로지는 ADAS 핵심기술인 알고리즘기술을 통해 모빌아이처럼 ADAS Chip을 자체 생산하고 있으므로 향후 중국 등에서 성장성이 부각될 수 있을 것이다. 표면실장기술(SMT, 인쇄회로기판에 칩을 실장하는 과정을 자동화한 기술)에 기반한 모듈 제조업체인 드림텍은 삼성전자 중저가폰의 지문인식 센서 모듈을 수주하면서 2017년 큰 폭의 실적 성장이 전망된다.

한라홀딩스(060980)

- 한라그룹의 지주회사
- 자회사 만도헬라일렉트로닉스의 ADAS용 센서 성장 본격화

만도헬라일렉트로닉스는 한라홀딩스와 독일 헬라(Hella)의 50:50조인트벤처로서 제동·조향 장치용 ECU, ADAS용 센서 등을 생산하고 있다. ADAS용 센서시장은 선진국 안전규제 강화와 자동차업체들의 ADAS 상용화 경쟁으로 인해 고성장이 예상되고 있다. 특히 만도헬라일렉트로닉스의 ADAS용 센서 매출성장이 본격화할 것으로 기대를 모으고 있다. 신흥국을 중심으로 샤시제품의 전장화가 본격화되면서 제동 및 조향장치용 ECU 수요가 빠르게 증가할 것으로 예상되면서 ECU 매출도 안정적인 성장이 기대된다.

전기차
관련 유망주

BYD(1211, HK)

- 중국 전기차 제조업체로, 2차 전지 생산
- 중국 전기차시장 확대의 최대 수혜주

2019년부터 자동차업체별로 전기차 의무 판매 비율을 설정 (2019~20년 동안 각각 10%, 12% 적용)하였으므로 중국 전기차시장은 향후 더욱 빠르게 성장할 것으로 예상된다. 중국 전기차시장의 확대로 시장지배적 지위를 보유하고 있는 BYD의 수혜가 가능할 것이다.

스마트팩토리 관련 유망주

에스엠코어(007820), SK(034730), LS산전(010120), 포스코ICT(022100), 한신기계(011700), Siemens(SIE. GR), Mitsubishi Electric(6503. JP), Rockwell Automation(ROK. US), Fanuc(6954. JP), 에스피지(058610)

에스엠코어(007820)
- SK그룹의 물류 및 공장자동화장비 전문기업
- 스마트팩토리 등 SK그룹과의 시너지 본격화

2017년 1월 SK에 인수됨에 따라 그동안 내부체제 정비를 비롯해 captive market(계열사 간 내부시장) 수주를 위한 협업체제 구축 및 생산설비 증설 등이 이루어졌다.

에스엠코어 대표에 SK그룹 계열사 출신 임원이 선임되어 2018년 1월부터 기존 대표와 더불어 각자 대표 체제로 갈 예정이다. 이와 같은 각자 대표 체제로의 전환을 통해 captive market에 대한 영업력 강화를 도모할 수 있어서 SK그룹과의 시너지 효과가 본격화될 것으로 예상된다. 따라서 2018년부터 에스엠코어 물류 및 공장자동화 장비 등으로 captive market뿐만 아니라 SK브랜드를 통한 non-captive market 스마트팩토리 관련 수주 등이 본격화될 것으로 예상된다.

또한 2018년부터 SK하이닉스는 청주 등에 반도체 설비투자를 확대할 예정이므로 이와 관련해 에스엠코어 물류이송장비 등의 수주가 본격화될 것이므로 수주증가가 예상된다. 또한 여타 captive market뿐만 아니라 SK브랜드를 통한 non-captive market 스마트팩토리 관련 수주증가 등도 예상되므로 2018년부터 매출이 급성장할 것으로 전망된다.

SK(034730)

- SK그룹의 지주회사
- 스마트팩토리 및 스마트물류의 성장성 가시화

제4차 산업혁명시대를 맞이해 SK그룹은 IT서비스, ICT융합, 반도체 소재·모듈, 바이오·제약, LNG밸류체인 등 5대 핵심분야를 집중 육성해 2020년까지 매출 200조 원과 세전이익 10조 원 달성을 목표로 제시했다. 그 중에서도 제4차 산업혁명과 직접적으로 연관이 있는 ICT융합의 경우 2018년 매출 1조 2,800억 원, 영업이익 630억 원에서 2020년에는 매출 2조 5천 억 원, 영업이익 2,500억 원으로의 성장을 목표로 하고 있다. ICT융합에는 제4차 산업혁명에서 성장할 수 있는 분야인 클라우드·스마트팩토리·스마트물류·인공지능 등이 포함되어 있는데, 향후 SK가 중점적으로 담당하게 될 것이다.

SK는 사물인터넷·빅데이터·클라우드·인공지능을 결합한 종합 스마트팩토리 솔루션 스칼라를 만들어 중국 홍하이그룹 충칭공장 프린터 생산라인 시범 구축을 완료했으며, 현재 다른 라인으로 사업확장을 협의중에 있다. 이에 대한 연장선상에서 SK는 물류 및 공장자동화 장비전문기업인 에스엠코어를 인수했다.

제4차 산업혁명의 또 다른 핵심인 스마트물류의 경우를 보면 2016년 11월 홍하이그룹의 물류 자회사 저스다(JUSDA)와 글로벌 융합 물류 전문합작기업인 FSK L&S를 설립했다. 이러한 사실을 감안할 때 향후 중국 등 글로벌시장에서 물류 BPO 사업을 본격화할 것으로 예상된다.

LS산전(010120)

　- LS그룹의 주력 자회사인 산업용 기기 전문 제조업체
　- 실적 턴어라운드 가시화

LS산전의 자동화 부문은 생산 설비부터 정보 시스템까지 공정자동화를 통해 비용절감, 품질향상 같은 생산력 향상을 목적으로 하는 기업에게 공급한다.

주요 제품으로는 인버터, PLC(Programmable Logic Controller, 입력된 프로그램으로 기계, 설비 및 가공·조립 라인을 자동으로 제어하는 범

용 기기), HMI(Human-Machine Interface, 자동화 설비의 운전 상태 제어를 위해 사용자가 디자인한 화면으로 작동하는 기기 및 소프트웨어), DCS(Distributed Control System, 공정제어 시스템으로 각 플랜트의 전체 계통에 대한 감시와 제어) 등이다.

LS산전은 청주 1사업장에 스마트팩토리 생산라인을 적용해 부품 공급부터 조립·시험·포장 등 전 라인에 걸쳐 완전 자동화를 구현했다. 현재 정부가 주도하고 있는 중소기업 스마트팩토리 보급 확산사업은 물론 대·중견기업 FA시장도 공략하고 있어서 향후 스마트팩토리 관련 매출이 증가할 것으로 예상된다.

2016년 부실 관련 일회성 비용이 일단락되는 환경에서 2017년에는 전력인프라, 자동화, 해외종속기업의 실적 회복을 비롯한 융합사업 등의 적자폭 축소 등으로 인해 LS산전의 실적 개선이 가시화될 수 있을 것이다.

포스코ICT(022100)

- 포스코그룹의 SI(시스템통합)업체
- 성장성 및 실적호전 모멘텀 기대

2015년 12월부터 포스코는 광양제철소 후판공장을 시작으로 스마트팩토리 구축에 나서고 있다. 광양 후판공장 스마트팩토리 구축 프로젝트를 통해 데이터 기반의 일하는 방식을 정립하고, 제철공정에 적용 가능한 표준모델을 개발해 향후 타 연속공정산업으로 확대 적용할 예정이다. 이에 따라 2017년부터 포스코ICT의 Smart IT사업부문에서 스마트팩토리 관련 매출이 의미있게 성장할 것으로 예상된다.

포스코가 스마트팩토리 구현을 앞당기기 위해 포항제철소에 통합데이터센터를 2017년 말 준공을 목표로 구축한다고 발표했다. 이러한 데이터센터는 포스코ICT가 설계부터 시공까지 책임수행하기 때문에 매출 상승에 크게 기여할 것이다.

무엇보다 그동안의 포스코그룹 구조조정이 일단락되면서 2016년 포스코향 수주가 대폭 증가했다. 이에 따라 2017년 수익성이 비교적 양호한 포스코향 매출이 증가할 것이며, 이는 곧 실적 턴어라운드의 원동력이 될 것이다. 이렇듯 포스코는 기존 산업의 스마트화와 함께 신성장사업을 강화해가고 있다. 따라서 성장성 및 실적호전 모멘텀이 기대되는 업체로 전망된다.

한신기계(011700)

- 공기 압축기(air compressor) 국내 1위 업체
- 공장자동화 수혜 및 주주친화정책 강화

공기압축기는 각 공장에서 전반적으로 사용된다. 압축공기는 취급이 편리하기 때문에 기계공업·토목건축 및 기타 기계공구를 사용하는 모든 산업에 사용될 뿐만 아니라 화학공업이나 제철소 등의 프로세스에 적용되고 있다. 또한 최근 환경에의 기여, 깨끗한 공기, 저소음의 설비를 요구하는 제약·전자·식품산업을 위시한 전 산업계의 추세에 따라 공기압축기 역시 석유가 섞이지 않는 공기를 배출하기 위

해 oilless 공기압축기 비중이 증가하고 있다.

공장이 자동화되기 위해서는 동력원이 필요한데, 동력발생의 간편성, 저장의 용이성, 안전성 등으로 공기압축기의 수요는 증가할 것으로 예상된다. 또한 정부에서 스마트팩토리 지원사업을 확대할 것으로 예상됨에 따라 시장점유율 1위 업체인 한신기계가 수혜 가능할 것으로 기대된다.

한신기계의 주주는 최영민 대표이사 18.6%를 비롯해 정혜숙 외 특수관계인 2.3%, STERLING GRACE INTERNATIONAL LCC 17.2%, 자사주 2.0%, 기타 59.9% 등으로 분포되어 있다. STERLING은 조세피난처인 케이맨제도에 있는 미국계 투자회사로 2015년 동사 지분을 5% 사들인 뒤 17.2%까지 지분을 늘렸을 뿐만 아니라 2017년 들어서 주식 보유 목적을 단순 투자에서 경영 참가로 변경했다.

이러한 환경에서 지분 경쟁은 한계가 있기 때문에 주주친화정책 강화로 경영권 위협에서 탈피하는 것이 바람직하다. 따라서 한신기계는 주주친화정책의 일환으로 2016년 주당 배당금을 65원 [YoY(전년대비 증감율)+44.4%]으로 높였다. 해를 거듭할수록 주주친화정책 강화로 주당 배당금이 높아지면서 한신기계 주가에 긍정적인 영향을 미칠 것이다.

Siemens(SIE. GR)

- 산업용 사물인터넷 플랫폼 선도기업
- 스카트팩토리 관련 사업부분의 이익 기여도 높아질 듯

발전과 가스, 재생에너지, 에너지 관리, 빌딩 인프라 관리, 모빌리티, 디지털팩토리, 공정산업, 헬스케어, 금융 등의 다양한 사업을 영위하고 있다.

스마트팩토리와 관련된 Siemens의 사업은 디지털팩토리(제품 포트폴리오와 시스템 솔루션 제공)와 공정산업(모든 종류의 재공품 흐름의 이동·측정·제어를 최적화하기 위한 포괄적인 제품, 소프트웨어, 솔루션 및 서비스), 이렇게 두 부문이다.

산업용 사물인터넷 플랫폼사업의 일환으로 '마인드스피어(mindsphere)'을 출시했다. 공장 자동화 장비와 솔루션의 글로벌 선도기업으로 성장하기 위해 향후 플랫폼 점유율을 높이는 전략을 펼칠 것으로 예상된다.

향후 스마트팩토리시장의 성장으로 플랫폼 사용률이 높아지면 스마트팩토리와 관련된 사업부문의 이익 기여도가 높아질 것으로 예상된다.

Mitsubishi Electric(6503, JP)
- 전자 및 전기 장비 제조회사
- 스마트팩토리 플랫폼인 e-F@ctory를 통해 성장

공장자동화, 에너지 및 전기 시스템, 정보 및 통신 시스템, 전기 소자, 홈 어플라이언스 등의 사업을 영위하고 있다. PLC를 시작으로 CNC, HMI, 서버모터, 인버터, 산업용 로봇 등 다양한 공장 자동화 제품 라인업을 보유하고 있을 뿐만 아니라 공정자동화 설비 등을 통

합해 기술검증, 상용화, 패키징이라는 목표하에 플랫폼을 구축했다. 이와 같은 스마트팩토리 플랫폼을 'e-F@ctory'라 부르고 있으며, 이를 통해 FA와 IT의 융합에 의한 생산 최적화를 도모하고 있다. 스마트팩토리 플랫폼인 e-F@ctory를 통해 성장하면서 수익성이 개선될 것으로 예상된다.

Rockwell Automation(ROK, US)

- 산업 자동화 제품 및 정보 솔루션 전문기업
- 스마트팩토리 비전인 커넥티드 엔터프라이즈를 통해 성장

제어와 정보 시스템으로 IT와 OT(제조운영기술)을 결합해 생산 현장과 상위의 기업경영시스템(Enterprise Business System, ERP·CRM·SCM 등)을 통합한 스마트 매뉴팩처링 비전 '커넥티드 엔터프라이즈(The Connected Enterprise)'를 통해 실질적인 생산제조 운영 시스템을 구현하고 있다. 스마트팩토리시장의 본격적인 개화로 인해 커넥티드 엔터프라이즈를 통한 성장으로 실적 개선이 가능할 것으로 예상된다.

Fanuc(6954, JP)

- 산업용 로봇 및 공장자동화 전문기업
- 산업용 로봇으로 스마트팩토리 구현

가장 많은 로봇 운용 데이터를 갖고 있기 때문에 스마트팩토리 플랫폼의 개발단계에서부터 앞서 나갈 수 있을 뿐만 아니라 공작기계, 조립기계, 산업용 로봇을 다양한 센서에 접속시켜 공장 전체를 지능화할 수 있다. 스마트팩토리시장 성장으로 인해 스마트팩토리용 로봇 수요 확대로 성장이 가능할 것으로 예상된다.

통신 인프라와 블록체인,
가상화폐 관련 유망주

통신 인프라 투자환경으로 인한 수혜기업과
블록체인과 가상화폐와 관련된 유망주를 알아보자.

통신 인프라 투자환경으로 인한
수혜기업

글로벌 시장조사기관 IHS에 따르면 2035년 5G의 생산유발 등 글로벌 경제효과는 12조 3천억 달러에 달할 것으로 예측했다.

일본 최대 통신사인 NTT도코모는 2020년 도쿄올림픽 개최에 맞추어 5G상용화를 추진하고 있다. 또한 차이나모바일·차이나텔레콤·차이나유니콤 등 중국 3대 통신사도 2020년까지 5G서비스를 위한 통신망 정비에 52조 원을 투입하겠다는 계획을 발표했다.

우리나라의 경우 KT는 중국·일본보다 1년 앞선 2019년에 세계 최초로 5G를 상용화할 방침으로, 2018년 평창동계올림픽에서 5G 시범 서비스를 선보일 예정이다. 또한 SK텔레콤도 2019년까지 5G 상용화를 위한 준비를 모두 마칠 것으로 예상된다.

이와 같은 통신서비스 업체들의 5G서비스 관련 투자는 2018년부터 가능할 것으로 예상되므로, 이 시기에 무선 장비 관련 업체들에게는 큰 수혜가 예상된다. 즉 SK텔레콤·KT·LG유플러스 등 국내 통신 3사의 경우 5G시대가 개막하게 되면 큰 성장의 기회를 맞이할 것이다. 또한 5G는 총 투자규모가 크고 투자기간이 길 것으로 보여 기지국 장비, 스몰셀(일반적인 기지국보다 작은 영역을 책임지는 소형 이동통신 기지국) 등의 수혜가 예상된다.

우리나라의 경우는 유선 및 무선 통신 인프라 환경 수준이 높지만 여타 다른 국가들은 데이터 활성화를 위한 광케이블 및 무선 업그레이드 투자를 지속적으로 진행중이다. 따라서 5G투자 본격화에 앞서서 업그레이드 통신 인프라 투자환경으로 인한 실적 턴어라운드가 가시화할 수 있는 업체에도 주목해야 한다.

블록체인
수혜기업

글로벌 리서치 등에 따르면 블록체인(비트코인 포함) 분야의 VC 자금은 2012년 약 2백만 달러에서 2015년 6억 9천만 달러로 증가했으며, 블록체인 기술에 대한 예상 자본시장 지출액 또한 2014년 3천만 달러에서 2019년 4억 달러로 증가할 것으로 예상된다.

해외에서는 시티은행·골드만삭스·유럽은행연합·도이치은행 등 은행과 증권 관련 금융기관들이 실제 금융거래에 적용할 수 있는 플랫폼을 개발하거나 블록체인 스타트업에 투자하고 있다. 또한 국내 5개 은행(IBK기업·신한·KB국민·KEB하나·우리)도 R3CEV 컨소시엄에 순차적으로 가입해 공동연구와 프로젝트 추진을 가속화하고 있으며, 금융기관이 아닌 ICT 기반의 업체 중심으로 블록체인기술을 활용한 결제·거래·보안·인증 등의 사업 등이 초기 단계에 있다.

기술적인 측면에서 블록체인을 전 산업에서 활용하기 위한 다양한 솔루션이 개발되고 있다. 또한 블록체인기술은 다양한 산업 분야로의 확장성이 크기 때문에 개별 기업의 독자적인 노력보다는 ICT기업들과의 파트너십 구축이 효과적이다.

제4차 산업혁명을 맞이해 블록체인에 대한 투자가 활발히 진행될 것으로 예상된다. 그런 가운데 삼성에스디에스는 기업용 블록체인 플랫폼과 블록체인 관련 다양한 기술을 보유하고 있으므로 수혜가 예상된다.

통신 인프라
관련 유망주

SK텔레콤(017670), KT(030200), LG유플러스(032640), 대한광통신(010170), 오이솔루션(138080), 케이엠더블유(032500), 이노와이어리스(073490), 엔텔스(069410), 쏠리드(050890), RFHIC(218410) 등

SK텔레콤 (017670)

- SK그룹 계열의 통신서비스업체
- New ICT 생태계 구축

SK텔레콤은 'New ICT 생태계 구축'이라는 목표 아래 인공지능·자율주행차 등 4차 산업혁명의 기술과 생태계를 키우는 데 5조 원, 5G 등 통신네트워크 발전에 6조 원 등 총 11조 원을 2019년까지 투자할 계획이다. 즉 5G통신기술을 기반으로 인공지능·사물인터넷·자율주행 등 New ICT 영역에서도 주도권을 확보한다는 방침이다.

SK텔레콤은 2017년 하반기 5G 시범 서비스를 추진했고, 2020년에 상용화를 목표로 하고 있다. 또한 AT&T·도이치텔레콤·에릭슨 등 15개 글로벌 이동통신업체 등으로 구성된 5G 글로벌 공동 협력체에 5G상용화를 위한 글로벌 표준화 작업에도 참여하고 있다.

SK텔레콤은 2016년 9월 음성인식 인공지능 서비스 '누구'를 탑재한 스피커형 디바이스를 선보였다. 이로써 금융·건설·유통·콘텐츠 등 이종산업 간의 융합을 통해 플랫폼으로서의 역할이 강화될 것으로 예상된다.

자율주행차의 기술발전속도가 빨라지면서 HD맵은 필수적인 요소로 부상하고 있다. SK텔레콤은 NVIDIA와 협약을 통해 자율주행 기술의 기반이 될 T맵의 정밀도를 지금보다 10배 높인 HD T맵으로 진화시켜 시장을 선도할 방침이다.

아직 우리나라는 양자암호통신에 대해 걸음마 단계이지만 SK텔레콤이 양자정보통신을 이용한 암호화 기술 개발에 나서고 있다. SK텔레콤은 2011년 국내에서 처음으로 양자기술연구소(퀀텀테크랩)를 만

든 뒤 7년 만에 세계에서 가장 작은(손톱보다 작은 크기의) 초소형 양
자난수생성 칩 개발에 성공했으며, 양자암호통신 관련 칩과 중계기,
광전송 장비 등을 개발하고 있는 것과 동시에 이미 총 5개 구간의 국
가시험망을 구축해 운영하고 있다.

KT(030200)

- 통신 서비스업체
- 2019년 세계 최초 5G상용화

KT는 네트워크 인프라스트럭처를 기반으로 본연의 유무선 통신
서비스에서 더 나아가 5G상용화, 인공지능기술 심화 및 적용 분야
확대, 스마트에너지 및 신재생에너지 사업 확대 등으로 4차 산업혁
명을 전개할 예정이다.

KT는 2018년 평창 동계올림픽 5G 시범 서비스를 시작으로 2019년
전 세계 최초 5G상용화를 목표하고 있다. 이와 같은 5G는 인공지
능·사물인터넷·빅데이터 등과의 결합을 통해 생활은 물론 산업의 패
러다임 자체를 혁신적으로 변화시킬 것이다.

KT에서 2017년 1월 말 출시한 '기가지니'는 스피커와 함께 카메
라를 내장한 새로운 IPTV 셋톱박스의 이름이자 인공지능 기반의 홈
비서 서비스다. 이 서비스는 원하는 TV 콘텐츠나 음악을 말하면 기
기가 음성을 인식해 그것을 보거나 들을 수 있고, 스케줄 확인 및 음
식 배달 서비스도 이용할 수 있다. 또한 미래에셋대우와 MOU를 맺
고 기가지니의 음성인식과 인공지능기술에 미래에셋대우의 금융정

보를 접목시켜서 음성으로 주가와 지수·시황 정보·종목 및 금융상품 추천 등을 할 수 있다.

정보통신기술과 에너지를 접목한 스마트에너지사업을 전개할 예정이다. 세계 최초 에너지 통합관제센터 KT-MEG를 설치해 생산-소비-거래 분야의 다양한 사업을 추진하고 있다. 또한 신재생에너지를 핵심사업으로 추진해 저탄소 발전 확대와 에너지 신산업 활성화 등에 힘쓸 예정이다. 뿐만 아니라 에너지관리시스템(EMS)을 자체 개발해 건물의 에너지 절감이나 신재생에너지 연계 운영을 통해 본격 상용화한다는 방침이다.

한편 KT컨소시엄(KT·BC카드·농림축산검역본부·질병관리본부)이 2017 빅데이터 플래그십 프로젝트(빅데이터 활용 인간·동물 감염병의 확산 방지 체계 구축 프로젝트)의 최종 사업자로 선정되었다. 인간 감염병이 발생될 경우 BC카드가 보유한 카드 데이터와 KT의 통신 데이터를 분석하고, 질병관리본부와 협력해 감염병 확진자의 동선과 접촉자를 파악할 수 있는 시스템 구축에 나설 예정이다.

LG유플러스(032640)

- 통신 서비스업체
- 사물인터넷·빅데이터·커넥티드카 등 사업분야 전개

LG유플러스는 4차 산업혁명의 핵심 사업자가 되기 위해 사물인터넷·빅데이터·커넥티드카 등에 우선순위를 두고 있다.

사물인터넷의 경우 개인용(B2C)에서 누적 가입자수가 증가하고 있으며, 기업용(B2B) 분야는 LG전자와 LG디스플레이 등 그룹사 적용을 시작으로 2017년부터 본격 공략에 나섰다. 특히 사물인터넷 전용망 협대역(NB)-IoT 상용화를 기점으로 전기·가스·안전 등 생활 민감도가 높은 상품 쪽으로 다변화를 추진중이다.

빅데이터의 경우 빅데이터 센터를 신설했으며, 사용자 시청이력과 취향을 파악해 관련 동영상을 추천하는 U⁺비디오포털 개인 맞춤추천 등의 서비스를 제공하고 있다.

LG유플러스는 2016년 9월 쌍용자동차와 인도 마힌드라그룹 테크마힌드라와 손을 잡고 쌍용자동차의 커넥티드카 사업을 함께 진행한다. 자동차가 결제수단이 되는 커넥티드카 커머스도 준비중으로, 차량에 탄 채로 쇼핑을 하는 분야가 타깃이다.

대한광통신(010170)

- 광섬유 및 광케이블 전문 제조업체
- 광섬유 shortage로 실적 급상승

광케이블 산업의 경우 통신 네트워크 신규 구축이나 기존 네트워크의 고도화 투자 수요에 의존적이다. 따라서 신흥국의 국가 인프라 확충 및 개선 수요와 더불어 북미 및 유럽 등 선진국에서의 지속적인 교체수요 등을 기반으로 높은 수준의 수요 증가세가 이어질 것으로 예상된다. 특히 중국은 광케이블의 세계 최대 수요처로서 국가적 차원에서 네트워크 고도화를 추진함에 따라 수요 증가세가 이어지고 있다. 이와 같이 미국 및 중국의 데이터 네트워크 구축 증가로 인해 광케이블의 원료인 광섬유 수요가 급증하면서 2015년 하반기부터 광섬유 공급부족현상이 나타나기 시작했고, 이에 따라 광섬유 가격이 2016년 하반기부터 상승하기 시작했다.

향후 데이터 사용량증가로 인한 네트워크 구축 등의 영향으로 광섬유시장의 지속적인 수요 증가가 기대됨에 따라 광섬유 공급부족현상은 지속될 것으로 전망하고 있다. 따라서 대한광통신은 광섬유 공급부족에 따른 가격상승이 반영되면서 실적 턴어라운드가 가속화할 것으로 예상된다.

오이솔루션(138080)

- 광트랜시버 전문 제조업체
- 광통신망 확대의 동반자

국내 및 해외의 경우 스마트폰 등 정보통신기기에서 사용하는 데이터 트래픽이 증가하면서 광트랜시버 수요가 크게 늘어나고 있다. 특히 미국의 경우 2016년부터 통신사업자의 LTE-A Pro(LTE-Advanced Pro, 4.5G) 서비스 확대 및 케이블방송사업자의 투자가 증가했으며, 일본은 2020년 도쿄 올림픽을 계기로 고화질 영상 서비스를 위한 광통신 투자를 늘리고 있어 광트랜시버 수요가 크게 증가할 것으로 예상된다.

이러한 환경에서 오이솔루션은 미국 투자 확대 등에 힘입어 노키아향 매출이 증가할 것으로 예상되며, 일본의 경우 FTTH 기가 인터넷 확산으로 1.25G, 2.5G에서 10G로 수요가 이동하고 있어서

10G EPON와 관련된 매출증가도 기대된다. 또한 광네트워크 구축 비용을 대폭 줄이면서도 데이터 수용능력을 확대한 제품인 CSC LambdaRich 트랜시버의 매출 성장도 예상된다.

현재 LTE-A Pro투자에 이어 향후 5G투자가 진행될 것으로 예상된다. 이러한 5G투자가 진행되면 고부가가치 트랜시버의 수요가 증가해 성장의 발판이 될 것이다.

케이엠더블유(032500)

- 통신장비 부품과 LED 조명 사업 영위
- 5G투자 수혜

통신장비의 주력제품인 RF부품·안테나·RRH·스몰셀 등 5G투자의 구조적 수요 확대가 가능한 품목들로 향후 5G네트워크망 투자의 수혜가 가장 클 것으로 기대된다. 2016년 말부터 미국 Sprint사의 4G 보완투자가 시작됨에 따라 2017년 통신장비 부품의 실적 턴어라운드가 예상되며, 2018년에는 5G투자에 따른 수혜가 예상된다.

이노와이어리스(073490)

- 통신용 시험, 계측장비 및 스몰셀 제조사업을 하는 통신장비업체
- 스몰셀투자 수혜

5G는 4G와 달리 스몰셀 형태로 기지국을 추가 구축해야 하기 때

문에 대규모 투자가 필요하다. 따라서 이노와이어리스의 수혜가 기대되는데, 이노와이어리스 실적 개선은 통신사의 5G 관련 설비투자가 개시되는 2018년으로 예상된다.

엔텔스(069410)

- 통신 서비스 운영지원 솔루션(S/W) 전문 기업
- 5G가 상용화되면 매출 한 단계 레벨업

5G을 도입하면 데이터 트래픽의 증가가 예상되기 때문에 데이터 트래픽의 혼잡을 제어하고 부하를 분산시키는 솔루션를 비롯해 데이터 사용에 따른 과금, 데이터 사용 결과 분석 플랫폼의 사용증가도 필연적이다. 따라서 5G의 상용화에 따른 매출증가가 기대된다.

블록체인
관련 유망주

삼성에스디에스(018260)

- 삼성그룹의 SI업체
- 블록체인 등 제4차 산업혁명 관련 기술에 주목

2017년 4월 삼성에스디에스는 제4차 산업혁명의 핵심기술로 부각되고 있는 블록체인기술을 활용한 기업용 블록체인 플랫폼 '넥스

레저'와 더불어 블록체인 디지털 신분증, 블록체인 금융 결제 서비스 등을 선보였다. 향후 블록체인·생체인증·페이먼트 등 기술을 접목해 금융뿐만 아니라 공공·제조·물류·유통 등 다양한 영역으로 블록체인사업을 확대할 것으로 예상된다.

삼성에스디에스는 지난 30년간 삼성전자 등 다수 기업의 공장과 제조현장에 적용한 경험을 집대성해 완성한 스마트팩토리 솔루션 '넥스플랜트'를 2016년 말에 출시했다. 삼성전자의 국내외 라인 증설 등 투자가 증가하는 환경에서 삼성에스디에스의 넥스플랜트 적용으로 2017년부터 매출상승이 본격화될 것으로 예상된다. 또한 쇼핑경험, 고객 맞춤형 판매, 영업지원 등 다양한 기능을 제공하는 유통 솔루션 '넥스샵'을 내놓고 전 세계 삼성전자 매장에 공급하고 있다.

제4차 산업혁명과 관련해 스마트팩토리, 빅데이터 분석, 인공지능, 클라우드, 스마트물류, 블록체인 등의 신규사업 가시화와 확대로 인해 삼성에스디에스의 성장성이 부각될 수 있을 것이다.

스마트 헬스케어
관련 유망주

보다 정확한 진단과 함께 치료효과가 높아지는
스마트 헬스케어와 관련된 유망주를 알아보자.

스마트 헬스케어 생태계는 웨어러블·하드웨어 기기를 생산하는 제
조업, 헬스케어 애플리케이션·정보 플랫폼 등 분석 비즈니스 모델
에 초점을 맞춘 소프트웨어기업, 통신사·병원 등을 중심으로 건강
관리 및 의료 서비스를 제공하는 서비스기업 등 다양하다.

코오롱(002020), SK케미칼(006120), 삼양홀딩스(000070), 오스
템임플란트(048260), 펩트론(087010), 비트컴퓨터(032850), 고영
(098460), Intuitive Surgical(ISRG. US) 등

코오롱(002020)

- 코오롱그룹의 지주회사
- 신성장동력 가시화

코오롱의 주력 자회사인 미국 티슈진사는 퇴행성 관절염 치료제 인보사(티슈진-C)에 대해 미국 FDA 임상 2상을 완료한 이후 2015년 5월 임상 3상 승인을 받았다. 현재 미국 전역 1,020명을 대상으로 환자투약 준비중으로 2018년부터 순차적으로 환자투약이 이루어질 것으로 예상된다. 특히 미국 임상 3상에서 DMOAD(Disease Modifying OA Drug: 질환을 근본적으로 치료하는 퇴행성 관절염 치료제)로서의 가능성을 증명하게 된다면 인보사가 적용할 수 있는 시장규모는 더욱 커질 것이다. 이와 더불어 코오롱생명과학의 인보사는 2017년 7월 12일 식약처로부터 품목 허가를 받고, 11월부터 본격적으로 국내 시판이 진행되고 있다.

이와 같이 미국 티슈진사의 성장성 등은 코오롱 밸류에이션을 높이는 요인으로 작용할 수 있을 것이다.

한편 코오롱의 주력 자회사인 코오롱인더스트리는 CPI(Colorless Polyimide)필름을 개발해 현재 양산설비를 구축중으로 2018년 1분기부터 상업생산에 들어갈 예정이다. 삼성전자 등이 차세대 스마트폰으로 폴더블(foldable) 스마트폰을 개발하고 있는 가운데 코오롱인더스트리의 CPI필름은 유리를 대체하면서 폴더블 스마트폰 윈도커버 소재에 적용될 수 있을 것이다. 따라서 폴더블 스마트폰이 출시하게 되면 CPI필름 신규시장 확대 기대감이 반영되면서 코오롱인더스트리의 성장성이 부각될 수 있을 것이다.

오스템임플란트(048260)
- 치과용 임플란트 제조·판매업체
- 중국과 북미법인의 성장성 주목

내수부문의 경우 치과용 임플란트 건강보험 요양급여 적용 연령이 2016년 7월 1일부터 65세 이상으로 확대되어 견조한 성장 등이 예상된다.

해외부문의 경우 중국과 북미 법인이 매출 상승을 이끌 것으로 예상된다. 즉 2018년에는 중국과 북미 법인의 매출상승이 본격화되면서 해외 법인 수익성에 레버리지효과가 발생할 수 있을 것이다.

오스템임플란트는 디지털임플란트와 덴탈CT를 출시해 이를 통해 시장 지배력 확대뿐만 아니라 종합 치과의료기기업체로 거듭나는 계기를 마련할 것이다.

비트컴퓨터(032850)
- 의료정보, 디지털 헬스케어, IT교육 등의 사업을 영위
- 제4차 산업혁명 헬스케어 클라우드 도입시 최대 수혜

헬스케어 클라우드는 다양한 환자의 정보를 클라우드에 저장하고 이를 진료에 활용하는 것으로, 의료의 패러다임이 치료에서 예방과 관리로 바뀌면서 대두되는 대표적인 ICT 융복합 디지털 헬스케어기술이다.

우리나라의 경우 의료법 시행규칙 개정, 전자의무기록의 관리·보

존에 필요한 시설과 장비에 관한 기준이 제정됨에 따라 병원이 아닌 외부기관에서도 의료데이터를 보관할 수 있게 되었다. 이러한 규제완화와 더불어 병원 경영난이 가중되고 정보보안에 관심이 커지면서 병원데이터를 외부 시설에 저장해 관리해주는 헬스케어 클라우드 도입이 본격화될 것으로 예상된다.

비트컴퓨터는 병원급 의료기관을 대상으로 EMR(전자의무기록), OCS(처방전달) 등을 클라우드 서비스로 제공하는 통합의료정보시스템 '클레머(CLEMR)'를 2017년 7월에 출시했다. 기존의 구축형 의료정보 시스템을 클라우드 방식으로 전환해 병원은 별도의 서버 없이 웹으로 접속해 시스템을 사용한다. 시스템 운영·관리·보안 등 별도 인력을 내부에 둘 필요가 없으며, 과금 체계 역시 쓴 만큼 낸다. 데이터 보관 등 클라우드 인프라는 KT가 제공한다.

의료기관이 디지털화되고 데이터가 폭발적으로 증가하면서 대부분의 의료기관은 데이터의 관리와 더불어 보안 및 비용 등에 대한 고민이 함께 커지고 있는 상황이므로 비트컴퓨터의 클레머가 이런 고민들을 해결해주는 새로운 대안이 되면서 선점하는 효과가 있을 것이다. 또한 제4차 산업혁명시대의 도래로 헬스케어 클라우드 신규 수요 창출로 비트컴퓨터 성장이 가속화할 것으로 예상된다.

고영(098460)

- 글로벌 3D 검사장비업체
- 수술용 로봇 등 제4차 산업혁명을 맞아 성장성 부각

현재 이비인후과나 신경외과 분야에서 이루어지는 미세영역 수술은 수술 전 취득한 의료영상 정보를 기반으로 병변을 진단하기 때문에 과다 절개나 방사선 피폭 등을 완벽하게 피할 수 없다. 고영은 이런 문제점을 해결하고자 소형화된 다자유도 로봇, 의료영상 기반 내비게이션 소프트웨어, 고정밀 3D 의료용 센서를 이용한 수술 가이드 로봇 시스템을 개발했다. 즉 뇌수술용 의료로봇은 수술침대에 부착 가능하게 소형화된 로봇 플랫폼과 3D 인체 스캔 센서, 수술 내비게이션 SW로 구성되어 있다. 수술 전 촬영한 컴퓨터단층촬영(CT)과 자기공명영상(MRI)을 기반으로 고영의 3D 센서기술과 로봇시스템을 이용해 실시간으로 환부와 수술도구 위치를 추적해 수술 도구의 위치와 자세를 자동으로 안내해주는 시스템이다.

고영은 2016년 12월 국내 최초로 식품의약품안전처에서 뇌수술용 의료로봇에 대한 제조허가를 획득했다. 미국에서는 하버드 의과대학과 함께 뇌수술로봇을 공동 개발중이며, 미국과 글로벌 의료시장에 진출하기 위해 미국 식품의약국(FDA)의 승인도 준비하고 있다. 2018년 미국 시장진출을 시작으로 2020년까지 유럽·중국 등으로 시장을 확대할 예정이다.

2016년 AOI의 매출이 전년 대비 약 49% 성장하면서 매출증가의 주요한 요인이 되었다. 이는 곧 시장 패러다임 변화로 과거 글로벌 업체들은 2D AOI 장비만을 수년간 사용해왔지만 불량 유출이 발생했기 때문에 기존 2D에서 3D로 점차 고객사의 니즈가 확대되는 추세를 보여주는 것이다. 무엇보다 3D AOI가 스마트팩토리의 설비가 될 수 있는 환경에서 3D AOI에 AI로 딥러닝을 접목하면 공정 불량을 알려주는 차원을 넘어 진단하고 해결방법까지 찾아주는 기능도 수행할 수 있게 된다. 이러한 AI로 딥러닝이 접목된 3D AOI 등이 고영의 판매증가에 기폭제가 될 것으로 기대된다.

Intuitive Surgical(ISRG. US)

    - 수술용 로봇 1위 업체

    - 복강경 수술 로봇인 da Vinci System 개발

da Vinci 로봇수술은 환자의 환부에 3~4개의 구멍을 뚫은 뒤 로봇팔과 3D 내비게이션을 삽입해 의사가 콘솔에서 원격조정을 진행하는 수술 진행 방식으로 전 세계적으로 3,600대 이상이 보급되어 있다.

da Vinci 로봇은 평균 10회의 수술이 진행되면 로봇팔 등 소모성 부품교체가 필요하기 때문에 지속적인 성장이 가능할 것이다. 독보적인 수술 레퍼런스를 보유하고 있어 향후 수술용 로봇 성장시 수혜가 가능할 것이다.

· 찾아보기 ·

『세상을 바꾸는 제4차 산업혁명의 미래』
저자와의 인터뷰

Q. 『세상을 바꾸는 제4차 산업혁명의 미래』를 소개해주시고, 이 책을 통해 독자들
에게 전하고 싶은 메시지가 무엇인지 말씀해주세요.

A. 어찌 보면 제4차 산업혁명이 모호할 수 있을 뿐만 아니라 개념 자체
가 잘 와닿지 않을 수 있습니다. 이 책에서는 보다 짧은 시간에 제4
차 산업혁명에 대해 이해하기 쉬울 뿐만 아니라 머릿속에서 그림도
그릴 수 있도록 개념과 영향력을 상세히 기술했습니다. 또한 제4차
산업혁명 관련 분야들을 지능정보기술[사물인터넷(IoT), 빅데이터
(big data), 인공지능(AI), 클라우드(cloud)], 스마트카, 스마트팩토리,
통신 인프라, 블록체인, 가상화폐, 스마트헬스케어, 주식투자 등 카테
고리별로 나눠서 제시해 필요한 부분부터 읽어도 무난하게 되어 있
습니다. 무엇보다도 지금은 제4차 산업혁명에 대한 개념들을 정확히

파악해 앞으로 세상이 어느 쪽으로 바뀔지에 대해 각자의 관점에서 생각하는 것이 보다 필요한 시기라고 할 수 있습니다. 이러한 파악으로 변화의 시기에 대처 및 적응할 뿐만 아니라 보다 더 많은 기회를 잡을 수도 있을 것입니다. 이 책이 제4차 산업혁명을 이해하고 기회를 잡는 데 도움이 되길 바랍니다.

Q. 제4차 산업혁명에 대해서 관심이 많지만 정확히 알고 있는 사람은 많지 않습니다. 제4차 산업혁명이 무엇인지 자세한 설명 부탁드립니다.

A. 제4차 산업혁명의 본질은 모든 사물에 센서, 통신칩을 집어 넣어서 정보를 받아들이고 내보내는 역할을 할 수 있게 하는 모든 사물의 지능화로, 현재보다 정보를 더 많이 얻을 수 있을 뿐만 아니라 인공지능으로 인해 내게 딱 들어맞는 맞춤형 정보 획득을 가능하게 하므로 사전적이든 사후적이든 인류 삶의 질을 향상시키는 데 있습니다. 전 세계 인구가 줄어들면서 수요자는 감소할 수 밖에 없기 때문에 양이 중점이 되는 하드웨어시대가 점차 지나가고 있습니다. 이러한 환경에서는 공급자, 수요자, 정부 등도 효율화로 인한 부가가치 창출을 위한 맞춤정보가 필요하기 때문에 전 세계의 소프트웨어화가 절실히 요구됨에 따라 향후 제4차 산업혁명이 그 역할을 할 것으로 예상됩니다.

Q. "제4차 산업혁명시대는 초연결화 시대"라고 말씀하셨는데 무슨 의미인지 자세한 설명 부탁드립니다.

A. 인간과 인간, 사물과 사물, 인간과 사물 등이 연결되는 초연결 사회가 도래함에 따라 현실과 사이버가 융합되는 새로운 패러다임이 다

가올 것입니다. 즉 사물인터넷 환경에서 빅데이터가 산출되며, 인공지능으로 빅데이터를 처리 및 활용해 사이버 공간에 다시 연결될 뿐만 아니라 지능정보기술과의 결합을 통해 스스로 진화하는 네트워크가 될 것입니다. 이와 같이 제4차 산업혁명의 핵심은 초연결과 지능화라고 할 수 있습니다. 특히 초연결로 인해 데이터의 개방과 공유가 극대화됨에 따라 특정한 아이디어나 산출물이 사회·문화 속에서 실현 가능해지고 가치를 인정받기 때문에 혁신을 가져올 것입니다.

Q. 스마트카와 스마트팩토리의 핵심인 ICT 기술에 대해 보다 자세한 설명 부탁드립니다.

A. 스마트카인 자율주행차를 구현하기 위한 다양한 기술은 주변환경 인식(레이더, 레이다, 카메라 등의 센서), 위치인식 및 맵핑, 판단, 제어, 상호작용 등으로 분류되며, 하드웨어 인공지능 관련 연구를 할 수 있는 기반인 하드웨어(HW)와 소프트웨어(SW)가 빠르게 발전하면서 자율주행기술도 함께 진화해왔습니다. 현재 상용화되고 있는 기술을 통칭해 ADAS(Advanced Driving Assist System, 지능형운전자보조장치)라 부르고 있는데, ADAS는 센서와 인공지능 소프트웨어를 결합한 기술로 레이더, 라이다, 카메라, GPS장치 등의 감지기기와 이를 제어하는 CPU 및 GPU, 명령을 실행하는 엑츄에이터(액셀레이터, 브레이크, 조향핸들 등)로 구성됩니다. 또한 스마트팩토리는 기존 제조기술에 IT를 접목해 센서, 정밀제어, 네트워크, 데이터 수집 및 분석 등 다양한 기술이 융합되어 서비스를 구성함에 따라 크게 센서 디바이스 및 정밀제어기기, 네트워크 플랫폼, 제조환경 애플리케이션으로 구분될 수 있습니다.

Q. 사물인터넷·빅데이터·인공지능·클라우드의 중요성을 강조하셨는데, 제4차 산업혁명에서 이 요소들이 갖는 의미와 중요성은 무엇인지 자세한 설명 부탁 드립니다.

A. 제4차 산업혁명은 기계의 지능화를 통해 생산성이 고도로 향상되어 산업구조 근본이 변하는 것으로, 지능정보기술이 변화의 동인입니 다. 이러한 지능정보기술로는 사물인터넷·빅데이터·인공지능·클라 우드 등이 근간을 이루고 있습니다. 지능정보기술은 인공지능과 데 이터 활용기술 등을 융합해 기계에 인간의 고차원적 정보처리 능력 (인지, 학습, 추론)을 구현시킵니다. 여기서 데이터 활용기술은 각종 데 이터를 수집하고 실시간으로 전달하며(IoT, mobile), 수집된 데이터 를 효율적으로 저장하고 그 의미를 분석(cloud, big data)하게 합니 다. 이와 같이 지능정보기술인 사물인터넷·빅데이터·인공지능·클라 우드 등은 서로 유기적으로 작용하면서 활용될 것입니다. 즉 사물인 터넷 환경에서 생성되는 다양한 데이터를 처리하기 위한 빅데이터 및 클라우드 산업이 발달하고, 일련의 혁신적인 기술들은 인공지능이 더해지며 삶의 변화를 이끌어낼 것입니다. 가령 생산방식이나 사물 자체가 지능화되어 동태적인 소비자의 선호와 요구를 제품생산 및 서비스에 연결함으로써 경쟁우위를 확보하는 데 용이하게 되는 것입 니다. 예를 들자면 특정한 디지털 광고 디스플레이에서 센서로 지나 가는 사람들의 나이, 성별, 체형을 분석해 쇼핑몰 정보를 제공해주는 인공지능 기반 디지털 마케팅을 수행한다고 보면 됩니다.

Q. "블록체인은 사회 모든 영역에 막강한 영향력을 미칠 것"이라고 하셨는데 무슨 의미인지 자세한 설명 부탁드립니다.

A. 블록체인은 생성된 순서대로 정보 저장 단위인 블록을 연결하는 과정에서 유효성을 검증함으로써 정보의 위·변조를 방지할 수 있습니다. 블록체인 기술의 핵심은 신뢰기관 없는 P2P 신뢰 네트워크 구축이며, 현재 지속적으로 발전하고 있는 중에 있습니다. 블록체인은 기존 산업의 모습을 크게 변화시킬 뿐만 아니라 민간부문과 공공부문 등 사회 전 영역에 걸쳐 영향을 미칠 것으로 예상됩니다. 현재 가장 활발히 확산·적용되고 있는 곳은 금융서비스 분야입니다. 즉 분산화 원장기술을 사용해 높은 보안성, 거래내역의 투명성, 비용절감, 빠른 처리 속도 등의 장점으로 금융시스템의 새로운 패러다임으로 급부상중에 있습니다. 또한 제조 및 유통부문에서의 블록체인 활용 가능성도 확대되고 있습니다. 특히 블록체인기술이 실시간으로 정보의 흐름을 제공해 주는 사물인터넷기술과 결합될 경우 전혀 새로운 형태의 공급망이 등장할 수 있으며, 공공부문에서도 블록체인을 활용해 토지대장 관리, 전자시민권 발급, 표결 관리를 추진하는 등 변화의 모습이 나타나고 있습니다. 무엇보다 블록체인의 확장성을 높여 주는 핵심기능은 스마트 계약입니다. 스마트 계약을 통한 거래가 확산되면 금융은 물론 정부 행정, 법률, 부동산 등 거의 모든 영역에서 중개업을 담당하는 전문가나 기관의 힘이 축소되고, 절차나 비용도 간소해질 것으로 기대됩니다.

Q. 가상화폐 비트코인은 무엇이고, 그 미래는 어떻게 될까요? 자세한 설명 부탁드립니다.

A. 비트코인은 2009년 초에 정체불명의 프로그래머 사토시 나카모토 (Satoshi Nakamoto)에 의해 만들어진 세계 최초의 P2P(Peer to

Peer) 네트워크 기반의 전자 금융거래 시스템이자 새로운 화폐입니다. 디지털 정보량 기본 단위인 비트(bit)와 동전을 의미하는 코인(coin)이 합쳐져 탄생한 비트코인은 컴퓨터로 암호를 풀어냄으로써 생성할 수 있는데, 특정 개인이나 회사가 발행하는 것이 아니라 P2P에 사용되는 방식이기 때문에 비트코인을 만들고 거래하고 현금으로 바꾸는 사람 모두가 비트코인 발행주가 되는 형태를 띕니다. 이러한 비트코인은 암호기술과 분산합의기술을 통해 중개자 없이 결제하고 송금할 수 있습니다. 세상에 없었던 것이 새로 생겨나면 버블이 생기게 마련이고, 비트코인도 여기에 해당될 수 있습니다. 비트코인이 완전한 투자자산으로 인정 유무 및 속도에 따라서 가격등락이 있을 것입니다. 결국에는 사용자들의 가치 향상에 얼마나 기여할 것인가가 최종적으로 판가름 날 것입니다.

Q. "스마트 헬스케어의 시대가 도래할 것"이라고 하셨는데 이는 어떠한 모습인가요? 자세한 설명 부탁드립니다.

A. 스마트 헬스케어는 지능정보기술(사물인터넷, 빅데이터, 인공지능, 클라우드)과 헬스케어를 융합한 것으로, ICT 또는 바이오 기술을 활용해 헬스케어 데이터를 생성해 수집한 이후 클라우드로 전송 및 저장되고 인공지능으로 분석되어 새로운 의약품 및 의료 서비스를 개발하는 데 활용되고 있습니다. 의료인 개개인의 지식과 경험 기반에서 진료·유전·라이프로그(심박수, 혈압, 혈당, 운동량, 수면시간 등 일상생활에서 측정되는 생체정보) 등의 데이터를 기반으로 변하게 될 뿐만 아니라 지속적인 데이터 수집 및 분석을 통해 질병의 사전 예방, 정확한 진단 및 치료, 사후 관리 서비스까지 제공합니다. 또한 2003년 완성

된 인간게놈프로젝트를 빠르고 저렴한 유전체 분석기술이 개발되면서 치료 및 건강관리에 활용할 수 있는 헬스케어 데이터가 급증하고 있습니다. 이렇게 개인 데이터를 누적 분석함으로써 맞춤형으로 처방을 내릴 수 있게 됩니다. 이와 같이 개인별 특성에 따른 맞춤형 의약품으로 기존의 질환에 따른 범용 의약품보다 치료 효과는 높이고, 사용량은 줄이는 것입니다. 이는 곧 급속한 고령화, 만성질환 증가에 따라 늘어나는 개인의료비 등에 대해 새로운 해결책을 제시합니다.

Q. 제4차 산업혁명에서 주식투자로 돈 버는 방법은 따로 있다고 하셨습니다. 그럼 어떤 주식이 투자가치가 있을까요?

A. 가치가 상승하는 곳으로 돈이 이동하기 마련입니다. 제4차 산업혁명 성장주로 돈이 이동하여 가치가 상승하게 된다면 이것은 미래 기대치를 높게 평가해 베팅하는 것입니다. 여태까지의 제1차 산업혁명(철도버블), 제2차 산업혁명(다우산업지수버블), 제3차 산업혁명(닷컴버블)에서 공통적으로 미래 기대치를 높게 평가했던 요소는 향후 제4차 산업혁명에서도 똑같이 적용될 것입니다. 그 요소는 공급자 측면에서는 기술적 혁신에 의해 새로이 등장하는 제품 및 서비스들에 관여하거나 그동안의 지역적인 한계가 파괴되어 판매 및 서비스가 가능해지면서 시장크기를 극대화할 수 있느냐와 더불어 수요자 측면에서는 기술혁신이 편리성 향상보다는 비용 절약을 극대화할 수 있느냐가 관건입니다. 이와 더불어 우호적인 정부정책도 미래 기대치를 높게 평가하는 데 큰 영향을 미쳤습니다. 따라서 제4차 산업혁명의 경우도 이런 요소들이 극대화될 수 있는 성장주에 투자해야 합니다.

Q. 제4차 산업혁명시대를 맞아 투자자가 지녀야 할 자세는 무엇인지 한 말씀 부탁드립니다.

A. 지난 2011년 독일 정부가 인더스트리 4.0 정책을 추진하기 위해 제4차 산업혁명과 관련된 개념을 사용했는데, 이를 2016년에 세계경제포럼의 클라우스 슈밥 회장이 '제4차 산업혁명'이라 명명하면서 본격적인 화두를 던졌습니다. 지난 2016~2017년은 제4차 산업혁명 개념을 이해하는 데 상당시간을 할애했다면 2018년은 보다 더 구체적인 비즈니스 모델 및 정부정책들이 가시화될 것입니다. 이보다 더 중요한 점은 성장주가 상승을 넘어 버블이 일어날 수 있느냐에 대한 판단 기준인데, 이는 곧 거론되는 신기술들이 혁신에 의해 향후 사회·경제에 지대한 영향을 미쳐서 혁명까지도 일으킬 수 있느냐에 대한 판단여부와 직결됩니다. 현재 전 세계 기업들이 거액을 주고서라도 신기술들을 가지고 있는 스타트업기업을 인수하고 있거나 FANG 등 소프트웨어 관련 성장주 및 소프트웨어인 비트코인 가격상승 등은 기술적 혁신에 의해 혁명까지도 일어날 수 있다는 것에 대해 전 세계 투자자들이 베팅하는 것입니다. 제4차 산업혁명은 변화의 시기이므로 투자를 하는 것도 불확실성으로 인해 리스크가 발생할 수 있지만 그러한 불확실성이 큰 기회로 다가올 수도 있을 것입니다. 변화의 시기는 날마다 오는 것이 아닙니다. 지피지기(知彼知己)면 백전백승(百戰百勝)이듯이 철저한 분석으로 다가오는 투자의 기회를 잡아 인생의 변곡점을 만듭시다.

독자 여러분의
소중한 원고를 기다립니다